MAURO KWITKO

COMO EVOLUIR ESPIRITUALMENTE
EM UM MUNDO DE DROGAS

BesouroBox
Porto Alegre-RS / 2012

Capa: Marco Cena
Revisão: Renato Deitos e Elaine Maritza da Silveira
Editoração eletrônica: Bruna Dali e Maitê Cena
Assessoramento de edição: André Luis Alt

K98c   Kwitko, Mauro.
           Como evoluir espiritualmente em um mundo de drogas / Mauro Kwitko. 2.ed. – Porto Alegre : BesouroBox, 2012.
           296 p. ; 23 cm.

           ISBN: 978-85-99275-45-0

           1. Espiritismo. 2. Drogas. I. Título.

                                                                       CDU 133.9

Catalogação na publicação: Renata de Souza Borges CRB-10/1922

Copyright © Mauro Kwitko, 2011..

Todos os direitos desta edição reservados à
Edições BesouroBox Ltda.
Rua Brito Peixoto, 224 - CEP: 91030-400
Passo D'Areia - Porto Alegre - RS
Fone: (51) 3337.5620
www.besourobox.com.br

Impresso no Brasil
Setembro de 2012.

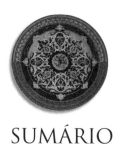

SUMÁRIO

PREFÁCIO 5

O PODER DA INDIGNAÇÃO PACÍFICA 9

APRENDENDO A RESPEITAR O NOSSO TEMPLO 13

TODOS OS PARTICIPANTES SÃO VÍTIMAS 23

A IMPORTÂNCIA DA ORAÇÃO 29

AS DUAS FORÇAS: A LUZ E A SOMBRA 35

UMA POSTURA DIANTE DA VIDA QUE NÃO
CONDIZ COM O DESEJO DO NOSSO EU SUPERIOR 41

QUEM ESTÁ NO COMANDO? 51

POR QUE ALGUMAS PESSOAS LEVAM A
VIDA A SÉRIO E OUTRAS NA BRINCADEIRA 59

A ADOLESCÊNCIA E A REENCARNAÇÃO 65

A ESPIRITUALIDADE E O USO
DE SUBSTÂNCIAS PREJUDICIAIS 73

A CONSCIENTIZAÇÃO 77

APROVEITAR A VIDA OU APROVEITAR A ENCARNAÇÃO 87

A RELEITURA DA NOSSA INFÂNCIA SOB
A ÓTICA REENCARNACIONISTA 95

PERDOAI OS VOSSOS INIMIGOS 99

COMO LIBERTAR-SE DA CULPA 103

COMO LIDAR COM A FRUSTRAÇÃO 107

POR QUE ERRAMOS TANTO NA VIDA 117

OS QUATRO ASPECTOS PARA O ENTENDIMENTO 127

A RESPONSABILIDADE DOS
FORMADORES DE OPINIÃO 139

O "AMOR" DO CHAKRA UMBILICAL 143

A VERDADEIRA E A FALSA REBELDIA JOVEM 149

A RELAÇÃO ENTRE O USO DE
SUBSTÂNCIAS E O EGOÍSMO 155

ALIMENTAÇÃO NATURAL X
ALIMENTAÇÃO ARTIFICIAL 165

SOMOS TODOS VICIADOS 181

A BEBIDA ALCOÓLICA 187

O CIGARRO 215

A CANNABIS SATIVA (MACONHA) 247

A COCAÍNA 273

O CRACK 283

COMENTÁRIOS FINAIS 289

PREFÁCIO

O maior desafio do Espírito encarnado é evoluir espiritualmente no mundo terreno. O obstáculo a isso é o esquecimento da nossa natureza espiritual e de onde é a nossa Casa verdadeira: o Mundo Espiritual.

As pessoas que reencarnam lembrando disso ou tendo uma sensação de que aqui é um lugar onde estamos de passagem, visando um aprendizado que nos conduza a um maior grau evolutivo, têm a tendência a valorizar mais as questões sociais e espirituais e menos as materiais, pois de dentro delas vêm uma mensagem sutil de que a vida tem um significado, que estar vivo tem uma finalidade, que não pode ser apenas acordar, passar o dia e dormir, ir passando o tempo, ficar velho e um dia morrer.

Todos nós, antes de nascermos, estávamos no Mundo Espiritual e chegamos com essa sensação dentro de nós, com nossos chakras superiores ativados e os inferiores em vias de serem ativados pela baixíssima frequência da Terra. Dependendo do grau evolutivo espiritual de cada um de nós, isso ocorre mais ou menos tardiamente, vamos revelando a nossa Personalidade Congênita e, nela, as nossas características ainda inferiores de personalidade e as nossas tendências ainda arcaicas de sentimentos.

Lá, no Mundo Espiritual, revelamos principalmente as nossas superioridades, aqui, no Plano terreno, principalmente as nossas inferioridades. E essa é a principal finalidade da encarnação, irmos gradativamente eliminando-as e reencontrando a nossa Pureza original, a que tínhamos quando Deus nos criou e nos colocou nesse planeta para aprendermos o que é o Mundo Inferior para, um dia, voltarmos para Ele, nos reencontrarmos Nele e podermos, então, desaparecer.

Quando aqui chegamos, éramos da pureza do reino mineral e, aos poucos, fomos experimentando a vida contemplativa do reino vegetal, mais tarde a vida de sentimentos primitivos do reino animal, para chegarmos à vida elaborada dos sentimentos humanos. Elaborada, mas não superior, pois pela aquisição do pensamento e da capacidade de realização, o ser humano foi esquecendo de ser humano e tornando-se o que autodenominou de "o ser mais evoluído da criação", um título dado a nós por nós próprios. Seremos mesmo? Muitas pessoas questionam isso e gostariam de ouvir a opinião de um quartzo, de uma rosa e de um golfinho.

A sociedade humana sempre caracterizou-se por aquilo que podemos chamar de "normal". Em cada época, sempre existiu o normal, o estabelecido, o "é assim que as coisas são" e, hoje em dia continua sendo assim. Estou falando de alguns hábitos e costumes humanos normais, estabelecidos, como por exemplo: ingerir bebidas alcoólicas e ficar alegre, tonto ou realmente bêbado, fumar cigarro e transformar-se numa chaminé de fumaça autoembutida, matar seus irmãos animais para comer seus cadáveres, não mais crus, mas fritos, assados ou cozidos, bem temperados para tirar o gosto e com bastante corante vermelho para disfarçar a cor cinza-escuro do apodrecimento, almejar bens materiais, títulos e posses esquecido de que, quando morrer, voltará para Casa desacompanhado dessas coisas, e muitas outras atitudes e posturas usuais, todas advindas de uma coisa só: o esquecimento de quem somos e do que estamos fazendo aqui.

Devemos perceber que o normal, o estabelecido, o "é assim que as coisas são", na maior parte das vezes é algo criado pelo que existe de mais inferior na raça humana, no seu estágio ainda adolescente espiritual, e que devemos procurar dentro de nós, no fundo do nosso coração, nas profundidades de nossa Essência, o que nosso Eu Superior almeja, o que nossos Mentores Espirituais esperam de nós, o que Deus espera pacientemente, há centenas de milhares de anos, que façamos para que possamos prosseguir nesse Caminho de volta para o Um com menos desvios, menos sofrimento, menos doenças, menos traumas.

Os Espíritos ainda imaturos tendem a enxergar esse mundo como "a vida" e, por raramente olharem para o céu, passam toda a sua vida olhando para seus pés e isso cria a ilusão de que as coisas são assim porque são, e sendo, em grande parte, incapazes de diferenciá-las em dois grupos, os que podem elevar seus dons espirituais e os que tendem a mantê-los no mesmo lugar, tornam-se coadjuvantes ativos ou passivos da mera manutenção das coisas "normais", estabelecidas e "é assim que as coisas são". Uma certa parcela dos políticos, dos formadores de opinião e dos milionários pertencem a esse grupo e são perfeitamente adaptados ao sistema de vida vigente, pois se sentem, literalmente, em casa. Usam as drogas porque gostam.

Os Espíritos mais maduros não têm uma atração real pelas coisas, por como as coisas são e, em geral, tendem a adotar dois tipos de conduta: uma adaptativa, participando simulativamente das coisas, e outra de fuga, renegando e buscando algo que dificilmente encontrarão dessa maneira. Ambos os grupos, os que buscam uma adaptação e participam da vida "normal" e os que querem fugir disso, sentem que necessitam de rotas alternativas de sobrevivência e tendem a procurar as drogas (lícitas e ilícitas). Usam as drogas porque precisam.

Como, entre as coisas chamadas de "normais", ingerir bebidas alcoólicas e fumar cigarro é aceito como "isso faz mal, mas pode...", a utilização dessas duas drogas, as piores, as que, estatisticamente, mais adoecem, mais matam, mais causam prejuízos sociais e familiares, é tão universal e disseminada, apesar das covardes e hipócritas advertências dos governos, constituídos em sua maioria de pessoas também usuárias ou que "não querem se incomodar com isso...". Se houvesse um mínimo de seriedade nessa preocupação com a nossa saúde e a nossa integridade, como apregoam as advertências nas propagandas dessas drogas, essas não ocupariam uma parcela ínfima do seu espaço, uns 5% da propaganda dos anúncios de cigarro, e a advertência "Se for dirigir, não beba" não seria gravado, pelo locutor no estúdio de gravação, bem no finalzinho, ocupando um espaço de tempo de um a dois segundos...

Não seria exigir demais que a propaganda e a divulgação dessas duas drogas fossem completamente proibidas, em qualquer veículo, de nenhuma maneira, em nenhum horário, nem evidente, nem subliminarmente. Enquanto isso ainda não é uma realidade, as advertências, para que os usuários levassem isso a sério, deveriam ocupar pelo menos 50% do tamanho do anúncio dos cigarros, com uma pormenorizada listagem das doenças, malefícios e prejuízos advindos do seu uso, e depoimentos de pessoas conhecidas e famosas, não-tabagistas, e a gravação do locutor ao final da propaganda da bebida alcoólica deveria ser, por exemplo, assim: "Queremos solicitar às pessoas que irão ingerir bebida alcoólica, que não dirijam após utilizá-la, pois o seu uso, mesmo em pequena quantidade, altera os seus sentidos, diminui os seus reflexos e isso pode provocar um acidente ao dirigir um veículo, e como provavelmente todos têm uma família que os espera para o almoço ou para o jantar, pais, esposa ou marido, e filhos, pedimos encarecidamente, em nome deles, que, se for dirigir, não beba. Seja consciente, pense em você, pense neles e procure diminuir esse hábito, para que, no menor espaço de tempo possível, consiga abandonar esse costume tão prejudicial a si. Pedimos a Deus que o abençoe e zele por você".

Utopia? Essa palavra criada por Tomas More no século 16 tem o significado de uma civilização ideal, um mundo possível no futuro, um lugar onde existiria uma sociedade perfeita, a ideia de um futuro, geralmente contrária ao que se observa no mundo, um modo superotimista de ver as coisas do jeito que gostaríamos que elas fossem. Eu sou um utópico, quem me acompanha? O que devemos fazer para que tenhamos realmente um mundo melhor? Que tipo de sociedade queremos? O que estamos legando para os nossos filhos e netos, e para nós mesmos quando reencarnarmos? A quem seguimos: a Deus ou à Sombra?

Este livro é escrito por um utópico, para outros utópicos e para as pessoas que esqueceram da maravilha de ser um sonhador.

O PODER DA INDIGNAÇÃO PACÍFICA

Uma das finalidades deste livro é deixar os leitores pacificamente indignados, percebendo o quanto foram e continuam sendo enganados pelos fabricantes de cigarro e pelos fabricantes de bebidas alcoólicas, por alguns formadores de opinião que se utilizam de órgãos midiáticos para ganhar dinheiro mesmo que seja à custa da saúde, da vida ou da morte das pessoas atingidas por eles, e o quanto temos sido irresponsáveis com o nosso Templo corpóreo e com o nosso Espírito.

O ideal utópico que queremos alcançar, mesmo que levemos dezenas ou centenas de anos para isso, é terminar com o ciclo do cigarro e das bebidas alcoólicas em nosso planeta, e, junto a isso, aumentarmos o nosso comprometimento conosco mesmos, com a nossa saúde física, psicológica, mental e espiritual, ampliarmos o nosso compromisso com os demais irmãos de jornada, alcançarmos um dia o fim das desigualdades sociais em todo o mundo, o fim da miséria, da fome, da violência, do racismo e das guerras, nos comprometermos mais com a nossa casa terrena, o nosso planeta, enxergarmos a todos como filhos de Deus, sejam humanos ou animais, sejam vegetais ou minerais.

Para isso, é preciso que comecemos a aprender a parar de correr, a parar de sermos dirigidos pelo nosso piloto automático, assumirmos o comando sobre a nossa vontade, pensarmos por nós mesmos, diferenciarmos o que é habitual do que é certo, percebermos a diferença entre o que é considerado normal do que é correto, desenvolvermos uma leitura crítica do que os nossos olhos veem, o que os nossos ouvidos escutam, o que entra pelos nossos pensamentos aparentemente vindo de lugar nenhum, uma mensagem sutil que busca nos dirigir, nos transformar em um rebanho cordato e servil a serviço de interesses imediatistas, materialistas, e que, em nosso íntimo, sentimos que não são apropriados, que não servem para o nosso bem nem para o bem comum.

A indignação é uma arma poderosa, mas, infelizmente, ela é, muitas vezes, utilizada negativamente jovens e também por adultos inconformados em como está estruturada a nossa sociedade, em que se transformou a nossa vida, em como nos parece, equivocadamente, que somos incapazes de mudar a realidade, de transformar as coisas, de alterar profundamente o nosso mundo para melhor.

Sou colaborador de organizações como o Greenpeace e o Avaaz, e é realmente impressionante a capacidade que elas têm de reunir milhões de pessoas no mundo todo, através da internet ou em grandes manifestações públicas, na defesa dos direitos humanos, dos direitos dos animais, dos recursos naturais, da Natureza. E como têm obtido vitórias, promovido a união entre as pessoas que não aguentam mais ficar caladas, não querem mais realizar discursos individuais em frente à televisão, querem unir-se, querem opinar, querem tomar decisões, querem saber o que está acontecendo, querem ter poder de comando sobre as decisões políticas, querem ter poder de veto, não querem mais apenas votar e ficar torcendo para que os políticos eleitos façam as coisas certas, correspondam aos nossos anseios, não nos enganem, não mintam para nós, não façam conchavos e acordos entre si e tudo ir ficando para depois...

Podemos seguir o exemplo de Mahatma Gandhi e exercer a Indignação Pacífica, que é simplesmente dizer "Não!", sem brigar, sem agredir, sem ofender. Este livro quer mostrar o nosso descuido com o nosso Templo, como nos acostumamos a abrir as suas portas e a deixar entrar qualquer coisa, seja pela boca, seja pelos olhos, seja pelos ouvidos, seja pelos pensamentos, e como cuidamos mal do nosso Espírito.

A primeira coisa que quero aqui sugerir é que fechemos a nossa boca. Se você ficar em dúvida se deve comer alguma coisa ou não, não abra a boca, tome um copo de água (filtrada). Se não souber o que fazer, se é certo ou errado, se é digno de uma ação ou não, não faça nada, pare e faça uma meditação, acalme seus pensamentos e peça para Deus orientar-lhe dentro de sua mente e do seu coração. Você sabe que o cigarro é um mal terrível, e que sua legalização é algo, no mínimo, escandaloso? Então pare de fumar! Quem lhe disse que não consegue? Já experimentou fazer Yoga? Sabia que o que o acalma quando fuma é a respiração? Se acreditar que a bebida alcoólica é a pior das drogas existentes no mundo, e que a sua legalização será objeto de incredulidade daqui a uns 100 ou 200 anos, pare de beber! Substitua por sucos naturais. Se sentir que não vai aguentar, vá a um Centro ou a um Templo Espiritualista e peça para investigarem quem está ao seu lado, invisível, pedindo bebida.

A Indignação Pacífica é uma ferramenta extremamente poderosa e todos podemos utilizá-la. Basta cada um de nós se negar a continuar sendo marionete nas mãos dos donos da nossa vontade, dos donos da nossa opinião, e começar a exercer o que é de nosso direito: comer o que decidirmos que é bom para nós, beber o que é saudável, olhar os programas de televisão e decidir se vale a pena ficar horas ali ou é melhor pegar um bom livro, ou fazer uma meditação, ou conversar com a família, com os amigos, com os filhos (com a televisão desligada), ouvir as músicas que valem a pena, que transmitem mensagens positivas, endereçadas aos nossos chakras superiores e não apenas aos nossos aspectos mais inferiores (sexualidade e relações afetivas egoicas), enfim, cada um de nós pode tornar-se um formador de sua vontade, de sua própria opinião, cada um é responsável pela sua encarnação, representante do seu Espírito e de suas metas evolutivas, e responsável pelo seu Templo, pelo seu cuidado e pela sua atenção.

Este livro quer convencer a todos que podemos nos unir e lutar pacificamente por um mundo melhor. É um livro sobre drogas. Comecemos melhorando essa droga de mundo em que vivemos.

APRENDENDO A RESPEITAR O NOSSO TEMPLO

*A boca é a porta do Templo corpóreo:
o que devemos colocar dentro dele?*

A nossa casa é o nosso corpo e o nosso corpo é o nosso Templo. A boca é a porta principal do Templo, e podemos aprender a ter cuidado e atenção com o que colocamos dentre dele, através dela. Podemos aprender a respeitar o nosso Templo.

Essa é a questão básica sobre a qual se fundamenta o uso de cigarro, de bebidas alcoólicas, de outras substâncias tóxicas, da alimentação que não alimenta e de tantas coisas que fazemos conosco e com o nosso Templo corpóreo. Tudo o demais, raiva, ódio, tristeza, rejeição, mágoa, solidão, injustiças e tantas outras circunstâncias que caracterizam, ainda, a vida aqui na Terra, são os argumentos que a nossa persona utiliza para justificar a infração de algo que não nos ensinam: como respeitarmos o nosso Templo.

Alguém pode imaginar abrirmos a porta do Templo da nossa Religião, seja uma Igreja, uma Casa, um Centro, e colocarmos qualquer coisa lá dentro? Alguém introduziria tonéis de bebidas alcoólicas dentro do seu Templo? Alguém guardaria lá dentro toneladas de baganas de cigarro? Alguém colocaria animais mortos em estado de decomposição lá dentro? Todos nós não temos um cuidado, um respeito, ao entrarmos no Templo da nossa Religião? Tiramos o chapéu ou o boné, algumas vezes tiramos o sapato ou o tênis, fazemos o sinal da cruz ou manifestamos alguma outra atitude de respeito. Por que então colocamos qualquer coisa para dentro do nosso corpo, se ele é o Templo através do qual se manifesta o nosso Espírito aqui na Terra?

Muitas pessoas não têm cuidado e respeito pelo seu Templo corpóreo, e abrem a sua porta e comem qualquer coisa, bebem qualquer coisa, fumam cigarro, ingerem bebidas alcoólicas, usam substâncias tóxicas, sem atentar para o que vai acontecer quando aquilo penetrar no Templo. Imaginemos que nosso corpo fosse transparente e pudéssemos ver o que acontece quando ingerimos "alimentos" não saudáveis, prejudiciais, bebidas alcoólicas, e tudo, geralmente, em grande quantidade, sem mastigar, ou bebendo aos goles. Certamente ficaríamos horrorizados com o que veríamos!

O nosso pobre estômago enchendo-se daquilo tudo, tudo misturado, sem critério, tudo se amontoando lá dentro, o estômago pedindo clemência, nós sem escutarmos a sua mensagem, e ela vem através de flatos, de inchação, de prisão de ventre, de diarreia, até que ele não aguenta mais e se inflama de raiva de nós (gastrite) ou resolve se vingar e numa atitude autodestrutiva começa a abrir buracos em si mesmo (úlcera), e, nada adiantando, toma a atitude drástica de acabar com essa falta de respeito e dar um jeito de nos matar (câncer). É a mensagem do nosso pobre e aflito estômago, como se dissesse, gritando desesperado: "Pare de colocar esse monte de lixo para dentro de mim!".

Se as pessoas que fumam pudessem ver a fumaça corrosiva entrando pelos seus brônquios, queimando tudo, devastando, chegando aos alvéolos do seu pobre pulmão, passando para o sangue, percorrendo todo o seu organismo, empestecendo, poluindo, envenenando, destruindo, dificilmente continuariam fumando. Mas, continuando, começam a arcar com a vingança do seu corpo, a bronquite, os problemas pulmonares, a falta de ar, os cânceres se disseminando, o Templo nos dando uma lição.

O interior do nosso Templo deve ser um local limpo e puro, imaculado, divino, mas começa, desde que nascemos, com exceção do leite materno, a ser poluído e degradado com alimentos que não alimentam, num critério geralmente baseado na cor, no aspecto, no sabor, no odor, e não como deveria ser, baseado em se é saudável ou não, se alimenta ou não, se nutre ou apenas satisfaz os nossos sentidos, a nossa comodidade ou a nossa pressa.

Essa falta de atenção, desde crianças, com o que colocam e o que nós mesmos colocamos dentro do nosso Templo e que é padronizada como "normal" em nossa sociedade, e até "moderno", faz com que todos nós assimilemos a mensagem de que não é necessário um cuidado e um respeito com o nosso corpo, e a nossa boca torna-se então, em vez de uma guarita na fronteira, uma porteira aberta para qualquer coisa.

Os malefícios dessa prática disseminada de comer e beber qualquer coisa, seja saudável ou não, em qualquer quantidade, de qualquer jeito, começou há algum tempo a ser estudada pelos médicos, pelos nutricionistas, pelas pessoas encarregadas de cuidar da nossa saúde, mas qual a sua importância em um livro como este que trata do uso de substâncias tóxicas? É que é essa mesma falta de atenção, essa falta de cuidado e de respeito com o nosso Templo corpóreo, o que faz com que muitas pessoas coloquem boca adentro as duas piores drogas existentes, as que mais nos adoecem, mais nos matam e, incrivelmente, de uso autorizado: o cigarro e a bebida alcoólica.

Além de elas não trazerem nenhum benefício, não serem alimento, não nos fornecerem nada que contribua para a nossa saúde, são a porta que abre para as chamadas "drogas ilícitas": a maconha, a cocaína, o crack e tantas outras. Existe um mito de que é a maconha que abre caminho para as drogas "pesadas", mas não é verdade, as "drogas pesadas" são o cigarro e a bebida alcoólica, e são elas que abrem a porta para as demais substâncias prejudiciais. Os governos autorizam a fumar e a beber, pois permitem fabricar e vender, e então lá vão os nossos jovens no embalo das músicas e das festas "jovens", confirmando uma imagem, criada e estimulada, de que ser jovem é ser "doidão e rebelde", e que então pode tudo! E os adolescentes crescem, mas muitos mantêm o seu adolescente dentro de si e, já adultos, continuam fumando e bebendo, pois o seu adolescente interior não quer se tornar adulto, teria de se comprometer, de se disciplinar, e isso lhe parece ruim e desagradável, quando, na verdade, é um dos aspectos do caminho para a evolução pessoal e espiritual.

O cigarro e as bebidas alcoólicas não têm proteínas, não têm vitaminas, não alimentam, não nutrem, não nos fornecem nada de bom, nada de saudável, não são medicamentos, não curam nada, não resolvem nada, não nos trazem absolutamente nada de conveniente, viciam, adoecem e matam, e então, meu Deus, por que as pessoas fumam e bebem? Os governos alertam que ambas são drogas perigosíssimas, alertam para seu terrível efeito devastador sobre as pessoas, mas então por que permitem a sua fabricação e a sua venda? São a maior causa de doença e de mortes em todo o mundo, mais do que as guerras, mais do que as terríveis catástrofes naturais que ocorrem em todos os lugares, e seu uso é legalizado e, pior, estimulado e incentivado, apesar das frágeis e tímidas advertências e campanhas contrárias ao seu uso.

Neste livro, quero convencer as pessoas que não aprenderam a cuidar do seu Templo e a respeitá-lo, que comem qualquer coisa, fumam, bebem, ingerem seja o que for, abrem a porta e admitem em seu Templo qualquer coisa, sem o menor cuidado, sem o menor respeito, para que atentem para a verdadeira heresia que estão cometendo com a Casa do seu Espírito, e para o atentado contra o principal objetivo de uma encarnação: a busca da Purificação.

Este livro, a respeito de evolução espiritual, tem a finalidade de colaborar para que, um dia, não exista mais no mundo nenhuma substância tóxica, e que cigarro e bebidas alcoólicas não sejam mais fabricados. O cigarro, provavelmente dentro de uns 20 ou 30 anos, será considerado uma droga ilícita e terá a sua fabricação proibida. A bebida alcoólica levará um tempo maior, talvez uns 100 ou 200 anos, pois o seu hábito é mais antigo do que o cigarro, mas também, um dia, não existirá mais na face da Terra.

Se na década de 40 ou 50 alguém dissesse que algum dia o cigarro teria sua fabricação proibida em todo o planeta, isso pareceria uma utopia ou uma irrealidade completa, pois o cigarro estava no auge, era charmoso fumar. Dali até hoje o seu consumo aumentou cada vez mais, pois se vai diminuindo nos países mais avançados, vai aumentando nos mais atrasados, a propaganda é incrementada, já que o importante é vender, vender, vender. Pois bem, atualmente ninguém mais duvida de que, em pouco tempo, o cigarro terá a sua fabricação proibida, será considerado uma droga ilegal e seus produtores e vendedores serão considerados traficantes!

O mesmo ocorrerá com a bebida alcoólica. Em algumas décadas, quando não for mais possível conter a indignação da população e dos profissionais e serviços de saúde quanto aos seus malefícios terríveis e nenhum benefício! Como eu tenho ainda mais uns 30 anos de vida nessa encarnação, verei o fim do cigarro, mas não verei o fim da bebida alcoólica. Contudo, na minha próxima descida, peço a Deus que me dê lucidez para continuar lutando pacificamente para virar essa trágica página, a do tempo em que era permitido fabricar e vender bebidas alcoólicas, a pior droga jamais existente em toda a história da humanidade e porta de entrada para as demais.

Estamos encarnados no Brasil, então comecemos por aqui. Todos os brasileiros querem um país melhor, todos querem governos e uma sociedade com mais amor, mais cuidado, mais atenção, mais respeito, e isso é possível, desde que comecemos a enxergar as coisas como elas realmente são e percebamos a causa básica de tudo o que acontece: a nossa pouca espiritualidade na prática. Podemos aumentar o nosso amor e a nossa caridade começando por nós mesmos. Podemos aprender a respeitar os demais, iniciando pelo nosso próprio autorrespeito.

O uso de drogas no mundo inteiro, em todos os países, e particularmente aqui no Brasil, é apenas um reflexo do que nós e nossos ancestrais vimos fazendo há séculos, criando uma terrível e desumana desigualdade social, alimentada pela corrupção e pelos interesses pessoais, originando miséria, fome e violência a níveis cada vez mais alarmantes, tudo respaldado por uma concepção pré-fabricada de que a vida é curta e é para ser aproveitada, aceitando como normal que alguns segmentos da mídia divulguem qualquer produto, independentemente do critério de ser benéfico ou maléfico para nós, que uma parte das músicas nas rádios e dos filmes e séries nas televisões nos intoxiquem com os valores e com os ideais de uma cultura baseada no consumo e no materialismo, alicerçada no egoísmo, na superficialidade e na competitividade.

Tudo isso cria e mantém uma concepção de que podemos assistir, escutar e fazer qualquer coisa, e então também podemos comer e beber qualquer coisa, e muitos de nós, ingênuos e descuidados, abrimos a porta do nosso Templo e ingerimos qualquer coisa, sólida ou líquida, que satisfaça o nosso paladar ou o nosso olfato, sem atentarmos para o principal: o seu valor alimentar, o seu valor nutritivo, se vai nos fazer bem ou não, e sem perguntar se o nosso estômago aprova. E passar da droga da "alimentação" para as drogas autorizadas (o cigarro e a bebida alcoólica) e, aí sim, ir para as então chamadas "drogas" é mais do que um passo, é apenas uma decorrência natural.

Como todo mal, não adianta podar os galhos, tem de cortar pela raiz. Mas quem está disposto? Nós criamos e ajudamos a manter uma sociedade injusta e piramidal, com uma certa parcela das pessoas que habitam o alto da pirâmide dando um mau exemplo para quem está mais abaixo nela, uma classe intermediária fazendo de tudo para se manter ali ou ascender na pirâmide, trabalhando em qualquer coisa que dê mais dinheiro, independentemente se é bom ou não para si e para os demais, e os situados mais abaixo da pirâmide, vitimados pelo seu peso, procurando apenas sobreviver e, se possível, melhorar de vida, sonhando em quem sabe um dia também ascender na pirâmide, enfeitiçados por algumas revistas e novelas das televisões que mostram um mundo mágico, o luxo, as casas maravilhosas dos donos do poder, um mundo em que o ideal de consumo cria cada vez mais e mais produtos "indispensáveis", que a cada um ou dois anos estão ultrapassados, e lá vamos todos nós em busca do mais moderno, do mais rápido, do mais fashion.

Nesse mundo de materialismo, de superficialidade, de viver o dia a dia ligados num piloto automático, de domínio dos meios de comunicação sobre o nosso gosto e a nossa vontade, com uma parcela deles atentando apenas para a captação de patrocinadores sem se importar com a qualidade de seu produto, se é bom para as pessoas ou não, se é saudável ou não, se a sua mensagem é positiva ou negativa, permanecemos todos imersos numa estrutura em que nos sentimos perdidos, a não ser que sejamos iguais, a não ser que façamos tudo como todos fazem.

Nesse mundo, desde crianças recebemos a mensagem de que todas as festas devem ser comemoradas com bebida alcoólica, aniversários, batizados, casamentos, aprovações em alguma prova ou concurso, Natal, Ano-Novo, Carnaval, aprendemos que para comemorar tem de beber. Quem vicia as nossas crianças em bebida alcoólica? Nós mesmos. Onde? Na nossa própria casa. Não foram os traficantes que os viciaram, fomos nós, antes.

Muitos pais e familiares são usuários de cigarro, e as crianças crescem lhes vendo utilizar essa droga, aprendendo assim a fumar (cigarro ou maconha). Muitos adultos são usuários de medicamentos psicotrópicos (principalmente ansiolíticos e antidepressivos), e as crianças aprendem a acalmar-se ou a ficar mais felizes utilizando substâncias.

Os pais e as famílias brasileiras dão, assim, esse exemplo para as crianças e os adolescentes, de que ingerir bebida alcoólica, fumar cigarro e usar medicamentos psicotrópicos, se não é algo realmente bom e recomendável, é de uso socialmente aceitável, que é permitida a sua utilização, criando assim a mística de que "isso pode". E com esse telhado de vidro, como dizer para eles que maconha "não pode", que cocaína "não pode", que crack "não pode"? As nossas crianças e adolescentes, criados nesse meio, comendo qualquer coisa, vendo seus familiares usando essas drogas, assistindo às programações de televisão, em grande parte alienantes e massacrantes, escutando as rádios e suas músicas "jovens" endereçadas aos nossos chakras inferiores, com a mensagem que devemos nos sacudir e pular e gritar e ficar bem loucos, numa sociedade materialista, consumista, permeada de falsos valores, em que uma partida de futebol atrai 40 mil pessoas e uma atividade de caridade, talvez quatro ou cinco pessoas, em que todos querem ser jogadores de futebol, atores, atrizes ou modelos e ninguém quer ser enfermeiro ou atendente em hospital, a prioridade é ganhar dinheiro e não ajudar os outros, a meta é ficar rico e famoso e não ser uma pessoa que viva para servir aos demais. O que podemos esperar que nossos jovens comecem a fazer, depois que nós os ensinamos a ingerir bebidas alcoólicas, fumar cigarro, tomar calmantes e ansiolíticos, já que "isso pode"?

Vão apenas continuar fazendo o que nós e o sistema lhes ensinou, o que algumas rádios jovens ensinam, o que alguns programas e filmes na televisão ensinam, que é como serem irresponsáveis e imediatistas, que têm de estar na moda, têm de ser iguais aos outros, que estudar é uma coisa chata, o legal é balada, que trabalhar só se for em algo que dê muita grana ou, se for para ganhar pouco, que não tenha muita coisa para fazer, que ser jovem é ser doidão, que tudo é uma festa, que a vida é para ser aproveitada, que a juventude passa rápido e, então, tem de aproveitar.

E com as nossas autorização e exemplo de abrir a porta para a bebida alcoólica e para o cigarro, e com todo esse incentivo à loucura e à doideira da sociedade moderna, diga-se o estilo norte-americano de sociedade, lá vão os nossos jovens procurar novas emoções na maconha para "se acalmar e se espiritualizar", na cocaína para "se ligar e se ativar", no crack para "viajar mais barato", no LSD para "aumentar o seu amor", no ecstasy para poder pular a noite toda, enfim, eles vão simplesmente continuar, a seu jeito, fazendo o que nós lhes ensinamos, o que a sociedade lhes transmitiu, só que agora aconteceu algo inesperado: enquanto bebiam socialmente e fumavam de vez em quando, como nós, e isso é lícito (às vezes com certo exagero, mas nós também cometemos os nossos), tudo bem, mas drogas ilícitas, não!

A mãe pode tomar calmantes o dia todo, o filho não pode fumar maconha. O pai pode beber quando seu time ganha ou quando seu time perde, em todas as festas, aniversários, batizados, no Natal, no Ano-Novo, pode correr de carro nas ruas, competir com quem ousa ultrapassá-lo, andar a 140km/h na freeway porque conhece todos os pardais, mas seu filho não pode cheirar cocaína, ela é ilegal! A mãe pode ser viciada em televisão, o pai pode ser viciado em enganar clientes, o filho não deve ser viciado em nada.

Uma certa parcela dos políticos dá um mau exemplo, vendendo-se, refestelando-se na mordomia e no poder, aumentando seus próprios salários, fazendo acertos e conchavos, uma parcela dos pais e mães fazem o mesmo em seus negócios e em sua vida diária, mas os jovens têm de ser educados, responsáveis e corretos. A publicidade convence os nossos jovens de que precisam ter um celular de última geração, tênis da moda, roupas e bonés de marca, e nós lhes damos isso para que não fiquem traumatizados ou se sintam mal perto dos outros, pois todos os seus amigos têm. E então um jovem pobre vira traficante ou assaltante para ganhar dinheiro, porque "tem de ter" esses bens de consumo, e assalta o nosso filho para roubar isso dele. Quem é o responsável? O jovem pobre ou quem fez a sua cabeça de que isso é "importante" e "necessário" a qualquer preço?

Alguns programas de televisão mostram cenas de apelo sexual dia e noite para os nossos filhos e filhas e nós permitimos isso e consentimos, assistindo juntos e, quem sabe, no fundo, até gostando, e então o nosso filho engravida uma menina ou a nossa filha engravida de um rapaz. Quem é o responsável? O nosso filho, a nossa filha, nós mesmos, as televisões? Todos.

Perguntemos a um jovem por que ele fuma maconha, por que ele cheira cocaína, por que toma LSD, por que faz essas coisas? Ele dirá que é porque os jovens fazem. Mas por que os jovens fazem? Porque nós criamos uma droga de imagem de como deve ser um jovem, construímos uma droga de mundo, uma droga de sociedade, injusta e patogênica, muitas famílias são uma droga de família, muitos pais são uma droga de pais, a programação das televisões em grande parte é uma droga, as músicas que tocam e fazem sucesso frequentemente são uma droga, e nós queremos que nossos jovens não usem droga.

Todas as campanhas antidrogas são admiráveis e louváveis, aplaudo e colaboro com todas, mas nenhuma vai funcionar enquanto nós não acabarmos com essa droga de mundo, essa droga de informação que passamos para nossos filhos, essa droga de exemplo que damos a eles. É sobre isso este livro, o seu assunto é "As drogas", mas a sua finalidade é colaborar para que todos nós, unidos, tomemos a decisão de fazer do nosso mundo um lugar limpo para se viver, que mostremos para os nossos filhos, desde crianças, que devemos cuidar do que botamos em nossa boca, do que é saudável ou não, do que é bom ou não, nos pensamentos e atitudes.

Podemos e precisamos aprender a cuidar e a respeitar o nosso Templo. Ele tem, além da boca, outras portas que devemos aprender a manter fechadas e abri-las apenas quando o que for entrar seja bom para nós: os olhos e os ouvidos. Devemos aprender a selecionar o que queremos ou não ver e o que queremos ou não ouvir. Outra porta é o nariz, cuja única finalidade é podermos inalar o oxigênio e o Prana do ar, necessários para a nossa sobrevivência, mas algumas pessoas utilizam essa porta para colocar cocaína dentro do seu Templo.

Este livro é sobre como aprendermos a cuidar e a respeitar o nosso Templo. Este livro é a respeito de uma utopia que só irá concretizar-se dentro de alguns séculos. Mas podemos começar já, ainda dá tempo.

E é sobre a utopia de que, através da Indignação Pacífica, possamos vencer o mal que existe na humanidade que resiste aos apelos do Bem devido ao seu caráter de irredutibilidade, de permanência e de normalidade. Gandhi fez o que parecia impossível, venceu a poderosa Grã-Bretanha com a paz, nós podemos vencer a poderosa indústria do cigarro e da bebida alcoólica também através da paz, bastando que comecemos a dizer "Não!" e que nos recusemos a participar desse morticídio legalizado.

TODOS OS PARTICIPANTES SÃO VÍTIMAS

Uma mensagem aos usuários e aos pais de usuários, aos produtores da matéria-prima, aos fabricantes de bebida alcoólica e de cigarro, aos distribuidores dessas drogas, aos proprietários de seus locais de venda, às agências de publicidade, aos meios de comunicação e aos políticos.

Queremos acabar com a fabricação de cigarro e de bebidas alcoólicas em nosso planeta, começando pelo Brasil, pela compreensão de qual o seu benefício (nenhum), dos seus terríveis malefícios (centenas e todos amplamente conhecidos) e pelo entendimento de que esses produtos são a porta inicial, a entrada para o uso das chamadas drogas ilícitas.

Do ponto de vista kármico, espiritual, todos os participantes são vítimas! Então, quero deixar aqui essa mensagem para as pessoas que participam da sua utilização. São vítimas:

1. os produtores das matérias-primas para a fabricação dessas drogas

2. os fabricantes delas

3. os distribuidores dessas drogas

4. os proprietários dos locais de venda

5. as agências de publicidade que fazem a sua divulgação

6. as pessoas dos meios de comunicação que divulgam essas drogas em seus veículos

7. os usuários delas

8. os políticos, que poderiam proibir definitivamente a sua publicidade (enquanto ainda não conseguimos proibir a sua fabricação), mas que são, alguns, também, usuários ou coniventes com o seu comércio ou "não querem se incomodar".

Eu raramente falo "vocês", sempre falo em "nós", mas como eu não pertenço a nenhum desses grupos, ou seja, não planto fumo, nem cana-de-açúcar, não sou proprietário nem diretor nem funcionário de uma fábrica desses venenos, não trabalho distribuindo, divulgando ou vendendo, não fumo e não bebo, e se fosse político lutaria pelo fim de sua existência, posso aqui falar para quem atua em uma dessas áreas.

Não vou falar aqui do aspecto psicológico, médico ou social da utilização dessas drogas (isso eu farei ao longo do livro), mas, sim, do seu aspecto espiritual. Sob esse ponto de vista, pelo enfoque kármico de responsabilidade pelos nossos atos equivocados e irresponsáveis, pela consequência de nossas ações prejudiciais aos outros, com os retornos futuros (Lei do Karma ou a Lei de Ação e Reação), espiritualmente falando, todas as pessoas envolvidas com cigarro e com bebidas alcoólicas, seja em que fase for, seja na produção das matérias-primas, seja na fabricação das drogas, seja na sua distribuição, seja na divulgação, seja na venda, seja na permissão de suas fabricação e venda, todas estão enquadradas na Lei Divina e pagarão por isso. Quando eu digo pagar, estou falando do retorno mais adiante aos nossos atos.

Talvez os usuários sejam os menos responsabilizados pelos seus atos, serão apenas considerados suicidas. Os seus pais, talvez, deram um mau exemplo e/ou permitiram que sofressem a lavagem cerebral da nossa sociedade, que transforma o errado em "habitual" e o prejudicial em "normal". Mas os produtores de matéria-prima, os fabricantes dessas drogas, os distribuidores e os vendedores dela, as pessoas que trabalham nas agências de publicidade e nos meios de comunicação que glamurizam e incentivam o seu uso, e os políticos omissos ou coniventes, serão responsabilizados pela Justiça Divina pelas doenças, pelos acidentes, pelas mortes que ocorrem pelo seu uso.

A Lei Divina, que é o Amor por todos os seus filhos, a Justiça pelo que lhes fizeram, entende, mas não releva, aceita, mas não justifica, perdoa, mas não suprime o infrator de pagar pelos seus crimes, e a sentença vem na forma de consequências futuras.

Por isso, todos os participantes dessa maldade são vítimas, embora muitos se acreditem inteligentes por ganharem dinheiro com isso, outros encontrem as mais variadas desculpas para justificar os seus atos, e muitos nem acreditem no que estou aqui afirmando, achando tudo isso uma grande bobagem. E por que são vítimas? Porque foram iludidos por uma concepção materialista, terrena, completamente equivocada sob todos os pontos de vista, de que cigarro e bebida alcoólica são produtos legais, de que "isso pode", e então pode produzir matéria-prima, pode fabricar essas drogas, pode distribuir, pode divulgar, pode vender. Por um mecanismo psicológico chamado "Negação", uma pessoa que atua em qualquer uma dessas áreas não acha que está fazendo algo errado, afinal de contas, é uma atividade legal, que gera empregos e sustenta famílias, que traz riquezas e que capta impostos.

Espiritualmente falando, a fabricação de cigarro e de bebida alcoólica é legalizada pela lei dos homens, mas e pela Lei de Deus? O Divino tudo permite, existe o livre-arbítrio, mas também existe o Livro do Destino de cada um de nós, onde tudo fica registrado, e o que estará anotado no Livro dessas pessoas envolvidas com essas drogas? O que dirão para a sua Consciência quando desencarnarem e chegarem ao Mundo Espiritual? Bastará a justificativa utilizada aqui na Terra, de que era legal, de que era permitido? A sua Consciência lhes perguntará: "Você não sabia que era droga? Não sabia que viciava, que adoecia e que matava os seus irmãos?". E como se sentirão ao ler no seu Livro os nomes das pessoas que viciaram, que adoeceram, que morreram precocemente, que mataram ou que se mataram? E o seu número é de milhões...

E, então, quem acha que está ganhando alguma coisa com isso, dinheiro ou o que o dinheiro pode comprar, na verdade, espiritualmente, está perdendo, pois está colaborando para drogar, viciar, envenenar, adoecer, mutilar e matar milhões de pessoas! E como isso pode ser considerado um lucro? O uso do cigarro e das bebidas alcoólicas mata mais pessoas do que as guerras. Alguém é a favor de guerras? Então como pode trabalhar em alguma fase de um processo cuja finalidade é a produção e o uso de produtos que matam mais do que elas?

E todas essas pessoas que participam do ciclo da produção, da fabricação, da difusão, da divulgação, da venda e do uso dessas drogas, apenas porque são consideradas lícitas e legalizadas pela lei dos homens, colocam a sua cabeça no travesseiro e dormem, são bons pais e boas mães de família, são bons amigos, e até muitas vezes pessoas espiritualizadas, pessoas religiosas, mas participam desse verdadeiro crime contra a humanidade, em nome do dinheiro, ou de ter um emprego, e muitos não são usuários e são até contrários ao seu uso, enganando a si mesmos com a desculpa de que "Se é legalizado, se é permitido, então eu posso trabalhar nisso", ou "Não é culpa minha, fuma quem quer, bebe quem quer", ou "É um emprego, uma atividade como outra qualquer".

Algumas sugestões baseadas na Indignação Pacífica:

1. Os produtores de matérias-primas para as bebidas alcoólicas não mais venderem o seu produto para as fábricas.

2. Os produtores de fumo encerrarem definitivamente a sua produção e começarem a plantar alimentos.

3. As empresas encarregadas de distribuir cigarro e bebida alcoólica pelo Brasil afora negarem-se a transportar esses produtos.

4. As agências de publicidade negarem-se a divulgar cigarro e bebidas alcoólicas.

5. Os meios de comunicação negarem-se a fazer propaganda dessas drogas.

6. Os locais de venda negarem-se a vender cigarros e bebidas alcoólicas.

7. Os pais pararem de beber e fumar imediatamente, explicarem para seus filhos e não mais permitirem que assistam programas e filmes na televisão que, através da violência, da sexualidade e dos besteiróis, incentivam a drogadição, romperem contratos com empresas que veiculem filmes e programas desse tipo.

8. Os usuários dizerem "Chega, me enganaram esse tempo todo, não me enganam mais. Eu vou cuidar de mim, do meu Templo e do meu Espírito!".

9. Os políticos recordarem que são pais e, como se fossem "nossos pais", começarem a ser coerentes e a lutarem pelo fim da publicidade dessas drogas em qualquer veículo, ou seja, proibir a divulgação desses venenos. E mais adiante todos lutarmos para proibir a sua fabricação!

Enfim, todos nós podemos dizer "Não!" a esse crime contra a humanidade, começando por nós mesmos e seguindo essa atitude na nossa atividade profissional, se ela estiver envolvida no ciclo de produção, distribuição, divulgação e venda dessas drogas. Mas acredito que poucos farão isso. Por quê? Porque cigarro e bebida alcoólica "pode". Um produtor de fumo plantaria maconha? Um distribuidor de cigarro distribuiria cocaína? Por que não? Uma agência de publicidade criaria propagandas fantásticas, concorrendo ao prêmio de Melhor Agência do Ano, para o crack? Se faz isso para as drogas que mais adoecem e matam pessoas, como o cigarro e a bebida alcoólica, porque não para o crack? Um jornal colocaria anúncios de ecstasy? Qual a diferença?

Aqui, neste momento, escrevendo um livro, está uma pessoa que nunca plantaria ou produziria matéria-prima para a fabricação de cigarro ou bebida alcoólica, nunca trabalharia numa fábrica que produzisse essas drogas, nunca trabalharia numa empresa que distribuísse essas drogas e nem nos locais de venda delas, nunca trabalharia num meio de comunicação ou numa agência de publicidade que divulgasse e promovesse o uso delas, que já usou essas drogas, como quase todo mundo já o fez, até o dia em que percebeu que nem sempre o usual é o certo, nem sempre o habitual é o correto, nem sempre o normal é o melhor. E, a partir desse dia, nunca mais fumou, nunca mais bebeu, hoje em dia não come mais carne, procura alimentar-se do que realmente merece essa qualificação, procura ter o maior cuidado com o que coloca para dentro do seu Templo, pela boca, pelos olhos e pelos ouvidos. E, se algum filho meu usa ou usará alguma dessas drogas, faz ou fará porque quer, não pelo meu exemplo ou opinião, pelo contrário.

E, como eu, existem milhares de pessoas que são contrários à existência dessas drogas socialmente aceitas, mesmo no meio da produção, da fabricação, da difusão, da divulgação e da venda. Por que então não nos unimos e criamos uma Força de Resistência Pacífica, nos moldes do que foi feito pelos indianos sob o comando de Gandhi, que é o que pode acelerar a diminuição do seu uso, até chegarmos à completa eliminação de sua existência? O cigarro em breve não mais existirá legalmente, será considerado droga ilícita, a bebida alcoólica demorará um pouco mais, um ou dois séculos, a alimentação natural, aos poucos, começa a mostrar que nem precisaria do complemento "natural", pois alimentação deve ser sempre natural, algo para ser chamado de alimento deve ser saudável, o que não é natural, nem saudável, nem deveria ser chamado de "alimentação". E essa ampliação do nosso respeito por nós mesmos transbordará para o respeito para os demais, sejam humanos ou animais, para a Natureza e para todo o nosso planeta.

Este livro é sobre uma utopia, mas utopia não é algo impossível, algo que não pode acontecer, algo absurdo. Utopia é a ideia de uma civilização ideal, um mundo possível no futuro. Utopia é um termo criado por Thomas More que serviu de título a um livro lançado no século XIV, quando ele decidiu escrever sobre um lugar novo e puro, onde existiria uma sociedade perfeita. Uma utopia é um modo idealístico de ver as coisas do jeito que gostaríamos que elas fossem. Este livro é sobre essa utopia: um mundo sem cigarro e sem bebida alcoólica, com as suas fabricação e venda proibidas e, a partir daí, termos uma credibilidade interna suficiente para podermos dizer que queremos acabar com as drogas. E talvez, nesse dia, nem precisemos mais de campanhas antidrogas, pois pelo desaparecimento do cigarro e da bebida alcoólica em todo o mundo, pela adoção da alimentação natural e pelo cuidado e respeito pelo nosso Templo, pelo estabelecimento da justiça, da dignidade, da igualdade entre todas as pessoas, entre todos os povos, não existirão mais usuários para as outras drogas.

A IMPORTÂNCIA DA ORAÇÃO

Aprendendo a rezar. A importância de ter um local em casa para acalmar-se e para conversar com Deus.

Num mundo poluído energeticamente como o que vivemos, é de fundamental importância que tenhamos em nossa casa um local para sentarmos, para nos acalmarmos e para conversarmos com Deus. Nesse exercício de meditação, procuramos acalmar os nossos pensamentos, através da busca de um silêncio interior, ou de mantras, que podem ser as orações tradicionais (Pai-Nosso, Ave-Maria etc.) ou afirmações, decretos, sons etc.

O que importa, pelo exercício frequente dessa prática, é encontrarmos quem somos realmente. Nós somos Puros, somos Perfeitos, somos Luz, somos Amor, somos Paz, somos a Serenidade, somos a Verdade. E a nossa persona, quem é? A minha, nesta encarnação, chama-se Mauro e tem, no momento, 63 anos. Entre seus rótulos estão o de ser da família Kwitko, brasileiro, homem, branco, segundo filho do Rafael e da Paulina, irmão do Airton, pai da Hanna, do Rafael, do Maurício e do Igor, casado com a Juliana, pai dois da Gabriela e da Yasmim, residente em Porto Alegre, no Rio Grande do Sul.

Qual a importância de ter em casa um local onde sentar comodamente ou deitar, relaxar, acalmar os pensamentos da minha persona, e procurar encontrar-Me? É saber onde Eu estou. Certamente estou na minha persona, mas ela é apenas uma parte infinitesimal de Mim, de 1,70m, então como acesso o restante de Mim? Como consigo Me libertar do domínio que o Mauro exerce sobre Mim? Como consigo fazer com que o Ego atual Me obedeça? Os meus pensamentos, sendo oriundos do Mauro, não irão colaborar em nada para isso, preciso me libertar desses pensamentos, preciso parar de pensar, não querendo parar, mas, sim, não querendo nada. Como isso é possível?

Um local em casa, bonito, calmo, silencioso, confortável, onde o Mauro possa ficar de vez em quando, aprendendo a parar de pensar, pode fazer com que, aos poucos, ele comece a libertar-se de si e consiga ir Me encontrando. Eu estou aqui em cima, ele precisa subir até aqui, mas essa subida não é difícil, trabalhosa, uma tarefa árdua, pelo contrário, é como um balão, quanto mais leve, mais sobe. Onde está o peso que impede a subida? Nos pensamentos e nos seus representantes emocionais, os sentimentos. Onde está a leveza que permite a subida? No não-pensamento.

Num local assim, onde possamos permanecer algum tempo não pensando, não-querendo, não-desejando, podemos nos libertar, dia a dia, de nós mesmos, dos nossos pensamentos, dos nossos sentimentos, e irmos nos endereçando para um local muito mais arejado, mais leve, onde tudo é diferente, onde se começa a sentir uma paz e um conforto, e onde podemos encontrar Deus com mais facilidade. Deus está em tudo, mas em locais assim podemos percebê-Lo mais facilmente. E ali está a alegria, a felicidade, a bem-aventurança, a serenidade, ali acabam os nossos problemas, terminam os nossos sofrimentos, encerram-se as nossas dores. Ali nós suspiramos profundamente e nos entregamos.

Onde está o sofrimento? Parece que está nas coisas, no que aconteceu ou está acontecendo conosco, no que queríamos e não temos, no que tínhamos e perdemos, mas se examinarmos bem direitinho, de cima, o sofrimento está no nosso pensamento, em como vemos, percebemos e assimilamos o que nos causa sofrimento. Geralmente, confundimos as coisas com o nosso pensamento a respeito delas, o que não é igual. Como diz um dito popular: "Uma coisa é uma coisa, outra coisa é outra coisa!". Eu perco algo muito importante e isso me causa um enorme sofrimento, mas onde está o sofrimento? Na perda ou como eu penso isso? A perda é a perda, o sofrimento está no meu pensamento a respeito dessa perda. Se eu não posso fazer nada em relação à perda, existe uma saída. Eu posso mudar meu pensamento a respeito dela!

Mas isso vai depender de quem está comandando o pensamento sofredor: a minha persona ou Eu. A minha persona sofre porque perdeu algo ou alguém, Eu nunca perco nada. Por que nunca perco nada? Porque Eu nunca tive nada, quem tem coisas é minha persona. Quando morreu o pai do Mauro, o que aconteceu? O Mauro perdeu o pai, Eu não tenho pai. O Mauro ficou sem pai, Eu estou junto com aquele Espírito que tinha o rótulo de pai do Mauro. O Mauro ficou triste, Eu me sinto bem, estou junto com quem foi seu pai. O Mauro sofreu, Eu observei seu sofrimento. Ele não entendeu por que isso aconteceu, por que tinha de perder seu pai, Eu sei.

Se o pensamento (e os sentimentos) estiverem sob o comando do Mauro, ele padecerá um sofrimento muito maior do que necessitaria, por um tempo muito maior do que deveria. Se o Mauro tiver um local em casa para meditar (diminuir o pensamento até aprender a parar de pensar), Eu poderei assumir o comando e transmitir a ele o que sei, o que ele precisa lembrar, o que deve entender, a respeito de Vida, de Morte, de Impermanência, de Desapego, de Libertação, de Felicidade. O Mauro pode não me escutar e continuar sob o comando do seu próprio pensamento e dos sentimentos que advêm desse comando, e afundar na tristeza, na depressão, na saudade, pode até estragar sua encarnação por isso, e até suicidar-se, literalmente ou através de uma doença grave, e enquanto isso, Eu aqui de cima fico observando, aguardando quando ele irá abrir mão do comando e me passar essa tarefa, para que Eu possa falar com ele, explicar tudo, ensinar-lhe como as coisas são e, sob o meu comando, ele amenizar a sua dor, libertar-se da autopiedade egoísta e do seu sofrimento egocêntrico e infantil.

Todos nós somos cegos e surdos, mas não mudos. Não enxergamos e nem ouvimos, mas como falamos! A questão não é enxergar e ouvir, mas sim o fato de que enxergamos e ouvimos com os olhos e com os ouvidos da nossa persona e falamos o tempo todo, com a boca ou no nosso pensamento. Ou seja, é a nossa persona nos comandando o tempo todo, através do seu representante, o Sr. Ego. Enquanto isso o nosso Eu, que já observou, através de tantos milênios, tantas personas que não lhe obedeceram assumirem o lugar de comando que deveria ser Seu, permanece quieto em Seu lugar, aguardando quando cansaremos disso tudo, quando o sofrimento nos fará buscá-Lo, quando a falta de paz, de sentido para a nossa vida, fará com que almejemos encontrar uma solução, que não encontramos no cigarro, no álcool, na maconha, na cocaína, na busca desenfreada da alegria, no barulho, na agitação, nas festas, no consumismo, na televisão, em lugar nenhum.

É apenas dentro de nós, onde o nosso Eu se encontra, que encontraremos tudo o que sempre desejamos: a paz, a calma, a satisfação, a quietude, a serenidade, a sensação de que tudo está certo, de que não precisamos de mais nada além de estarmos vivos, aqui e agora. É dentro de nós que encontraremos Deus, e através da Fé no nosso Criador e Mantenedor, que vem com esse encontro sagrado, onde estávamos imersos o tempo todo e não percebíamos, é que vem a Entrega, e é Ela que nos leva de volta para Casa. E esse encontro divino, na verdade conosco mesmos, através do encontro com o Todo, é que nos liberta do nosso pensamento e dos sentimentos e sofrimentos e dores que vinham da ilusão da separatividade da nossa persona em relação ao Universo.

É no não pensamento que encontraremos a Nós mesmos e aí entenderemos como vínhamos sendo infantis e egoístas esse tempo todo, como vivíamos como crianças, aferrados a pais e a mães terrenos, sob a forma deles mesmos ou sob a forma de outras pessoas ou coisas. Quando queremos ser ricos e famosos, é a nossa criança jogando "Fama e Riqueza". Quando compramos um carrão espetacular, é a nossa criança jogando "Vejam! Olhem para mim!". Quando sofremos por uma perda afetiva, é a nossa criança jogando "Me abandonaram...". Quando sofremos por ciúme, é a nossa criança jogando "Você é meu(minha)!". Quando nos isolamos, nos escondemos, é a nossa criança jogando "Cansei...". Quando queremos mandar nos outros, é a nossa criança jogando "Eu que mando!". Quando nos achamos incapazes, inferiores, é a nossa criança jogando "Não valho nada...".

Todos esses jogos, jogados pelas nossas crianças internas, seriam apenas exercícios inconsequentes e inexpressivos se não provocassem todos os males que afligem a humanidade há tanto tempo. Esses jogos criam e mantêm todas as ilusões e suas funestas consequências, como a desigualdade social, a miséria, a fome, as doenças, as depressões, os suicídios, o racismo, as guerras, as vidas sem sentido, o viver às tontas, a falta de rumo espiritual. É chegada a hora da humanidade extrapolar os limites de seus chakras inferiores (o terreno, o sexual e o egoico), ou, melhor dito, equilibrar e harmonizar esses centros de força e abrir o caminho que leva ao centro do seu peito, onde está o chakra cardíaco, o chakra do amor, o chakra da igualdade e da fraternidade.

Nós todos possuímos esses chakras e a humanidade também possui, e, à medida que cada um de nós vai realizando esse trabalho interno, de administração de seus impulsos animais, de sua irresponsabilidade infantil, de sua falta de controle, de seu apego a si mesmo, de sua busca de prazer e de satisfação a qualquer preço, isso vai se refletindo nos chakras da humanidade. O que está em cima é como o que está embaixo, tudo é uma coisa só, e então, para que a humanidade cresça, evolua, abandone a fase infantil de sua existência, isso deve ser feito por cada um de nós, dentro de nós mesmos, em nossos próprios chakras.

Para isso, precisamos aprender a diferenciar o pensamento, que vem da nossa persona, da orientação, que vem do nosso Espírito, precisamos aprender definitivamente que sofrer por si é um atestado de egoísmo e sofrer pelos outros é um ato de amor (até chegar ao patamar dos Mestres, de não sofrer mais nem por si nem pelos outros), precisamos aprender a passar o comando da nossa vida para quem realmente tem essa capacidade e não é o nosso Ego. Para isso, precisamos aprender a rezar, aprender a meditar, aprender a aquietar nossa mente inferior e a acessar nossa Mente Superior. Essa ascensão, essa libertação de nós mesmos, vai encaminhando nossa energia para cima, vai purificando e equilibrando nossos chakras inferiores, vai abrindo o nosso coração, e é isso que vai nos trazendo a felicidade tão almejada, a paz tão desejada, é esse caminho para cima, dentro de nós e fora, que vai nos aproximando de Deus, da sensação do filho enfim retornando à Casa Paterna, o alívio que nenhuma substância, nenhuma conquista material, nenhuma ilusão terrena pode proporcionar.

E isso é gratuito, não custa nada, não adianta ir ao bar comprar, não adianta subir o morro ou ir a algum lugar para adquirir, não vem pelas nossas vitórias egoicas ou do nosso time ou do nosso país, não é possível de encontrar fora de nós, apenas dentro, e não escondido, apenas resguardado, acima da nossa persona e de seus rótulos, do nosso Ego e sua fragilidade. Daí a importância de termos um local em casa para relaxar, para parar de pensar e para encontrar Deus. Todos são bem-vindos à Casa do Pai, principalmente os filhos que se perderam, pois esses merecem mais atenção do que os que ficaram por perto. A humildade de reconhecer que esteve perdido, de pedir para voltar, de implorar pelo Colo Divino, abre as Portas do Céu, mais do que qualquer título, riqueza ou bem material. Está aberto, tudo está aberto, Deus está dentro de nós e é aqui mesmo que O encontraremos e, surpresa, perceberemos que estamos Nele e que sempre estivemos!

Purifiquemos nossos pensamentos, nossos sentimentos, nossas palavras, nossas atitudes, nossos hábitos, nossos costumes, cuidemos de nós, do nosso corpo, do nosso estômago, do nosso pulmão, do nosso quarto, da nossa casa, do nosso local de trabalho, aprendamos a pendurar o casaco, como ensinou o Mestre em Karatê Kid 2, amemos e respeitemos a natureza, vejamos Deus em tudo e em todos, e com esses cuidados, com essa atenção e com essa intenção, quem fuma cigarro, quem bebe, quem usa substâncias para fugir, para ativar-se ou para destruir-se, quem ainda come carne, quem polui o planeta, tudo isso irá, naturalmente, cessando, sem nenhum grande esforço ou sacrifício, mas de uma maneira normal, tranquila, firme e segura.

Neste momento do livro, escolha um local em sua casa para, de vez em quando, quando possível, parar tudo e conversar com Deus, encontrar-se Consigo mesmo, acessar a Paz e o Amor. Pode ser na sala, no escritório, no seu quarto, ou, se não for possível nenhum desses lugares, faça isso no banheiro, durante suas limpezas corporais ou durante o banho. Pode ter certeza de que Deus não vai reparar no local, mas sim na sua intenção.

AS DUAS FORÇAS: A LUZ E A SOMBRA

Em qual delas eu quero sintonizar?
É possível adorar a dois Senhores?

    Todos nós viemos da Luz e fomos colocados por Deus aqui na Terra para aprendermos o caminho de volta para Ele. Onde está o nosso pensamento está a nossa sintonia e onde está a nossa sintonia é de onde vêm os nossos pensamentos, é um caminho de mão dupla. Dificilmente alguém chega a um patamar espiritual de manter seu pensamento, ou, na verdade, a ausência dele, permanentemente na Luz. Os Mestres e as Mestras espirituais aprenderam esse rumo e conseguem mantê-lo no seu dia a dia, na sua vida. A imensa maioria de nós ainda não consegue, e, nessa maioria, a maioria nem sabe que é isso o que deve fazer.

    Numa sociedade ainda materialista, de valorização prioritária do terreno, do material, do visível, costumamos nos considerar o nosso corpo, o nosso nome e o nosso sobrenome, e embutidos num meio onde praticamente todos se enxergam e se sentem assim, onde o exterior sobrepuja o interior, o barulho sobrepuja o silêncio, a correria sobrepõe-se ao devagar, o rumo para o nosso Eu Verdadeiro, que é encontrado na introspecção, na quietude, no não pensamento, raramente é considerado um caminho desejável. Por que não? É que esse caminho não traz status terreno, não traz riquezas materiais, não traz luxo, não traz vitórias egoicas, ele traz status espiritual, traz riquezas espirituais, traz a sensação de ser filho de Deus, de ser um pacífico irmão, um fraterno ser igual a todos, de qualquer cor, classe social ou país.

Um exercício que pratico, quando lembro, é de parar um pouco com o que estou fazendo, principalmente se estiver muito estressado, e olhar para o céu. Fico olhando e pensando: "É de lá que eu vim e é para lá que vou voltar". Depois de um tempo, em que chego a suspirar de alívio, volto minha atenção para a Terra, para a vida cotidiana, e aí tudo está diferente, o que antes estava me parecendo tão importante, do ponto de vista emocional ou existencial, já não é mais tanto, e o que estava esquecendo, retorna à minha atenção. E eu retomo minha vida com a agradável sensação de que daqui uns a 30 anos me despedirei e voltarei para Casa, e então devo aproveitar essas últimas décadas nessa vida atual, para evoluir espiritualmente o máximo que puder, ajudar as pessoas, a sociedade, a humanidade e o nosso planeta o máximo que puder, para quando eu me despedir do meu já descartado corpo físico e subir de volta, lá chegar com a agradabilíssima sensação do dever cumprido.

Os Mestres orientais nos ensinam que para aprendermos a viver devemos pensar frequentemente na morte, lembrar que um dia vamos morrer, não como algo horrível ou amedrontador, mas como o inevitável final de uma jornada de algumas décadas pela Terra, onde estamos para aprender a ser obedientes a Deus, a ser humildes servos Dele, a ser submissos à Sua vontade. Um sinal de inteligência, raramente utilizado, é abrirmos mão do comando da nossa vida e passarmos essa função para nossos Mestres espirituais, que são intermediários entre nós e Deus, ou seja, estão em contato mais íntimo com Ele e podem, então, nos trazer a Sua paz, o Seu amor, a Sua luz.

A maioria dos seres humanos ainda tem o hábito de comandar a sua vida, de querer dirigir os seus passos, sem perceber que esse comando está nas mãos de quem não tem a menor capacidade para fazê-lo: o nosso Ego. Esse é o representante da nossa persona, a míope e quase surda parte de nós, das mais recentes décadas de nossa existência, dos anos passados aqui na Terra, desta vez. Como é possível essa partezinha de nós comandar a nossa vida se ela não lembra de nada do nosso passado? Todos nós temos no mínimo 500 mil anos de vida, então é um sinal de inteligência não entregar o comando da nossa vida para a nossa persona que tem apenas 20, 30, 40, 50 ou um pouco mais de existência. Um Yogananda, um Chico Xavier, um Dalai Lama, um Shrii Shrii Anandamurti, um Buda, um Jesus, e alguns outros seres superiores que Deus mandou aqui para a Terra para nos ensinar como nos sintonizarmos na Luz, podem entregar o comando de sua vida para a sua persona, pois essa é uma fiel representante do seu Eu Superior, submissa, humilde e obediente, mas a imensa maioria de nós não deveria fazer isso, pois a nossa persona sofre de egoísmo e de egocentrismo e só pensa em si e nos seus, vive para si e para os seus, sem recordar que somos Um só, que todos são irmãos, que, se nos libertássemos da nossa falsa visão que só enxerga as nossas "cascas" e os seus rótulos, perceberíamos que todos somos Luz.

Para sintonizarmos na Luz, onde já estamos e somos, devemos aprender a comandar a nossa persona e a não sermos comandados por ela, disciplinar o nosso Ego e não sermos submetidos à sua vontade, entender que o nosso pensamento é a pista que o nosso Ego deixa por onde passa, é onde ele mostra o nosso nível evolutivo, se estamos no caminho certo ou errado, se estamos indo para cima ou para baixo, se mais adiante nos espera a recompensa ou o arrependimento.

A miséria, a fome, a desigualdade social, a violência, o racismo, as guerras, tudo de negativo que ainda acontece na face da Terra, é fruto do comando dos nossos Egos, da desobediência em relação aos nossos Eus Superiores, aos nossos Mentores Espirituais e, acima de tudo, a Deus, que é a Matéria-Prima Original, a Inteligência Primordial, o que tudo permeia, tudo cria e tudo mantém, Quem nos fez e onde estamos o tempo todo, sempre estivemos e sempre estaremos, mesmo não sabendo disso, mesmo lutando contra isso, mesmo nos rebelando contra a Paz e contra o Amor que receberíamos se simplesmente disséssemos: "Está bem, não tenho capacidade para dirigir a minha vida, por favor, me perdoa e a partir de hoje comanda os meus passos!".

Apenas isso, esse momento de conscientização e de lucidez, nos traria a possibilidade de aprendermos a ser um bom filho para, depois, sermos um bom pai para todos nossos irmãos. Precisamos, primeiramente, aprender a ser um bom filho, respeitar o nosso Pai, obedecê-Lo, acatar todas as Suas orientações e todos os seus conselhos, não discutir, não questionar, não duvidar, obedecer, obedecer e obedecer, até o nosso Ego entregar-se, até a nossa persona perceber que entregar o comando é o que de melhor pode fazer, até que os resultados dessa entrega comecem a evidenciar-se em nossa vida, em nossos pensamentos, em nossos sentimentos, em nossas atitudes, em nossas palavras, e a sorte comece a nos abençoar, o azar comece a se afastar, o sucesso comece a chegar, o fracasso vá se despedindo, e que comecemos a sentir a paz de que os Mestres falam, o amor que eles nos dizem que é tão maravilhoso, a saúde perfeita que pedimos há tanto tempo.

Tudo começa e termina no pensamento. O pensamento pode ser um instrumento do nosso Ego ou uma manifestação do nosso Espírito, e precisamos aprender de onde vem o que estamos pensando a cada momento: se de baixo ou de cima. Se percebemos que vem de baixo, estamos sintonizados na Sombra e de lá não vêm bons conselhos nem bons frutos. Se vem de cima, vem da Luz e de lá vêm as ideias de altruísmo, de desapego, de simplicidade, de igualdade, de fraternidade. O pensamento que vem da Sombra pode até parecer atraente, mas não nos trará paz e tranquilidade, não nos oportunizará saúde e felicidade, pois de lá não pode vir isso, só pode vir o que é negativo, o que é inferior, o que pode até agradar os nossos instintos e os nossos desejos, mas, depois de um certo tempo, manifestam a sua origem, fazendo com que nada nos pareça satisfatório, nada nos traga verdadeira alegria e paz. O pensamento que vem da Luz é tão sublime, é tão simples, é tão claro, que na nossa sociedade materialista parece até estranho, extravagante ou fora de moda, pois não é um pensamento que visa ao nosso bem-estar e sim o nosso e o de todos, não pede um sucesso pessoal e sim um sucesso pessoal e de todos, não nos acena com uma abundância individual e sim uma abundância individual e coletiva.

O pensamento originário da Sombra, quando o nosso Ego se sintoniza lá, fala em "eu", "meu" e "minha" e depois (ou nunca...) os outros. O pensamento que vem da Luz fala em "nós", em "nosso", em "nossa", mas não limitado à nossa família consanguínea, a nossos laços fictícios nacionalistas, religiosos, ou de qualquer ordem, muitas vezes segregacionistas, isolacionistas, discriminatórios, e sim a toda a humanidade, de todos os países, de todas as religiões, de todas as classes sociais, de todas as cores de pele.

A Sombra foi criada por nós, desde que chegamos aqui, na Terra, pelos nossos maus pensamentos, nossos maus sentimentos e nossas más ações. Não foi Deus quem a criou, embora ela esteja dentro Dele, pois nada pode estar fora de Deus. Então Deus nos ama e ama a Sombra, ela é que não ama a Deus, pois tem a ilusão de estar separada Dele, e quem está sintonizado nela sofre do mesmo mal, essa sensação de estar só, de ser individualizado, uma pessoa, um alguém, quando, na verdade, por trás das ilusões das "cascas", somos todos um Espírito, todos iguais, e, aprofundando a nossa pesquisa e entendimento, somos todos Um só.

Quando alguém faz algo de mal para outra pessoa, está fazendo contra si mesmo, pois ela e a outra pessoa são um só, dentro do Grande Um. Quando alguém rouba algo de outra pessoa, está roubando de si mesmo e de todo o Um. O mesmo se aplica para quando alguém fere alguém com pensamentos, palavras ou ações. E o Um devolve para o infrator, na mesma proporção, o ato cometido, nessa encarnação ou mais adiante, é a Lei do Retorno, a Lei da Ação e Reação, a Lei do Karma, da qual ninguém escapa, e à qual, na verdade, deveria agradecer, pois é através dela que Deus concede o Seu perdão.

UMA POSTURA DIANTE DA VIDA QUE NÃO CONDIZ COM O DESEJO DO NOSSO EU SUPERIOR

Quem deve dirigir a minha vida: eu ou meu Mentor Espiritual?
Somos todos bipolares. A libertação através da Meditação.

Todos nós somos bipolares, vamos de um polo para outro, mas não no sentido clínico que a Psiquiatria trabalha, e, sim, numa maneira de ser que faz com que às vezes estejamos no "polo Ego" e às vezes (raramente) no "polo Espírito". Ou seja, somos todos bipolares porque não conseguimos, ainda, permanecer por muito tempo no "polo Espírito" e vivemos mais frequentemente no "polo Ego".

Quando estamos no "polo Ego", o que ocorre na maior parte do nosso tempo, estamos subordinados aos desejos e às vontades dessa nossa parte míope, que busca, antes de tudo, a própria satisfação, a realização de suas necessidades, numa atitude perante a vida baseada no "eu", no "meu" e na "minha". As mensagens que vêm daí são todas do que é bom para mim, do que é bom para os meus, do que me trará um resultado lucrativo, do ponto de vista pessoal, do ponto de vista afetivo, do ponto de vista profissional, e, mesmo quando parece que é do ponto de vista espiritual, não o é, e sim visa alguma coisa, seja ressaltar a sua vaidade, o seu desejo de poder, compensar o seu tédio, enganar a sua solidão ou amenizar a sua culpa.

Nas poucas vezes em que estamos no "polo Espírito", nada disso tem importância, e surge dentro de nós uma estranha sensação de que esses desejos, essas satisfações, essas buscas, esses lucros, não nos trarão uma real sensação de paz, de alegria verdadeira. E aí, nesses momentos, o que antes era tão importante perde a importância, o que parecia tão atrativo perde seu poder de sedução, o que tanto nos atraía já não nos atrai tanto, e uma nuvem de dúvida encobre os nossos pensamentos, algo emerge de dentro de nós, e não sabemos explicar o que é isso, o que está acontecendo, que coisa é essa que vem de dentro de mim e me faz mudar de ideia, que me faz duvidar daquilo que antes parecia tão importante, tão sedutor, tão atrativo?

Isso acontece quando praticamos meditação, fazemos Yoga, buscamos uma interiorização, vemos pouco televisão, lemos jornal só de vez em quando, ou seja, quando conseguimos, em parte, nos libertar da lavagem cerebral cotidiana, da avalanche intelectual, manipuladora, comercial, endereçada aos nossos Egos, fazendo com que nos sintamos tão sobrecarregados, tão afundados na vida material, que não nos dá vontade de entrar para dentro e sim de ir cada vez mais para fora de nós, beber, fumar, usar alguma droga que nos traga um pouco de "paz".

Na maioria das pessoas, o pensamento é totalmente comandado pelo Ego, raras pessoas conseguem transferir o comando do seu pensamento para o seu Eu Superior. É a diferença, por exemplo, entre um Gandhi, uma Teresa de Calcutá, um Chico Xavier, um Yogananda, um Shrii Shrii Anandamurti e a maioria de nós. As pessoas que conseguem esse feito são dirigidas por seu aspecto superior, e esse não pensa em si, pensa em todos, não quer as coisas para si e os seus, quer para todos, não visa benefícios e vantagens pessoais ou familiares e sim o que beneficiará e trará vantagem para todos.

Quem tem o pensamento comandado pelo Ego fala em "eu", em "meu" e em "minha", quem tem o pensamento dirigido por seu Eu Superior fala em "nós", em "nosso" e em "nossa", mas não em nível de sua família, de sua raça, de seu povo e, sim, visando ao bem comum, ao bem para todos, independentemente de quem seja.

Todos nós admiramos os grandes Seres humanitários que viveram aqui na Terra e alguns que ainda aqui estão encarnados, deveríamos então perceber o que os caracteriza, como são, para o que vivem, o que almejam, como pensam, como veem as coisas, como percebem o mundo, como lidam com as pessoas, quais os seus sonhos, as suas metas, a finalidade de sua vida. Qual o fio que une todos esses grandes Seres? Um atributo chamado Amor pelos outros, e esse amor não vem do Ego, pois esse é muito egoísta e egocêntrico, e só pensa em si, em sua família, em seus próximos.

Para alguém conseguir sentir verdadeiramente o Amor, necessita libertar-se do comando do seu Ego, mas esse é muito disfarçado e ardiloso, precisamos então saber onde ele está. O Ego é uma estrutura abstrata, que se esconde dentro de nós, mas que deixa uma pista, através da qual podemos encontrá-lo e saber quem realmente é, o que deseja, quais as suas metas, quais os seus desejos. Essa pista é o nosso pensamento. É através dele que o nosso Ego se comunica conosco, nos ordena ações, nos convence de inverdades que parecem coerentes, nos influencia a fazer certas coisas, a ser de uma certa maneira, a acreditar que uma vitória é obter prêmios temporários, que ser bem-sucedido é ser rico ou famoso ou salientar-se ou destacar-se, e o nosso pensamento, como um representante do nosso Ego dentro da nossa mente, nos induz, nos conduz, nos comanda, nos domina, às vezes de uma maneira tão absoluta e completa que algumas pessoas cometem atos terríveis, tornam-se pessoas nefastas, praticam ações maléficas e malignas para as outras pessoas, iludidas por desculpas ou por argumentos, nos quais o nosso Ego é Ph.D.

Um exemplo de domínio do Ego sobre algumas pessoas são certas atividades, como plantar fumo para fabricar cigarro, ser proprietário, diretor ou funcionário de uma fábrica dessa terrível droga, atuar na distribuição ou na divulgação dessa arma mortífera, vender essa droga em seu estabelecimento. Essas pessoas estão completamente dominadas pelo seu Ego, que, de alguma maneira, as convenceu de que isso não é errado, é uma espécie de psicopatia inocente, no sentido de participar do ciclo da fabricação, da produção, da distribuição e da venda de uma das duas drogas mais terríveis que existem, juntamente com a bebida alcoólica, e acreditar que não está fazendo nada de ruim, que é uma atividade legal, apenas por ser permitido por um ato de loucura da humanidade, que legaliza fabricar e vender venenos.

Percebam a capacidade que tem o nosso Ego de mentir para nós, de nos convencer que o ruim é bom, que o errado é certo, e a maioria das pessoas envolvidas nisso não são monstros, não são inimigos públicos, são pais e mães de família, são pessoas que são amigas, que convivem com outras pessoas, que praticam bons atos, a maioria frequentadoras de alguma religião, crentes em Deus, em Jesus, na Nossa Senhora, nos Santos, nos Anjos, mas como conseguem aliar duas posturas antagônicas? Como conseguem conviver com práticas boas, familiares, sociais, espirituais e trabalhar com algo que vicia, que adoece, que mata? Como pessoas boas conseguem fazer isso com outras pessoas?

Uma pequena minoria das pessoas envolvidas na produção, na fabricação e no comércio de cigarro e de bebida alcoólica são realmente ruins, malignas, psicopatas, que fazem o mal sabendo que estão fazendo e até gostando disso. A imensa maioria são boas pessoas, mas por que então não dizem "Não!", por que não dizem "Basta!", por que não olham para um espelho, olho no olho, e dizem "Chega! Não participo mais disso!". Que força é essa que o Ego tem sobre essas pessoas que as convence a continuar viciando, adoecendo, matando outras pessoas, acreditando que não estão fazendo nada de errado?

Se os governantes não têm essa coragem, bastaria que as pessoas recusassem participar dessa malignidade e em pouco tempo veríamos a vitória do bom senso, do certo, do correto, o fim do cigarro no mundo. E enquanto ninguém tem coragem de aceitar que a bebida alcoólica deveria também ser erradicada da face da Terra, por ser a principal porta que abre para as outras drogas, pois o seu Ego não permite que vejam a verdade, iludindo-os com argumentos, com desculpas e com autocomiserações, pelo menos que ela tivesse a sua propaganda completamente proibida em qualquer veículo de divulgação, sob qualquer forma, em nenhum horário, de nenhuma maneira!

Então, já que nosso Ego nos comanda através do pensamento, nos permite uma saída: não acreditar no nosso pensamento. Enquanto que com a Meditação, que é a arte de diminuir e até suspender o pensamento, e por isso exige tempo e uma disciplina diária aparentemente difícil para a maioria de nós, podemos começar por questionar os nossos pensamentos, não ir atrás deles quando vemos que não são coisas boas para nós ou para outros, duvidar deles, perceber o que nosso Ego, o seu comandante, deseja realmente...

Podemos nos libertar, gradativamente, do comando do nosso pensamento, que nada mais é do que um instrumento do nosso Ego para atender os seus próprios desejos e anseios, em sua maioria Egoístas. Qualquer pensamento que comece pela palavra "eu" ou que tenha uma forte conotação de "meu" e de "minha" é, em si, falso e enganoso, embora pareça real e verdadeiro. O nosso Ego é uma criação da nossa persona, para orientar o seu rumo na vida, um rumo geralmente cego e sem sentido. E o pensamento faz de tudo para que permaneçamos nesse rumo, acreditando e nos fazendo acreditar que somos nós que estamos pensando e querendo coisas, ansiando por aquelas coisas, que somos nós que somos ansiosos, impacientes, angustiados, tristes, magoados, abandonados, quando, na verdade, é a nossa persona que se sente assim e, através de seu representante, o Ego, nos transmite isso e parece que somos nós, mas não é assim.

No caso das drogas, pensemos em uma família no interior que planta fumo. É provável que o pensamento familiar seja de que isso é permitido pela Lei, e que, mesmo sabendo que tem um efeito danoso para as pessoas, é uma atividade como qualquer outra e rentável. Quem convence as pessoas dessa família de que é assim? O pensamento. Aí existem dois caminhos: acreditar nesse pensamento ou questioná-lo. Se com o questionamento se considerar que a sua plantação é utilizada para fabricar um veneno que adoece e mata milhões de pessoas, pode decidir-se pela suspensão dessa atividade. E mesmo que o seu pensamento ou o pensamento de outras pessoas queiram convencê-los de que estão errados, que vão perder dinheiro, que, se não plantarem, outros plantarão, devem persistir e acreditar na voz interior que lhes esclareceu que o que estão fazendo é errado, do ponto de vista humano e espiritual.

Todas as pessoas que participam do ciclo da produção, da fabricação, da divulgação e da venda do cigarro e da bebida alcoólica estão dominados pelo seu pensamento e, como esse vem do Ego, estão simplesmente sendo enganados por ele. A solução é aprendermos a colocar o nosso Eu Superior no comando e começarmos a obedecer às suas instruções, mesmo que com isso passemos a ser diferentes das demais pessoas que continuam acreditando estarem certas, apenas porque o seu Ego as convenceu disso.

Um grande Ser Espiritual, Prabhat Rainjin Sarkar, que viveu no século passado na Índia, criador da Instituição Ananda Marga ("O Caminho da Bem-Aventurança"), que foi chamado de Shrii Shrii Anandamurti ("Aquele que atrai outros como a personificação da Bem-Aventurança"), ou simplesmente de "Baba" ("Amado"), ensina:

"A Consciência Suprema ocultou-se dentro da sua mente. Está escondida atrás da cortina do seu 'eu', está dentro de você, há apenas a necessidade de remover o véu do ego. Temos que remover completamente este ego, este 'sentimento de eu'. Para realizar a Perfeição Humana, o ser humano terá que abandonar sua 'sensação de eu', ou seja, fundir sua pequena 'sensação de eu' no Grande Eu. O que é esse pequeno eu? É como um pote cheio d'água num lago. Ora, para a água do pote se fundir à água do lago – na realidade, ambas as águas são intrinsecamente uma –, o pote que se interpõe entre as duas águas tem de ser removido. Após a remoção do pote, nenhuma distinção permanecerá entre a água do pote e a água do lago, ambas tornam-se uma. A causa dessa aparente distinção entre Deus e o ser unitário é esse pote – a mente individual".

O "polo Ego" tem uma característica básica: o egoísmo. E muitas vezes nem é maldade, é infantilidade mesmo, o nosso Ego é como uma criança, só olha para seu umbigo, sua visão é limitada apenas a si e aos seus, classifica as pessoas em "nós" e "eles", frequentemente entre os da minha cidade e os de outras cidades, do meu estado e de outros estados, do meu país e de outros países, da minha raça e de outras raças, da minha cor de pele e de outra cor, e por aí vai, completamente iludido sem perceber. Por que iludido? Porque o Ego é um atributo da nossa persona, e a nossa persona acredita piamente nos seus rótulos, sem perceber que são apenas isso, rótulos.

Na Psicoterapia Reencarnacionista lidamos com um conceito: a ilusão dos rótulos das "cascas", que diz que a cada encarnação o nosso Espírito encarna em uma "casca" de acordo com suas necessidades de aprendizado e de evolução. Em outras palavras, o Mauro é brasileiro, Eu não tenho nacionalidade, o Mauro é branco, Eu não tenho cor de pele (nem pele...), o Mauro reencarnou em uma família de origem judaica, Eu não tenho religião, o Mauro é Kwitko, Eu não tenho nome nem sobrenome, o Mauro vai morrer, Eu nunca morro.

Qual a importância disso? É nos permitir relativizarmos os rótulos que temos na encarnação, entendermos a temporalidade da nossa persona e nos libertarmos do nosso Ego, nos endereçando para nosso aspecto eterno: a nossa Essência. Ela existe desde que Deus nos criou, seja lá quem Ele seja, ou nem seja um Ele, e por que e para o que fez isso, enquanto que a nossa persona é um atributo passageiro, que dura apenas algumas décadas. Mas, em vez do nosso aspecto superior estar no comando da nossa vida, quem usurpa esse lugar é nosso temporário Ego, a nossa míope persona, e então o que vemos? Materialismo, desigualdade social, racismo, guerras. Tudo porque a nossa "casca" acredita que "é", enquanto que ela apenas "está", e vive essa ilusão até um dia morrer e, mais tarde, ser substituída por outra "casca" que, por sua vez, também vai acreditar que "é" e apenas "estará".

A nossa persona tem o hábito de pensar e de acreditar naquilo que pensa e que acredita, confundindo o seu pensamento com a realidade, ou seja, acredita que o que ela pensa é a verdade, enquanto que é apenas a interpretação, na imensa maioria das vezes totalmente equivocada, a respeito da vida e da sua vida. O conjunto de personas constitui-se na sociedade humana, comandada pelos seus pensamentos, por sua vez comandados pelos pensamentos das personas que comandam os meios de comunicação. O nosso gosto, os nossos ideais, as nossas metas, os nossos objetivos, o que é importante, o que devemos querer, pelo que devemos lutar, para o que devemos nos esforçar, como devemos ser, como devem ser os nossos dias, as nossas noites, os nossos fins de semana e as nossas férias, desde crianças até morrermos, é arquitetado nos escritórios das pessoas que resolveram que devem comandar a nossa vida, geralmente em busca de prestígio e de lucro pessoal.

Daí vem o que se chama de "moda", o que devemos vestir, o que devemos usar, o que dá status, o que vai satisfazer os nossos sentidos, o que vai atrair a nossa cobiça, os nossos sonhos de consumo, como devemos ser, como devemos nos portar, e então a maioria dos seres humanos entrega a sua vida ao comando de alguns autoeleitos dirigentes dela. Mas nós não sabemos disso, não existe um contrato formal, não assinamos nenhum documento, não registramos em nenhum cartório, é mais sutil do que isso, é automático, é só assinar o contrato que fazemos com a Empresa que ficará encarregada de fazer entrar na nossa casa a sua programação televisiva, basta assinar o contrato com a Empresa que nos enviará o sinal para acessarmos a internet, basta ler os jornais, as revistas, ir aos shoppings, e tudo isso que todos nós fazemos, e, sem percebermos, estamos todos sendo robotizados para acreditarmos que os nossos pensamentos são nossos e não são, que os nossos desejos são nossos e não são, que o nosso gosto é nosso e não é.

Mas não teria nenhum problema se tudo isso que nos incutem fosse direcionado ao bem comum, à caridade, à simplicidade, à humildade, ao repartir-o-pão com quem não tem, ao mais-consolar-do-que-ser-consolado, ao mais-amar-do-que-ser-amado, ao é-dando-que-se-recebe, e então até seria bom que nos comandassem, que nos ensinassem a refrear nossos instintos primitivos, nos direcionassem para uma vida de luz, de paz e de amor. Mas, infelizmente, a mensagem é outra, e ao contrário de bem-comum, é o meu bem e o bem dos meus, ao contrário da caridade, é a competitividade, ao contrário da humildade, é a vaidade, ao contrário de repartir o pão, é fazer de tudo para abocanhar a fatia maior, ao contrário de consolar, é não-tenho-nada-a-ver-com-isso, ao contrário de dar, é querer receber.

E com esse modo de vida, que faz com que o sentido da vida seja a vitória pessoal, as conquistas sejam materiais, as metas sejam sucessos egoicos, a finalidade da vida seja viver da melhor maneira possível, ganhar a maior quantidade de dinheiro que pudermos, sem atentar para a maneira, fazendo ou vendendo qualquer coisa, de dia sofrendo uma lavagem mental do cotidiano e à noite da televisão ou da internet, seria de admirar-se que a raça humana conseguisse não ser, em grande parte, viciada em cigarro, em bebida alcoólica, em maconha, em cocaína, em crack e em outras coisas, reflexos de um vício bem mais profundo: o vício de não pensar por si e de deixar-se comandar por um invisível comando, sutil, sorrateiro, manipulador.

A Psicoterapia Reencarnacionista, a terapia da libertação do comando do Ego, quer ensinar a todos nós a começarmos a pensar por nós mesmos, questionarmos o que nos vendem, nos interrogarmos se realmente precisamos disso tudo, qual a finalidade de uma encarnação, o que é evolução espiritual, o que significa realmente a palavra desapego, que, como se pode perceber, termina com três letras: Ego.

O verdadeiro desapego é o desapego do Ego, é passar o comando da nossa vida para nosso Espírito, é procurarmos acessar o nosso Eu Superior, é retirarmos o comando da nossa vontade das mãos de outros egos e entregá-lo aos nossos Mentores Espirituais. E aí então descobrir de onde vem a mensagem para fumar cigarro, para beber alcoólicos, para fumar maconha, para cheirar cocaína, para inalar crack, para fazer tantas coisas que só servem para nos prender cada vez mais na crosta desse planeta, quando a nossa meta original é, um dia, nos libertarmos da sua ação gravitacional e nos elevarmos a patamares mais altos, a nos tornarmos habitantes do Plano Astral e daí cada vez mais para cima, para cima, para cima, cada vez mais leves, mais leves, até que consigamos retornar à Casa do Pai, onde existe uma Luz, que é a nossa Origem e o nosso Fim, até a próxima Origem, e assim para Sempre.

QUEM ESTÁ NO COMANDO?

A mensagem do nosso Espírito
X
A mensagem da nossa persona
Como domesticar o Ego. O Eu Superior no comando

A Reencarnação nos ajuda a recordar o que é estarmos aqui, qual a finalidade disso, qual a meta do nosso Espírito ao reencarnar, como podemos aproveitar realmente uma encarnação, o que é evolução espiritual e como atingir essa meta. A lembrança disso pode fazer com que todas as pessoas envolvidas com as drogas, lícitas e ilícitas, desde a produção das matérias-primas até o usuário, optem por colocar a sua evolução espiritual acima dos interesses ou desejos terrenos, a busca da Purificação acima do dinheiro, da irresponsabilidade de fabricar, de divulgar, de vender essas drogas, do "não tenho nada com isso..." ou do "bebe quem quer, fuma quem quer...", acima de tudo o que o Mundo Espiritual chama de "As armadilhas", ou seja, os ganhos, as atividades, os lucros, os benefícios, tudo aquilo que atrai tanto os nossos Egos, mas que não contribui para nossa evolução.

Por isso, sinto compaixão pelas pessoas envolvidas com a fabricação, com a divulgação e com a venda de drogas, pois acreditam que estão ganhando com isso, mas caíram numa armadilha, e estão prejudicando o seu Espírito, mas muitos só saberão disso após a sua morte, após o seu desencarne, quando se defrontarem com a sua Consciência, e se derem conta do que fizeram, quem plantou, quem produziu as matérias-primas, quem fabricou as drogas, quem as distribuiu, quem colaborou para sua divulgação, quem as vendeu, quem autorizou e quem as usou, esses, os menos comprometidos karmicamente com isso.

A Psicoterapia Reencarnacionista, uma terapia baseada na Reencarnação, nos ensina a nos libertarmos do nosso Ego, do "nosso" lucro, do "nosso" benefício, do "nosso" prazer, do "nosso" lazer, da "nossa" noite, do "nosso" fim de semana, das "nossas" férias, dos "nossos" problemas, dos "nossos" conflitos, dos "nossos" dramas, e nos endereçarmos para o trabalho social, para o trabalho espiritual, para a ajuda aos mais necessitados, aos mais carentes, aos mais infelizes. Ela nos ensina a abrirmos mão do nosso tempo e estendermos a mão para nossos irmãos. Ela nos ensina a aprendermos a nos respeitarmos e respeitarmos os nossos irmãos, lembrando que a maioria de nós, ocidentais, somos cristãos, recordando as palavras de Mestre Jesus: "Não fazei a outro o que não queres que te façam", "Amai ao próximo como a si mesmo" e "Amai a Deus acima de todas as coisas". Não é diferente a mensagem de Mestre Moisés para quem é judeu, de Mestre Maomé para quem é muçulmano, e de todos os outros Mestres, criadores das várias religiões, todas elas mensagens da palavra de Deus a respeito do amor que devemos ter entre nós, como devemos ser, qual a nossa postura, a nossa intenção, que não devemos mentir, não devemos roubar, não devemos matar, e tantos outros códigos morais que todos acreditam, mas quem pratica realmente?

Como eu sou reencarnacionista, simpatizante do Espiritismo, do Budismo e de tantos outros ismos, praticante da Psicoterapia Reencarnacionista, em muitos momentos do livro falaremos sobre Reencarnação, e em como deve ser uma pessoa reencarnacionista, qual a visão que deve ter a respeito da "vida", como escapar das "armadilhas", como ser um vitorioso nessa atual passagem e dedicar a sua atenção mais aos aspectos espirituais do que aos materiais em sua vida.

Mas mesmo as pessoas que não acreditam na Reencarnação podem ser beneficiadas por este livro, basta dispensar as páginas em que abordo as coisas desse ponto de vista. O cuidado e o respeito com nosso Templo e o Poder da Indignação Pacífica não são questões reencarnacionistas, são universais, e todos podemos abraçar essas verdades e intenções, beneficiando a nós e a quem está ao nosso redor.

O uso de cigarro, de bebidas alcoólicas, de Cannabis, de cocaína, de crack e de outras coisas, do ponto de vista reencarnacionista, pode ter explicações e causas mais profundas do que têm sido comumente analisadas:

1. Pode ser uma atitude decorrente do esquecimento da nossa natureza espiritual, numa fixação em nosso próprio umbigo, em nosso egocentrismo.

2. Pode ser consequência de traumas de encarnações passadas somando-se a circunstâncias da infância ou da vida atual.

3. Pode ser a repetição de um padrão anteriormente praticado em encarnações passadas.

4. Pode dever-se a estímulos subliminares de uma sociedade materialista e imediatista, baseada em consumismo e falsos valores.

5. Pode ser um excesso de sensibilidade de Espíritos com dificuldade com a vida terrena.

6. Pode ser reforçada pela existência de influências espirituais inferiores.

A Psicoterapia Reencarnacionista quer nos ensinar a mudar o foco da história ilusória da nossa persona (Raciocínio) para a história real do nosso Espírito (Contra-Raciocínio) para que possamos passar o comando da nossa vida ao nosso Eu Superior e aos nossos Mentores Espirituais, representantes mais próximos da Perfeição Divina. Ela quer ensinar o nosso Ego a perceber o benefício de abrir mão do comando e passar essa tarefa para quem realmente tem poder e capacidade para isso.

A maioria das pessoas usuárias dessas substâncias é boa de coração, bem intencionadas, dignas e honestas, mas muitas vezes não percebem a relação entre essas práticas e o Egoísmo, no sentido de estarem sob o comando do seu Ego, por não perceberem que o nosso Ego é muito egoísta e, portanto, voltado mais para si do que para os outros. Esse comando pode turvar a nossa visão a ponto de esquecermos que somos Espíritos reencarnados em busca de evolução espiritual, ou, se lembramos disso, de não sabermos o que fazer com essa informação.

Estamos aqui para nos limparmos em nossos pensamentos, em nossos sentimentos, em nossas atitudes, em nossas palavras e em nosso corpo físico. A Psicoterapia Reencarnacionista quer nos ajudar a ficarmos cada vez mais limpos e puros. O comando do nosso Ego traz consigo uma leitura limitada, pois terrena, da nossa infância, por não perceber que a nossa infância é cocriada pelo nosso Espírito, baseada nas Leis da Necessidade, da Finalidade e do Merecimento. O Ego no comando nos envia mensagens de mágoa, de raiva, de sentimentos de rejeição, de insegurança, de altos ou de baixos conceitos a respeito de nós mesmos, de crítica, de julgamento, de "aproveitar a vida", de "divertir-se", de "rebeldia", o que, por ser uma mensagem e um desejo do nosso Ego, sinaliza uma atitude ainda inferior, ainda de baixa evolução espiritual, um baixo aproveitamento de nossas superioridades, esquecidas e mascaradas em uma sociedade superficial, consumista e competitiva que incentiva isso.

A Psicoterapia Reencarnacionista pode ajudar as pessoas que acreditam na Reencarnação, mas ainda muito fixadas em si, a alcançarem níveis mais elevados de sua espiritualização e a utilizarem melhor seus atributos superiores espirituais de amor, de doação e de caridade.

A sociedade humana ainda está em um estágio inferior de desenvolvimento, sob a hegemonia dos nossos três chakras inferiores (visão terrena, sexualidade e Ego), e então mostra aos nossos cinco sentidos o que os orientais chamam de Maya, a Ilusão, na qual praticamente todos nós mergulhamos, só percebendo a Verdade após o nosso desencarne, ao retornarmos para nossa Casa, no Mundo Espiritual, onde vão se desativando os nossos chakras inferiores e ativando-se os chakras superiores, e onde vamos, então, percebendo o nosso erro, o nosso engano, o nosso egoísmo, ficando a correção para a nossa próxima encarnação.

Aqui na Terra revelamos as nossas inferioridades e no Plano Astral as nossas superioridades. A Psicoterapia Reencarnacionista pode nos ajudar a revelarmos aqui as nossas superioridades, aproveitarmos melhor a nossa inteligência, o nosso tempo, a nossa disposição, em prol do bem comum, da melhoria da sociedade humana, colaborando para que um dia o Reino dos Céus se instale definitivamente aqui na Terra.

Podemos colocar o nosso Ego a serviço do nosso Eu Superior, mas para isso é necessário não dedicarmos o nosso tempo demais conosco mesmos, não desperdiçarmos os nossos dias e as nossas noites com atividades egocêntricas, em buscas infantis de satisfação própria, de leviandade, de irresponsabilidade, numa atitude de desrespeito com o nosso Espírito.

A informação dos Seres Espirituais é de que, depois da nossa "morte", mais de 90% de nós retorna ao Plano Astral sentindo-se profundamente frustrados, arrependidos e envergonhados quanto ao aproveitamento dessa atual passagem, uma parte sendo resgatada do Umbral e outra parte conseguindo lá chegar sem passar por essa zona, mas necessitando de atendimento em hospitais do Astral. Ajudar a diminuir essa porcentagem é uma das finalidades da Psicoterapia Reencarnacionista, a Terapia da Reforma Íntima, a terapia do real aproveitamento da encarnação.

As frases mais ouvidas nos nossos retornos, lá em cima, são: "Ah, se eu soubesse...", "Ah, se eu lembrasse..." e "Não te preocupes, tu terás uma nova oportunidade". A Psicoterapia Reencarnacionista quer recordar a todos nós de que já estamos na nova oportunidade, que devemos aprender a nos libertar dos nossos Egos, a elevarmos a nossa frequência vibratória e a nos purificarmos.

Podemos perceber o nosso grau de egoísmo contabilizando quantas vezes falamos, pensamos e agimos em prol de nós mesmos, dos nossos desejos, das nossas satisfações, do nosso prazer, do nosso lazer. Vivermos para o bem comum, colocarmos as necessidades dos outros acima das nossas é a mensagem dos grandes Mestres Espirituais.

Por nos esquecermos da nossa condição de Espíritos encarnados e nos perdermos nas ilusões da vida terrena, muitos de nós caímos na visão míope ou na cegueira total de um império de muletas, estímulos e fugas, sejam as permitidas pelos governos, como o cigarro e a bebida alcoólica, sejam as proibidas, como a Cannabis, a cocaína, o crack e outras, nos mantendo prisioneiros do nosso umbigo, nos afastando do nosso coração, mantendo-nos na teoria, dificultando um trabalho pró-ativo e disciplinado de seguir os ensinamentos de Jesus, de São Francisco de Assis, de Buda, de Gandhi, de Teresa de Calcutá, de Ramatis, de Chico Xavier e de tantos outros Mestres, que nos ensinam e que nos pedem para vivermos para os outros, dedicando a nossa vida para o bem comum.

Na visão da Espiritualidade Superior, os motivos de não conseguirmos entender essa Lição, ou não conseguirmos praticá-la, pode dever-se a algumas questões:

1. Nos prendermos a pensamentos e a sentimentos negativos em relação ao nosso pai e/ou à nossa mãe ou a outras pessoas com tristeza, mágoa, sentimento de rejeição, ciúmes, raiva etc., a uma sensação de solidão, a uma tendência de isolamento, a atitudes antissociais etc., ou a um sentimento de culpa forte e inexplicável. Com bastante frequência, esses sentimentos têm sua origem em encarnações passadas e vêm acumulando-se encarnação após encarnação, ampliando-se hoje, fazendo parte do que viemos melhorar nessa atual encarnação. A Regressão Terapêutica, dirigida pelos Mentores Espirituais, respeitando a Lei do Esquecimento, pode nos mostrar encarnações passadas e melhorar muito esses sentimentos pelo desligamento do passado e pela compreensão advinda dessa recordação.

2. O incentivo social ao uso de cigarro e de bebida alcoólica, felizmente cada vez menor, mas ainda atuante, e a sua associação a sucesso, a uma ação relaxante, ou a independência, a rebeldia etc., que pode levar, mais frequentemente em jovens, a procurarem essas e outras substâncias com tal finalidade e postura. A conscientização a esse respeito pode ajudar as pessoas a não se deixarem mais manipular por essas mensagens.

3. Espíritos mais sensíveis, que não conseguem suportar o peso de estarem encarnados em um ambiente agressivo e hostil, como é a vida nesse planeta, absorvem energias negativas do entorno, em sua casa ou na rua. É o caso de pessoas de maior evolução espiritual que se sentem inadequadas na vida terrena e procuram fugir através de estímulos artificiais.

4. A repetição, há várias vidas, de um padrão de irresponsabilidade com a nossa encarnação. Nesse caso, estamos repetindo o que já fizemos em outras encarnações, reprisando uma postura infantil e/ou autodestrutiva que viemos curar. A Regressão Terapêutica pode nos ajudar a recordar de encarnações passadas em que já tínhamos posturas similares e nos desligar de lá, trazendo uma grande melhoria e uma mudança positiva de atitude.

5. A presença de Espíritos de pouca consciência influenciando negativamente os usuários dessas substâncias, como ex-usuários desencarnados que permaneceram aqui na Terra, inimigos desencarnados atuais ou do passado ou representantes da Sombra. Nesse caso, são aconselhados uma consulta e um tratamento gratuito em um Centro Espírita ou Espiritualista.

POR QUE ALGUMAS PESSOAS LEVAM A VIDA A SÉRIO E OUTRAS NA BRINCADEIRA

*A perpetuação da adolescência na sociedade humana.
Por que não nos deixam ficar adultos?*

Os costumes e os hábitos da nossa sociedade são criados ou, pelo menos, muito influenciados pelo tipo de sistema em que estamos inseridos. Na maior parte dos países chamados "modernos" ou "emergentes" o sistema é o capitalista e esse sistema caracteriza-se por querer vender coisas para nós. Até aí, não haveria problema nenhum, se as coisas que nos vendessem fossem para o nosso bem, realmente o que precisamos, o que é útil, sem as quais não poderíamos viver, ou seja, coisas boas, saudáveis e indispensáveis. Mas para manter um sistema capitalista, baseado no lucro e no desejo de enriquecer, uma pequena parcela do que é fabricado e colocado à venda é constituído de coisas úteis e indispensáveis, a maior parte do que é fabricado e vendido são coisas que já temos, mas temos de trocar porque não são mais as mais atuais e as mais práticas, ou coisas de que não precisamos, mas somos convencidos de que precisamos e não poderíamos viver sem elas, e coisas prejudiciais à nossa saúde.

Somos dominados por um sistema interessado fortemente em nos vender coisas, sejam úteis ou não, sejam necessárias ou não, sejam boas para nós ou não. E o que a perpetuação da adolescência que se observa em um certo número de pessoas tem a ver com isso, pessoas que não amadureçam e sempre mantém dentro de si um pedacinho adolescente? É que com essa perpetuação do adolescente dentro de si elas mantêm o hábito adolescente de fumar, de ingerir bebidas alcoólicas, de usar outras substâncias, e esse pedacinho adolescente não quer amadurecer, não quer assumir responsabilidades adultas, quer permanecer para sempre "jovem", sempre meio rebelde.

E um adolescente ou um adulto que quer permanecer adolescente é facilmente manipulável, facilmente convencido a adquirir coisas "indispensáveis", facilmente sugestionável a usar coisas, roupas, artefatos, adereços, e todos os bens de consumo, cada vez mais fabricados sofisticadamente e oferecidos a nós, bastando que se chame a isso de "estar na moda", colocar disfarçadamente (às vezes não) em novelas na televisão, patrocinar programas de alcance "jovem" ou "adulto jovem", enfim, artifícios para nos convencerem a comprar, comprar, comprar, geralmente o que não precisamos, o que não nos faz falta, e, pior, o que vai até nos fazer mal, pois não falta tal capacidade para as cabeças inteligentes de certas agências de publicidade, interessadas apenas em ganhar dinheiro e abocanhar prêmios e lauréis, não atentando para a (má) qualidade do que oferecem, para a (não) benfeitoria que nos traz a mensagem (alienizante) que vem embutida naquele produto.

E o que isso tem a ver com um livro no qual o autor deseja utopicamente convencer os usuários a pararem de fumar, de beber e de usar outras substâncias prejudiciais, e as pessoas envolvidas com isso a dizerem "Não!" e pararem de fazer isso conosco? A perpetuação da adolescência, ou seja, homens de 30, 40 ou mais anos que ainda querem ser "jovens" e mulheres que têm horror a ficar "velhas", faz com que se submetam à orientação de usar, de consumir, de comprar qualquer coisa, influenciando a tal ponto a sua vontade que se comportam e agem mais parecidos com robôs teleguiados do que com seres humanos com vontade própria.

Eu mesmo, até perto dos 40 anos, costumava pintar o cabelo com aquele produto, o Just for men. E achava que ficava mais jovem, eu queria parecer jovem, pois aqui no Ocidente a mensagem é de que devemos ser sempre jovens, ficar velho é um horror, uma coisa terrível, enquanto que no Oriente ficar velho é uma honra, motivo de admiração e respeito por parte dos demais, e os velhos são procurados para dar conselhos e orientar os mais jovens. Pois é, eu, completamente contaminado de ocidentalismo, queria parecer jovem e pintava o cabelo. Um dia me olhei no espelho e me perguntei: "Um homem que está ficando velho e pinta o cabelo fica com cara de mais jovem?". A resposta veio instantânea e cruel: "Não, fica com cara de homem que está ficando velho e pinta o cabelo!". E foi assim, com esse choque de realidade, que parei de comprar Just for men e decidi parecer o que eu era. Hoje eu não escondo mais meu cabelo branco e tudo o que quero é parecer ter 63 anos, ainda procurando perceber o que restou do meu adolescente dentro de mim e convencê-lo a crescer.

Voltando à lavagem cerebral capitalista. Um sistema baseado em vender, vender, vender, e um contingente de pessoas com poder aquisitivo a fim de comprar, comprar, comprar, faz com que a adolescência e seus desejos "adolescentes", que deveriam terminar seu ciclo ali pelos 17-18 anos, estenda-se até os 30-40 anos ou mais. Podem argumentar: "Qual o problema disso? Vende quem quer, compra quem pode!". Deixe-me tentar explicar qual o problema dessas coisas "normais".

A raça humana está começando a ultrapassar um estágio de "adolescência espiritual" para entrar na "maturidade espiritual", e isso, mais do que uma retórica bonita, significa começar a levar a vida a sério, parar de brincar com coisas sérias, como a fome, a miséria e a violência no mundo, a poluição do nosso planeta, o aquecimento global, e, além de ajudar a colaborar com a melhoria disso, perceber até que ponto estamos colaborando para isso, com nossas práticas diárias, com nossas atitudes, com nossa postura consumista, irresponsável, baseada muitas vezes em trabalhar em qualquer coisa que dê dinheiro ou em apenas ter um emprego em uma empresa sem atentar para o que ela produz, o que ela oferece, o que ela vende, e então produzir, divulgar ou vender qualquer coisa, sem atentar para sua validade ou não para as pessoas, sua utilidade ou não, o que vai gerar, o que vai provocar individualmente ou a nível coletivo.

A perpetuação da adolescência é algo muito mais sério do que apenas gerar consumo, promover ganhos através de produtos desnecessários e muitas vezes prejudiciais, para os produtores e para algumas pessoas da publicidade e dos meios de comunicação, é mais do que isso. É causar e manter as pessoas num nível adolescente de mentalidade, de postura e de atitudes, e fixar a imagem criada de "Como os adolescentes são", de que eles só querem divertir-se, "aproveitar a vida", e não querem, absolutamente, ficar adultos, porque isso é uma coisa careta (nem sei se ainda se usa essa gíria ou se ela é, em si, careta...).

Se tivessem criado uma imagem de adolescente de que essa é uma fase da vida em que devemos ser saudáveis, estudiosos, disciplinados, trabalhadores, indignados positivamente, colaborando para melhorar o mundo, lutando pacificamente pela melhoria das injustiças sociais, ajudando nas obras sociais, nas obras espirituais, ligando-se nas coisas profundas da existência humana, relegando a diversão a um certo tempo de seu dia a dia, priorizando as atividades em benefício dos demais, será que essa imagem "É assim que os adolescentes são" seria essa de hoje?

E com essa imagem revolucionária e pacífica, transformadora e profunda, correta pelas Leis Divinas, o uso de drogas seria tão disseminado entre os jovens? Se os pais e as famílias não bebessem e não fumassem, os jovens fumariam e beberiam tanto? Se fosse completamente proibido, em qualquer meio de comunicação, em qualquer horário, propaganda de cigarro e de bebida alcoólica, os nossos adolescentes usariam essas drogas legalizadas da maneira como usam?

E então, quando a humanidade começa a passar da fase adolescente para a fase adulta, é necessário que todos nós comecemos a nos tornar realmente adultos, a pensar a respeito do que somos, do que queremos, do que é bom para nós, do que é bom para os outros, enfim, do que estamos fazendo com a nossa vida e com a vida dos outros. Por que algumas pessoas levam a vida a sério e outras não? Geralmente, é uma questão da idade daquele Espírito, como se diz, há Espíritos velhos e Espíritos mais jovens. Os Espíritos velhos, desde crianças, são diferentes, mais sérios, mais compenetrados, mais éticos, sabem diferenciar o certo do errado, vão bem no Colégio (ou vão mal não por vagabundagem, mas por achar aquilo tudo muito chato, no que não podemos lhes tirar a razão...), raramente vão fumar, beber, usar drogas ilícitas, e se o fizerem é porque querem ficar parecidos com os outros, querem pertencer, ser iguais, mas não são, são mais velhos, espiritualmente falando, o perigo é se perderem na vida encarnada por dificuldade em conviver com as vicissitudes, as maldades, as trapaças da vida terrena, mas se não o fizerem, serão pessoas boas, trabalhadoras, caridosas, espiritualizadas.

Os Espíritos mais jovens são a principal fonte de lucro do sistema produzir-vender-ganhar dinheiro-produzir-vender-ganhar dinheiro, ainda vigente, mas com seu fim decretado para daqui a alguns séculos. Com uma certa parcela da mídia, a mais influente, sob o comando dos mentores desse sistema, com todos os artifícios utilizados por cabeças pensantes especializadas em nos fazer acreditar no que querem que nós acreditemos, com uma grande parcela das pessoas fazendo tudo para serem iguais aos outros, e isso tudo diariamente, a vida toda, desde que éramos crianças até ficarmos velhos, lá vai a humanidade pelo brete. Todos se acreditando individuais, mas, na verdade, coletivos.

E isso não teria uma grande importância se fosse apenas uma maneira de viver, de aproveitar a vida, de ser feliz, mas olhando-se em volta, aqui no Brasil e na maioria dos outros países, o que vemos? Uma pequena parcela das pessoas vivendo com conforto, uma grande parcela agarrando-se no pincel, em cima da escada, louca de medo de cair, e um enorme contingente de pessoas pobres, miseráveis, esfomeadas, vivendo precariamente, em todos os sentidos, moradia, alimentação, educação, saúde, e, pior, em seu rumo.

Espiritualmente, somos todos Espíritos, todos irmãos, mas o nosso sistema enxerga assim? Sabemos alguma coisa das questões kármicas que fazem pessoas nascerem na situação necessária para sua evolução espiritual, para o resgate de questões do passado, mas também existe o que chamamos de "Coisas da Terra", ou seja, as injustiças perpetuadas por um sistema egoísta e egoistificador, competitivo, criador da competição, oposta em sua essência à colaboração e à solidariedade, e eminentemente individualista, opondo-se ao coletivismo.

E no meio disso tudo, os que estão lá em cima, os que estão no meio e os que estão lá embaixo, como se sentem? Somos todos vítimas, pois nenhuma dessas situações traz paz, nenhuma gera uma sensação realmente agradável, pois vivemos em uma sociedade humana baseada em um sistema egocêntrico, em que todos se enxergam e aos demais apenas com os rótulos de suas "cascas", acreditando-se separados uns dos outros. E ficamos cada vez mais egocêntricos, cada vez mais manipuláveis.

Tudo isso faz parte das ilusões da vida encarnada, pois somos todos Um só, como as gotas do mar são o mar, mas imaginem se cada gota d'água acreditasse que é individual? Nesse tipo de sociedade somos todos vítimas, todos perdemos, os vencedores e os derrotados, todos fracassamos. A não ser que, um dia, os nossos olhos se abram e comecemos a enxergar as coisas como elas são na realidade, comecemos a nos libertar da visão ilusória que cria uma neblina na qual caminhamos sem sabermos, realmente, para onde estamos indo, sem um rumo definido, que é o rumo espiritual, o rumo da volta para a nossa Essência, o retorno para a Casa do Pai.

Um dia, todos os filhos recordarão de sua origem divina e se unirão definitivamente, para sempre, e nesse dia o Reino dos Céus descerá para a Terra e será o fim da miséria, da doença, da dor, do racismo, das guerras, do uso das drogas, sejam chamadas de legais ou de ilegais.

A ADOLESCÊNCIA E A REENCARNAÇÃO

O que é um adolescente: um agente transformador da sociedade ou um doidão? Quem criou e a quem interessa essa imagem de adolescência?

Numa sociedade como a nossa, uma sociedade-passatempo, francamente estimuladora de falsos valores, numa apologia do fútil, do superficial, do imediatismo e do prazer temporário, o prazer sensorial, é de fundamental importância que os nossos jovens, que muitas vezes estão caminhando cegamente por um atalho, percebam o que é real e o que é ilusório, o que é verdadeiro e o que é falso, o que é digno de sua atenção e o que deve ser descartado.

Os adolescentes de hoje vivem uma época maravilhosa quanto ao acesso às coisas espirituais, esotéricas, místicas, que se manifestam em sua grandeza, ainda não completamente mas já sinalizando o caminho para o Homem do próximo Milênio, que vai indo para dentro de si mesmo, cada vez mais para dentro, rumo à Perfeição, ao seu Deus interior.

Mas, ao mesmo tempo em que as vitrines das livrarias transbordam de mensagens espiritualistas, em que proliferam Clínicas e cursos dos assuntos energéticos e espirituais, seja na área do autoconhecimento, seja nas Terapias Alternativas, quando os canais das televisões abrem espaço para o debate e a divulgação dessas antigas verdades, quando as revistas e os jornais rendem-se ao crescimento inevitável do interesse das pessoas a esse respeito, quando tudo sinaliza para a chegada da

Nova Era, o velho paradigma, teimosamente, insiste em fazer de conta que isso é apenas uma moda passageira, algo que irá passar.

Mas não, a Era de Aquário chegou, é o amor humanitário que está chegando e, indiferente aos que não acreditam nessas coisas, ela estabeleceu-se definitivamente, de um modo irreversível. E, assim como é impossível impedir a chegada do amanhecer, um novo dia da humanidade começa a raiar no horizonte, sinalizando o desabrochar do novo Homem, mais sábio, mais profundo, mais engajado, mais consciente do seu papel transformador, de sua responsabilidade consigo mesmo, com os outros e com todo o planeta.

E quando um adolescente começa a pensar no que vai ser na vida, em que vai trabalhar, o que vai fazer para ganhar dinheiro, é muito importante que primeiro passe um pano e retire a poeira mofada dos velhos valores que lhe obscurecem a visão. Precisa ser estimulado a realizar um profundo trabalho interno de limpeza e de descontaminação de tudo que o poluiu desde que retornou a este mundo, das mensagens subliminares, consumistas e sexuais dos programas "infantis" das televisões, desde quando era apenas uma criancinha, da violência dos "inocentes" jogos eletrônicos que estimulam os instintos inferiores, dos sutis decretos consumistas que lhe dizem o que deve ou não usar, o que está ou não na moda, da obscura imposição, aparentemente vinda de lugar nenhum, que lhe diz o que deve ou não fazer, o que é certo ou errado, o que é conveniente ou não, o que é adequado ou não.

Inserido numa sociedade que prioriza o passar-o-tempo, o bem-estar a qualquer preço, o viver sem rumo e sem finalidade, que cria e que adora falsos ídolos, falsos heróis, tão instantâneos e sem conteúdo como ela própria, em que as Escolas trabalham prioritariamente o hemisfério esquerdo, estimulando em seus alunos apenas o lógico e o racional, sem perceber o quanto é perigoso acreditar-se demais nesse hemisfério, em que as diversões são apenas isso, diversões, as noites são para curtir, as férias são para curtir, a vida é para curtir, e durante o dia – que saco! – tem que estudar, tem que trabalhar, como querer que nossos adolescentes se tornem adultos, que irão melhorar o mundo?

O mais provável, e é o que se verifica, é que alguns adultos parecem mais crianças ou adolescentes do que realmente adultos.

Mas, de qualquer maneira, e apesar de tudo, o mundo vem melhorando, passando por cima das forças que insistem em nos idiotizar, nos robotizar, nos manipular como a um rebanho cordato e passivo, graças ao enorme impulso criativo inato do ser humano e à energia transformadora que ecoa por todo o planeta, que faz com que, aos poucos, a raça humana vá evoluindo e chegando cada vez mais perto de um nível superior de consciência. Poderíamos estar indo mais depressa, mas a Inquisição ainda não acabou, ela agora se traveste, não "purifica" mais no fogo, mas ainda acredita que tem o poder, não percebeu que não é dona de mais nada, além dos seus ranços e de seus raciocínios retrógrados e separatistas.

Uma boa tática para os adolescentes que desejam aproveitar espiritualmente a sua encarnação é evitar cair em estados negativos de pensamentos e de sentimentos a respeito de seu pai, de sua mãe e de outros familiares. Muitos jovens queixam-se, e com razão, deles serem agressivos, ausentes, materialistas, autoritários, pouco carinhosos etc. Após conhecerem a Psicoterapia Reencarnacionista, falarem conosco sobre a finalidade da encarnação, a Personalidade Congênita e as ilusões dos rótulos, entendem que não devem se estragar, e sim comprometer-se mais com o seu Espírito, com o seu objetivo pré-reencarnatório de autoevolução e de purificação, e não se desviarem pela ação de outro Espírito encarnado, tenha o rótulo familiar que tiver, perdendo-se em mágoa, raiva, tristeza e autodestruição. Recordam que a prioridade deve ser dada à purificação das próprias características negativas, à responsabilidade e ao compromisso da nossa persona com o nosso Espírito. Um filho que sente mágoa e ressentimento em relação a seu pai, por ser ausente, não participativo, ou agressivo, autoritário, apesar de aparentemente ter razão nesses sentimentos, não deve estragar a sua encarnação por causa disso. Deve comprometer-se com o projeto evolutivo do seu Espírito, raciocinando que a mágoa e o ressentimento provavelmente são o que veio para curar nessa encarnação, além de que, talvez, sejam resgates kármicos de outras épocas. Um filho que se queixa de seu pai ou de sua mãe sabe o que pode ter feito para eles em outras encarnações? Sabe se não fez até algo pior? E é melhor que eles?

Quando um adolescente no consultório queixa-se do seu pai ou da sua mãe, e diz acreditar na Reencarnação, nós, psicoterapeutas reencarnacionistas, nos perguntamos: E por que esse Espírito escolheu esse pai ou essa mãe? Por que estão ligados? Será que veio como filho para ajudar esse pai ou essa mãe, salvá-los de vícios de conduta, de hábitos, e não está conseguindo e com isso magoa-se, entristece-se ou irrita-se? Será que já foi pai ou mãe de seu pai ou de sua mãe e fez a mesma coisa, ou pior?

E quem tem pai e mãe é a nossa persona e não o nosso Espírito, ou seja, isso faz parte das ilusões dos rótulos, pois na verdade pais e filhos são Espíritos encarnados, e quando apresentam dificuldades de relacionamento entre si devem procurar harmonizar-se, pois quase certamente já vêm se conflitando há muito tempo e, então, aí está um dos seus objetivos pré-reencarnatórios. O Raciocínio X Contra-Raciocínio pode fazer milagres nesses casos, com a visão personal da nossa história dando lugar à visão do nosso Espírito a esse respeito.

Geralmente, os jovens que referem mágoa em relação a um dos seus pais, nas sessões de regressão descobrem que já eram pessoas que se magoavam muito em outras encarnações, ou seja, a sua mágoa é congênita, por isso reagem com mágoa aos fatos da atual encarnação (Personalidade Congênita). E descobrem que a finalidade dessa sua atual encarnação em relação à sua Reforma Íntima é justamente a melhoria, ou a cura, dessa tendência. É um grande erro alguém cair na mágoa, que veio para curar e que não está curando, e com isso estragar a sua encarnação. Qualquer pessoa que sinta uma relação conflituosa com seu pai ou com sua mãe deve olhar por trás desses rótulos e pensar que, se existe desconforto na relação, uma raiva, uma mágoa, um medo, e são dois Espíritos que estão se reencontrando, isso deve ser antigo, deve vir lá de trás... E então tentar resolver este conflito, melhorar a relação, botar em ação uma prática constante de busca de harmonização com aquele irmão de jornada, o que passa, obrigatoriamente, pela melhoria das nossas próprias inferioridades.

Uma boa maneira de alcançar isso é olhar os pontos positivos do nosso conflitante, em vez de ficar preso apenas ao que não gosta nele(a), como se fosse o dono da razão, o perfeito, o apóstolo da virtude, esquecendo o que nos ensinou o Divino Mestre: "Não fazei aos outros o que não queres que te façam!". Todos amam Jesus, mas quem realmente pratica isso? Quem ama ao seu próximo como a si mesmo? E quantos tratam os outros como querem ser tratados?

Numa consulta com um jovem que sente raiva, revolta, até aversão por um dos pais, sugerimos que, mesmo tendo razão, ou seja, que seu pai ou que sua mãe estejam errados, não estrague a sua encarnação, não prejudique a evolução do seu Espírito por isso, e que pense que, se necessitou vir filho deles, muito provavelmente precisa passar por essa situação, para poderem aflorar antigos sentimentos inferiores, que são seus, que brotaram de dentro de si, para tratar deles, para eliminá-los do seu Espírito. Uma situação que o Eu encarnado entende como negativa e prejudicial pode ser potencialmente positiva para o Eu Superior, dentro do seu projeto de evolução. O mais importante para a evolução espiritual não é o que nos fizeram ou o que nos fazem, mas o que aflora de negativo de dentro de nós, isso é o que devemos melhorar.

E não somos puros e perfeitos, condenando o nosso pai ou a nossa mãe, muitas vezes sendo tão inferiores e às vezes até mais do que eles. Um atestado da nossa inferioridade espiritual é justamente ainda possuirmos esses sentimentos negativos, pois se fôssemos Espíritos superiores teríamos o amor suficiente para entendê-los, para compreendê-los, para perdoá-los. Se cada queixoso ou raivoso olhasse para dentro de si e analisasse os seus próprios defeitos, sentiria-se constrangido de queixar-se ou de sentir raiva de alguma pessoa que lhe tenha feito mal. E o mal que fazemos aos outros? E o mal que fizemos em encarnações passadas?

Apenas alguém completamente puro e perfeito poderia ter o direito de criticar, de apontar o dedo, de atirar uma pedra, mas um Ser desse grau evolutivo não critica, não aponta o dedo, não atira uma pedra. O consultório de um psicoterapeuta é um desfilar de pessoas imperfeitas falando, com mágoa ou com raiva, das imperfeições de outras.

Mas, voltando ao cigarro, ao álcool e às outras substâncias, geralmente, o exemplo para seu uso é dado pelos próprios pais, em sua casa, nas festas, com o seu cigarro, com o seu uísque, com a sua agressividade, com a sua ausência, com a sua falta de orientação espiritual, com o incentivo dos falsos valores, da materialidade, da futilidade, criando um vazio existencial em seus filhos, uma falta de sentido para a vida. E os jovens, que naturalmente anseiam por uma finalidade, que buscam um caminho, criam-se recebendo exemplos de desperdício da encarnação, seja dos seus pais, seja da televisão, seja dos programas "jovens" das rádios, e de todos os lados sofrem um bombardeio de futilidade da nossa sociedade-passatempo. Os mais sensíveis não resistem e querem fugir nessas "viagens", e aí são chamados de drogados.

Devemos ficar atentos ao exemplo que estamos dando para nossos filhos. É realmente positiva a nossa mensagem? Estamos mostrando o valor da honestidade, da moral, da ética, do amor, da doação? Estamos realmente caminhando em linha reta, com simplicidade, com igualdade, com sinceridade, com fraternidade, com justiça, ou estamos, na verdade, passando a esses irmãos que chegaram depois de nós um exemplo de hipocrisia, de raiva, de impaciência, de tristeza, de desânimo, de falta de perspectiva, de vícios como beber, fumar, e outros menos explícitos?

Tratamos muitos jovens que fumam, que bebem, que usam outras substâncias com a Psicoterapia Reencarnacionista e na maior parte das vezes são Espíritos bons que não estão se adaptando a este lugar, e frequentemente não receberam uma orientação moral e espiritual por parte dos seus pais a respeito da evolução do Espírito, da finalidade da encarnação, de todas essas questões que viemos agregar à Psicologia e à Psiquiatria. Muito pelo contrário, quase que a totalidade dos jovens que está se perdendo por aí recebe de seus pais um mau exemplo, seja no aspecto moral, seja na visão materialista da realidade, seja na falta dos verdadeiros valores do amor e da caridade.

Outros jovens que usam substâncias, lícitas ou ilícitas, que estão se autodestruindo, são Espíritos ainda imaturos, que não têm condições de entender o lado espiritual da existência, e nesse caso a nossa sociedade materialista estimula ainda mais os seus aspectos inferiores. Mas a maior parte dos adolescentes que atendemos, são Espíritos sensíveis, em bom grau de evolução, que estão literalmente desorientados, pois desde sua infância receberam uma orientação contrária aos verdadeiros ideais espirituais. Foram sendo, aos poucos, contaminados com informações vazias e superficiais, em casa, nas Escolas, nos meios de comunicação, e essas contaminações atuaram de tal maneira que desenvolveram neles a vontade de destruir-se, de ir embora daqui, desse mundo construído por seus pais e, para sermos sinceros, não podemos mesmo afirmar que nos orgulhamos de nossa obra.

Nós somos os verdadeiros responsáveis por essa epidemia entre os jovens, e para acabarmos com isso devemos, antes de tudo, modificarmos o nosso interior, fazer um mea-culpa, reconhecer os nossos erros, nossos equívocos na educação e no exemplo que temos dado a eles. Hoje em dia, muitos pais não bebem e nem fumam, e esses estão certos, pois estão dando um bom exemplo para seus filhos. Somos contrários ao uso de substâncias, mas a condenação dos jovens que as usam é uma hipocrisia, pois, enquanto a nossa sociedade for uma droga, o nosso telhado de vidro não autoriza a nos arvorarmos defensores da moral e dos bons costumes. Eles necessitam de orientação a respeito da Reencarnação, devem ser instruídos sobre evolução espiritual, entender a inferioridade do nosso Plano, aprender que são a "casca" que recobre um Espírito que está passando um tempo aqui, e que, em vez de se perderem nas armadilhas dessa sociedade terrena, devem colaborar com as forças do Bem que estão, aos poucos, desativando essas armadilhas, através da implantação gradativa do Reino dos Céus no nosso planeta.

Os filhos, à medida que vão crescendo e começando a pensar qual profissão irão seguir, devem receber a nossa orientação de que se encaminhem para uma atividade que esteja alinhada à evolução do seu Espírito, e devem aprender a desenvolver a obediência aos ditames superiores, procurando endereçar o seu trabalho, o seu esforço, a sua dedicação, para os seus irmãos de jornada, para o bem dos outros, para a evolução da humanidade. Não devemos falar em ganhar dinheiro, em adquirir bens materiais, em posição social, em inflação do Ego, em competirem com os outros, pelo contrário, devemos mostrar a eles como realmente aproveitar a sua atual encarnação. Mas, para que funcione, devemos estar fazendo isso, pois sabemos que "As palavras comovem, mas os exemplos arrastam".

A ESPIRITUALIDADE E O USO DE SUBSTÂNCIAS PREJUDICIAIS

O que são Espíritos obsessores. O que os atrai e o que os mantém.
A importância da nossa frequência vibratória. Os lugares que frequentamos.

Quem conhece ou trabalha em Centros Espíritas ou Espiritualistas sabe com que grande frequência Espíritos desencarnados se manifestam durante as sessões mediúnicas ainda presos ao seu vício e falando do seu desencarne prematuro, provocado pelo uso de cigarro e de bebida alcoólica, pela gula e pela falta de cuidado com sua saúde. Muitos deles estão vampirizando encarnados descuidados, invigilantes, pela empatia entre seus hábitos. O diálogo com estes Espíritos nem sempre é fácil, porque eles sempre têm suas justificativas para estar perto dos encarnados usuários, em conformidade com a lei de que "semelhante atrai semelhante". O tratamento espiritual tanto do Espírito desencarnado como do encarnado está baseado na compreensão do erro e na necessidade de mudança de comportamento. Não adianta um Espírito obsessor ser afastado do obsediado se não houver modificação de comportamento por parte deste, pois aquele será substituído por outro e assim sucessivamente. Todo hábito vicioso deve ser tratado em seu aspecto psicológico ou psiquiátrico associado a uma terapia baseada nas Leis Divinas, para que o reequilíbrio e a correção de rumo sejam alcançados. O tratamento médico e/ou alternativo e o tratamento espiritual devem caminhar juntos, um dando apoio ao outro. O vício obsessivo e as suas consequências físicas e morais encontram na mediunidade uma porta aberta para a influência de entidades viciosas, e muitos irmãos chegam à Casa Espírita em busca de ajuda para um vício, pois perderam o controle de sua mediunidade, estando obsediados ou fascinados, necessitando de um amparo especial para o seu reequilíbrio.

A maior parte das pessoas que utilizam substâncias prejudiciais a sua saúde física, psicológica e espiritual são pessoas boas, mediúnicas, mas perdidas do caminho pré-traçado pelo seu Espírito antes de reencarnar, e a baixa da frequência provocada pelo uso de substâncias tóxicas aliada à sua facilidade para acessar o mundo espiritual, no caso, o baixo Astral, faz com que Espíritos de ex-usuários e Espíritos cuja intenção é prejudicá-los, por motivos pessoais ou apenas o de prejudicar pessoas, passem a exercer uma grande influência sobre a sua vida, fazendo com que ela transcorra da pior maneira possível, e sobre seus pensamentos e seus sentimentos, rebaixando-os, com a finalidade, geralmente alcançada, de que eles usem mais e mais dessas substâncias, sempre acreditando ter razão ou motivos para manter esse hábito.

Muitos jovens são frequentadores de boates e de baladas da noite, cujos ambientes de baixa frequência favorecem a presença e a ação dessas entidades viciosas, tornando-se assim presas fáceis das drogas e dos vícios morais, sendo facilmente induzidos ao alcoolismo, ao tabagismo, ao uso de outras substâncias tóxicas, ao sexo desregrado, frequentemente sem os cuidados preventivos necessários, embalados por músicas endereçadas aos seus chakras inferiores, que, ativados ao extremo, fazem com que seu raciocínio desça a um nível crítico de perda de controle dos instintos.

Enquanto alguns jovens mais maduros possuem inatamente um senso de avaliação superior e percebem que as mensagens de liberdade, de independência, de rebeldia, de "aproveitar a vida", de "ser jovem é ser assim" são fabricadas por uma sociedade baseada na busca de lucro a qualquer custo, enganando, adoecendo e destruindo milhões de jovens, outros jovens, ingênuos, enfeitiçados, frequentemente filhos de pais que bebem e que fumam, são facilmente manipulados e não percebem que são irresponsavelmente usados para enriquecer os donos das fábricas de bebida e de cigarro, os donos desses "locais de diversão dos jovens", os industriais e os comerciantes patrocinadores de "produtos jovens", os traficantes de drogas (que usualmente também traficam armas, órgãos, mulheres e crianças), e outras pessoas que utilizam a "mensagem jovem" para vender e ganhar dinheiro de uma maneira vil e cruel, através do desvio do rumo e até da destruição de Espíritos recém-chegados ao planeta.

Alguns jovens ingenuamente confundem o habitual com o certo, o que está na moda com o melhor para eles, acreditam no que algumas rádios e televisões, alguns sites da internet e alguns setores da mídia, criam ou divulgam, pois vivem para o lucro financeiro, não atentando para o verdadeiro crime que estão cometendo, guiados apenas pelo que dá dinheiro e audiência. Destroem jovens, destroem famílias, destroem sonhos, em troca de moedas de ouro. Esses são os mercadores que Jesus expulsou do Templo e que aqui estão, novamente, vendendo a sua alma para as Trevas, em troca de ganhos financeiros, não conhecendo ou ignorando as Leis Divinas, que nunca falham e que farão com que todo esse "lucro", obtido pelo seu mau proceder, não lhes sirva de nada nem no presente, nem no futuro, nem, aí principalmente, após seu desencarne, quando ou irão para o Umbral pagar por todo o mal que fizeram ou, se tiverem méritos pretéritos, em sua próxima encarnação, quando terão de enfrentar situações similares às que criaram atualmente para os outros.

Este livro é um alerta tanto para os jovens, para que percebam no que foram transformados, em bonecos manipulados para o lucro financeiro de mentes superficiais e irresponsáveis, como para as pessoas que buscam o enriquecimento a qualquer preço, embebedando, envenenando, ferindo e matando jovens, apenas para que possam adquirir status e bens materiais, numa visão de vida fútil e superficial que atesta o seu ainda baixo grau espiritual, mas que pode aumentar se libertarem-se dessa armadilha da vida terrena: a de ficar rico. Por isso eu digo que mesmo os que enriquecem trabalhando com coisas negativas e prejudiciais para os seus irmãos são vítimas.

Enquanto isso, outras pessoas trabalham em atividades construtivas e positivas, visando ao bem, à saúde, à caridade, à beneficência, à espiritualidade, ao humano, ao social, e jovens que não aceitam essa dominação, que são realmente independentes, realmente comandantes de si mesmos, não aceitam ser manipulados como rebanho, e não frequentam esses locais, não bebem, não fumam, não usam substâncias tóxicas, pois conseguem discriminar o que é benéfico para eles e o que não é, o que lhes trará saúde e sucesso e o que lhes trará doença e fracasso.

No nosso mundo material, as pessoas que buscam o lucro financeiro a qualquer preço, seja fabricando produtos nocivos, seja colaborando na sua divulgação, como ocorre com uma certa parcela dos meios de comunicação, são considerados pelo Mundo Espiritual como verdadeiros criminosos e motivo de compaixão pelos nossos Irmãos superiores, que anteveem o que lhes reservará o futuro pela Lei inevitável do Retorno.

A Lei Divina, que é a Ordem e a Justiça, não perdoa quem faz mal aos seus semelhantes, não como um castigo e uma punição, mas sim como um instrumento utilizado pela Harmonia Universal para ensinar aos infratores como se comportar moralmente.

A CONSCIENTIZAÇÃO

*A responsabilidade com a minha evolução
espiritual. Eu quero me purificar ou me poluir?*

A Psicoterapia Reencarnacionista veio para ajudar a quem acredita na Reencarnação a recordar que, dentro dessa "casca" material, somos Espíritos reencarnados, e a criar uma conscientização do que é uma encarnação, de qual o nosso compromisso com nosso Espírito, para nos ajudar a entender as ilusões da vida terrena e perceber com mais clareza o que é benéfico para o nosso Espírito e o que não é.

A base do tratamento é o Raciocínio X Contra-Raciocínio, ou "a versão persona" X "a versão Espírito" da nossa história de vida. As histórias de vida e das infâncias de todos nós, histórias permeadas de mágoa, de sentimento de rejeição, de raiva, de crítica, de medo, de insegurança etc., são histórias verdadeiras, mas são a interpretação das histórias que a nossa persona atual viveu, a história como nós a lemos quando éramos crianças, a versão da nossa persona, a história que continuamos a ler quando já adolescentes, adultos ou velhos, mas são apenas interpretações do nosso Ego, da maneira limitada como nos vemos e como vemos os outros, incluindo a nossa família e as demais pessoas que entram ou passam pela nossa vida.

Explicando melhor: cada um de nós, desde criança, aprende que é uma certa pessoa, de uma certa família, de um certo gênero sexual, com uma certa cor de pele, de um lugar, de um país etc., e passa a vida inteira acreditando nisso, principalmente porque todas as demais pessoas acreditam nisso também em relação a si, e em todos os terapeutas a que vamos eles mesmos acreditam nisso a seu respeito e então não têm dúvidas disso em relação a seus pacientes.

Mas o que a maioria das pessoas não recorda, mesmo as pessoas que acreditam na Reencarnação, é que, se pensarem no tempo anterior à nossa fecundação, antes de nossa vida gestacional, onde estávamos? Quem éramos? Lá em cima, no Plano Astral, e não éramos uma pessoa, não éramos de nenhuma família, de nenhum gênero sexual, não tínhamos cor de pele, não éramos de um certo lugar, de um certo país etc. Se todos nós pensarmos onde estávamos um ano antes da nossa fecundação, recordaremos que éramos um Espírito, no Mundo Espiritual, no chamado período intervidas, vindos da encarnação anterior a esta, nos preparando para retornarmos para a Terra, para encarnar novamente, para continuarmos o nosso caminho kármico de retorno à Luz, à Perfeição, ao Um, ao Todo, de onde viemos e o que, na verdade, somos, mas esquecemos disso.

E se antes da nossa atual fecundação não éramos nada do que pensamos que somos, como nos conhecemos e nos vemos, e como conhecemos e vemos os outros, o raciocínio consequente é de que estamos imersos no que os orientais chamam de "O mundo da Ilusão". E isso significa que tudo é real, mas é temporário, é verdadeiro, mas é passageiro, parece eterno mas é fugaz, impermanente. Ora, se é temporário, se é impermanente, então não pode ser realmente real e verdadeiro e então é, podemos dizer, uma realidade ilusória ou uma ilusão aparentemente verdadeira.

Exemplificando: no meu livro "Como Aproveitar a Sua Encarnação" falo assim lá no início:

"O meu nome é Mauro Kwitko, sempre afirmei isso, seria até capaz de jurar que sou o Mauro Kwitko, fui registrado assim, está em todas as minhas identidades, sempre que me inscrevo em algo, coloco esse nome, todos me chamam assim. Não há dúvidas, eu sou o Mauro Kwitko! Certo? Errado. Na realidade eu estou o Mauro Kwitko. E essa é a grande diferença entre saber-se o que é a Vida e o não saber-se.

Quando eu acreditava que era o Mauro Kwitko, não sabia o que era a Vida, quando descobri que estava o Mauro Kwitko, descobri o que é a Vida. Antes de eu nascer, o que havia? O meu Espírito (ou Consciência). Qual era o seu nome? Eu era o Mauro Kwitko ou viria a ser o Mauro Kwitko? Obviamente, a segunda opção. Em regressões a algumas encarnações passadas me vi como um negro, como um oficial romano, como um mendigo, como um escritor russo, e eu era o Mauro Kwitko? Certamente não, mas era Eu, com certeza. A minha Consciência habitava "cascas" diferentes, de nomes diferentes, em épocas diferentes, e o que havia de comum em todas elas? Apenas a minha verdadeira identidade, a minha Essência, a minha Consciência, que as religiões chamam de Espírito. Mas não estamos, agora, falando de Religião e sim de Psicologia.

Então eu sou o Mauro Kwitko? Evidentemente não, eu sou anterior ao Mauro Kwitko, e posterior também. Eu sou eterno, a "casca" Mauro Kwitko é temporária. Eu sou real, o Mauro Kwitko é ilusório. E isso muda tudo, pois se o Mauro Kwitko é temporário, tudo nesta atual passagem terrena, que diz respeito a ele, é então o quê? Os meus filhos Hanna, Rafael, Maurício e Igor não são Hanna, Rafael, Maurício e Igor, eles são Espíritos que receberam esses nomes e os seus rótulos. Minha mãe não era a Paulina, ela estava a Paulina, meu pai não era o Rafael, meu irmão não é o Airton, e assim por diante. E então eu estou o pai da Hanna, do Rafael, do Maurício e do Igor, a que estava Paulina, estava minha mãe, o que estava Rafael, estava meu pai, o que está Airton, está meu irmão etc.

Somos todos personalidades passageiras, com rótulos passageiros, mas com uma missão única e em comum: a autoevolução, ou seja, a evolução da nossa Essência (ou Consciência ou Espírito), que é feita através de nós, que estamos. E vocês, são? Não, vocês estão."

Todas as pessoas que acreditam na Reencarnação sabem disso, mas não lembram com a intensidade e com a frequência que o assunto merece. E por que esse assunto merece um estudo mais aprofundado e uma atenção mais redobrada do que comumente se dá a ele? Porque aí está o que chamamos em Psicoterapia Reencarnacionista de "Contra-Raciocínio", a versão Espírito, ou seja, a oposição ao raciocínio tradicional, não reencarnacionista, a nosso respeito, a respeito da nossa vida, da nossa infância, e das demais pessoas que fazem parte disso, incluindo a nossa família de origem e as demais pessoas que entram na história, e o raciocínio reencarnacionista disso tudo, totalmente oposto em sua visão e em sua abordagem, em sua interpretação e em seu resultado.

Vamos explicar melhor: uma pessoa vem à primeira consulta para iniciar um tratamento de Psicoterapia Reencarnacionista, um tratamento de alguns meses que consta de consultas de uma hora de duração e de sessões de regressão de duas horas, com a finalidade de ajudar as pessoas a saberem para o que reencarnaram, qual a sua proposta de Reforma Íntima, e como realmente aproveitar essa encarnação, alcançar mais evolução espiritual e oportunizar-se a agradabilíssima sensação do dever cumprido após desencarnar e voltar para Casa.

Essa pessoa nos fala de si, da sua vida, vai nos contando o que lhe incomoda, os seus conflitos, relata a sua infância, e nós vamos escutando a sua história, que é, em 100% dos casos, o que chamamos de "A história ilusória de uma persona". Ela não está nos contando a sua história verdadeira, está relatando o que sabe de si e de tudo o mais, como leu a sua infância quando era criança, como lê a sua vida atual, como vê as pessoas, como sente e interpreta tudo isso, e geralmente o relato vem impregnado de mágoa, de sentimentos de rejeição, de raiva etc. E com bastante frequência o uso de substâncias, lícitas ou ilícitas, vem desse raciocínio, da história da nossa persona, e dos sentimentos negativos que advêm daí.

Com bastante frequência, essa pessoa já consultou outros profissionais, já contou essa história muitas vezes, tanto para eles como para pessoas amigas, para familiares, e todos escutam e analisam a sua história exatamente da mesma maneira que ela: como algo real e verdadeiro. Mas é ilusório, é a história das últimas décadas de um Espírito que tem milhares e milhares de anos...

Basta irmos para um ano antes da nossa fecundação, antes da nossa vida gestacional, e pensarmos quem éramos, onde estávamos, por que o nosso Espírito precisou dessa infância, necessitou dessa família, desse pai, dessa mãe, desses irmãos, ou de ser filho(a) único(a), por que veio o(a) mais velho(a) ou caçula, por que precisou vir homem ou mulher, bonito(a) ou feio(a), branco(a) ou negro(a), rico(a) ou pobre etc.

Esse exercício de imaginação nos instiga a começarmos a nos questionar a esse respeito, a nos perguntar "Por quê?" e "Para quê?", e a partir daí o nosso raciocínio, até agora vigente, começará a estremecer, a desmanchar-se, e todas aquelas convicções tipo "Meu pai não gostava de mim!", "Minha mãe é uma chata!", "Eu sou assim porque vim numa família muito pobre..." etc., permeadas de mágoa e rejeição, de dor e sofrimento, começarão a transformar-se no que chamamos de "Contra-Raciocínio". Ou seja, o raciocínio anterior, não reencarnacionista, criado pela persona em conjunto com as demais personas, numa sociedade de personas, começará a dar lugar a um novo raciocínio, reencarnacionista, baseado nos questionamentos de por que o nosso Espírito precisou passar por isso?

Essa questão Raciocínio X Contra-Raciocínio é uma das bases fundamentais da Psicoterapia Reencarnacionista, a Terapia da Reforma Íntima, pois, baseando-se na Reencarnação, ela lida com as Leis Divinas que regem a nossa encarnação e a construção da nossa infância: a Lei da Finalidade, a Lei da Necessidade e a Lei do Merecimento. A finalidade é para que o nosso Espírito tem de passar por situações "negativas", a necessidade é por que precisa passar por isso e o merecimento é o que merece receber do Amor Universal, que é sempre certo e justo, mesmo quando parece errado e injusto.

Todos nós podemos nos libertar da história ilusória da nossa persona e iniciarmos uma busca da nossa história verdadeira, a do nosso Espírito. A primeira, que chamamos de "Raciocínio", nos mantém firmemente atrelados aos nossos sentimentos negativos, de uma maneira tão forte e estreita, que se torna praticamente impossível uma cura verdadeira desses sentimentos. A segunda, que chamamos de "Contra-Raciocínio", vai fazendo com que, pela mudança da visão da nossa infância, dos fatos lá ocorridos, da interpretação que demos a ela quando éramos crianças, e que ainda mantemos em nossa criança interior, vão naturalmente se desmanchando os sentimentos negativos, vão enfraquecendo de uma maneira tão segura e gentil, de um modo tão profundo e regenerador, que, aos poucos, pela mudança do pensamento, os sentimentos vão desaparecendo por si só.

A Psicoterapia Reencarnacionista não trata os sentimentos, por entender que eles são aflorados e mantidos pela história que a nossa persona criou e em que acredita. Ela visa ajudar a persona a perceber que essa história é apenas aparente, é a interpretação de uma história de algumas poucas décadas de vida, e a alcançar a história verdadeira, a do Espírito, onde estão as explicações, as causas, os motivos e as finalidades de tudo que vivemos numa encarnação, desde a vida gestacional até o final dessa passagem.

Um exemplo prático: uma moça vem a tratamento e me diz que sente uma imensa mágoa de seu pai e de seu irmão mais velho (ela é a segunda filha), por que seu pai é muito machista e prioriza o seu irmão, e este, de alguma maneira, também a despreza por ser mulher, com o que ela sente-se muito mal, entra em depressão, magoa-se profundamente, e afloram nela momentos de raiva e irritação enormes, com agressões verbais e atitudes radicais de quebrar coisas, sair dali em seu carro em alta velocidade etc. Enquanto ela me contava essa história, a de sua persona, e sentia raiva, e chorava, eu me perguntava: "Por que será que esse Espírito veio mulher, com um pai assim?", "Por que será que veio como segunda filha quando podia ter vindo como filho homem e o mais velho?", "Por que será que precisou vir em uma família rica?", e assim por diante.

Escutei-a durante uns 20 minutos e em um certo momento perguntei-lhe se ela acreditava em Reencarnação. Respondeu-me que sim, inclusive estudava em uma Escola de Médiuns em Centro Espírita, havia lido os livros de Allan Kardec, de André Luiz etc. Pensei comigo: "Ela acredita em Reencarnação, mas ainda não coloca a Reencarnação em sua história, em sua vida".

Mesmo acreditando em Reencarnação, afirmava que era mulher, que era filha daquele pai, que era a irmã mais nova do seu irmão, acreditava que era branca, brasileira, e outros rótulos de sua "casca" atual. Essa era a história ilusória de sua persona atual, toda ela repleta de mágoa, de rejeição, de raiva, de crítica, e provavelmente exatamente o que aquele Espírito viera melhorar ou curar nesta atual encarnação, ou seja, a sua proposta de Reforma Íntima.

Como eu poderia fazer com que ela mudasse o seu raciocínio não reencarnacionista para um raciocínio reencarnacionista? Num certo momento, perguntei-lhe se poderíamos fazer um exercício de imaginação, e, ela concordando, pedi-lhe que me dissesse sua idade. Em seguida, pedi-lhe que me dissesse onde estava um ano antes de sua fecundação, de sua vida gestacional. Ela me respondeu algo como no Mundo Espiritual, no Plano Astral, no céu... Perguntei-lhe se ela lembrava que lá em cima o nosso Espírito "pede" para Deus a infância que precisa, o pai/mãe que necessita, a circunstância familiar que merece etc. Ela me respondeu que sim, e então lhe perguntei: "Por que será que o seu Espírito, que está aí dentro de sua "casca", pediu para vir dois anos após a descida de outro Espírito, que seria o seu irmão mais velho, sabendo que seu pai era um homem machista, que desprezava as mulheres, para vir como mulher, e que quase certamente passaria por tudo isso que estás passando?". Falei mais: "Se teu Espírito tivesse vindo antes do seu irmão e como homem, quem estaria aqui na terapia seria ele(a) e tu estarias em casa, feliz e contente, por ser o favorito do papai".

E depois disso, sentei a seu lado e, pegando sua mão, lhe disse: "Essa história que me contaste antes, e que já contaste para tantas pessoas e tantos terapeutas, não é sua história verdadeira, é a história ilusória de sua persona, a história que seu Ego apreendeu desde sua infância, e até hoje ainda acreditavas nela. Se quiseres, podemos fazer um tratamento de alguns meses com a Psicoterapia Reencarnacionista, para que, nas nossas conversas e nas sessões de regressão, que são totalmente comandadas pelos Mentores Espirituais, em que nos colocamos como seus auxiliares, não dirigindo, comandando, direcionando o processo, e nunca incentivando o reconhecimento de pessoas no passado para não infringir a Lei do Esquecimento, como se fosse o Telão aqui na Terra, quem sabe podes encontrar a história verdadeira, a do teu Espírito, e nela saber para o que reencarnaste, qual a tua proposta de Reforma Íntima e realmente aproveitar essa encarnação para realizá-la com competência, e que provavelmente é melhorar a mágoa, o sentimento de rejeição e a raiva".

Ela, muito surpresa, porque nunca um terapeuta havia lhe apresentado uma hipótese reencarnacionista para sua história de vida, concordou e, após alguns meses, algumas consultas e algumas "olhadas no Telão" (sessões de regressões), ela já começa a conhecer a sua história verdadeira, já sabe para o que reencarnou e por que, até que um dia me disse: "Como é que eu podia me magoar com uma infância que eu pedi, com um pai que eu precisei, com tudo o que meu Espírito necessitava e Deus me deu?". Eu lhe dei a mão, e lhe disse: "Parabéns, agora sim, és uma reencarnacionista de verdade, começaste a entender a tua infância, a realizar a Reforma Íntima, começaste a aproveitar a atual encarnação".

Isso é a Psicoterapia Reencarnacionista e nesse exemplo podemos entender o que é a abordagem "Raciocínio X Contra-Raciocínio", em que, em alguns meses de tratamento, podemos ajudar as pessoas que acreditam na Reencarnação a colocarem-na verdadeiramente em sua vida, em sua história, a fazer uma releitura de sua infância sob a ótica reencarnacionista, a entender a sua vida atual sob esse prisma e a começar a domesticar o seu Ego e ir passando, gradativamente, o comando de sua vida para o seu Eu Superior, que sabe tudo a nosso respeito, que conhece as histórias das nossas encarnações anteriores, já nos viu errar tantas vezes...

Todos nós precisamos aprender a colocar o nosso Ego sob comando superior, a retirar-lhe a supremacia, a tirar os seus distintivos e medalhas e, em seu lugar, colocar curativos e poções para curar as dores e as tristezas que os mantinham no lugar, sentimentos esses que, na verdade, criaram esses artifícios. A Psicoterapia Reencarnacionista é a Terapia da libertação das ilusões, da libertação do domínio do Ego, da libertação de nós mesmos, como viemos sempre e sempre, vida após vida, nos vendo e entendendo, para que o nosso Espírito possa, finalmente, assumir o comando de nossa vida. Mas para isso é necessário que o Contra-Raciocínio sobrepuje e elimine o raciocínio, senão não conseguiremos nos libertar verdadeiramente do comando egoico que nos aprisiona e no qual está a mágoa, o sentimento de rejeição, a raiva, o medo, a sensação de inferioridade, a timidez, ou os seus contrapontos, igualmente ilusórios, a vaidade, o orgulho, o autoritarismo, a prepotência, a soberba.

Grande parte das pessoas que usam substâncias, prejudicando o seu projeto de purificação, vive sob a ilusão da história de sua persona, presa em sentimentos negativos a respeito de sua infância, de seu pai ou sua mãe, de traumas ou de circunstâncias desagradáveis do seu passado, sem recordar que o seu Espírito sabia que ia passar por isso, que quando estava lá no Plano Astral sabia que necessitaria disso para seu crescimento espiritual, seja como testes para sua resistência, para provar o seu grau espiritual, ou como um retorno de atos cometidos por ele em encarnações passadas, numa ação inevitável da Lei do Retorno.

APROVEITAR A VIDA OU APROVEITAR A ENCARNAÇÃO

*A visão materialista e a visão espiritualista.
Passar-o-tempo ou aproveitar-o-tempo?*

Vivendo em uma sociedade incentivadora do passa-o-tempo e não do aproveita-o-tempo, dependendo do uso que damos ao nosso tempo, iremos utilizar ou não substâncias, sejam as lícitas, que dão lucro aos donos das empresas fabricantes e aos governos, sejam as ilícitas, que dão lucro aos produtores e aos traficantes. Todas elas têm apenas uma finalidade: o lucro financeiro.

A única diferença entre as drogas lícitas e as ilícitas é que umas são vendidas abertamente e outras de maneira sorrateira, umas têm propaganda e divulgação suficientemente refreada para dar a impressão de que os governos realmente se preocupam com a nossa saúde mental, psicológica e física, e outras têm sua propaganda e divulgação entre os próprios usuários. E, por incrível que pareça, as piores drogas, as que mais adoecem, mutilam e matam, são as lícitas! Muito mais pessoas adoecem e morrem por causa do cigarro e da bebida alcoólica do que pela maconha, pela cocaína, pelo crack e por outras coisas.

Mas isso não é um argumento para que, então, se usem essas substâncias ilícitas, pois é fazer algo negativo para si porque os governos fazem algo negativo para nós, é responder com mágoa e com raiva ao que está errado, errar porque algo está errado...

Quando Jesus nos recomendou "Mostrai a outra face!", o Mestre estava nos ensinando a fazermos o certo diante do errado, a respondermos corretamente diante do incorreto. O certo, espiritualmente falando, é não usarmos nada que prejudique o nosso físico, que nos polua, é irmos nos libertando de tudo que nos suje, que nos impregne, que nos deixe mais pesados, mais embrutecidos, mais distantes da nossa pureza original. O correto, espiritualmente falando, é não produzir matérias-primas, não fabricar, não divulgar e não vender drogas, mesmo que os homens tenham decidido que algumas são legais e outras não.

A indústria das drogas legais utiliza atividades que deveriam ser apenas de uso recreativo, como os esportes, e nunca de aspecto competitivo, pois qualquer tipo de mensagem competitiva fortalece os nossos aspectos inferiores e refreia os superiores, e associa seus produtos a eles. A bebida alcoólica, principalmente a cerveja, com essa absurda associação aos esportes, pois mistura uma atividade saudável com algo extremamente prejudicial, vai embebedando todo mundo, deixando todo mundo tonto, levando consigo a mensagem de que o importante é aproveitar a vida, de que o que importa é ser feliz, de que eu quero mais é rodopiar, distribuir sorrisos, de que a vida é uma só, tem de aproveitar, depois fica velho, não aproveitou... Então, quem sabe um baseado? Por que não, afinal de contas, nos mandam aproveitar a vida, ser feliz, ficar tonto... E uma carreirinha de pó, vai? Claro que sim, tem de ficar mais alerta, mais esperto, hoje tem uma noite, vamos pra balada, lá só tem gata gostosa... e cada gato... E tem feriado, e tem feriadão, e tem as férias, e jogador de futebol que nem estudou ganha milhões, e eu quero ser jogador de futebol, e qualquer um é ator de televisão, eu quero ser artista, eu quero ser rico, eu quero ser famoso, não quero fazer nada, eu sou malandro, vou ficar fortão, tem de malhar, eu vou ficar gostosa, quem sabe me convidam pro Big Brother? Pegou quantos(as)? E música tem de ser alta, e todo mundo grita, o negócio é ser feliz, eu quero ser doidão, e todo mundo corre, e todo mundo pula, e todo mundo salta, e vai na Ola, e vai na onda, e não pode ser careta, tem de ser igual, todo mundo faz, e é isso aí, e eu vou fumar, e eu vou beber, e eu vou cheirar, e eu vou... desperdiçar uma encarnação.

A cada momento em que você está "aproveitando a vida", gritando, pulando, rodopiando, viajando, sendo "feliz", quantas pessoas precisam de você, a quantos doentes poderia estar dando a mão, quantos pobres poderia estar ajudando a melhorar de vida, quantos velhinhos em asilos, quantas crianças órfãs em creches, quantos mendigos pelas ruas poderia estar consolando, alimentando?

O bom uso do tempo é um dos fatores principais da nossa evolução espiritual durante a vida terrena ou da nossa manutenção de apego à persona e às suas ilusões. As pessoas viciadas em substâncias, sejam as lícitas, sejam as ilícitas, que podem um dia mudar de classificação, foram e continuam sendo lavadas em sua mente, dominadas em seus pensamentos, subjugadas em suas vontades, por uma estrutura dominadora do desejo das pessoas, do que devemos pensar, de como devemos pensar, do que devemos querer, do que devemos considerar importante, pelo que devemos lutar, ou o que não tem importância, o que é bobagem, o que é coisa para os outros, não para mim.

O bom uso do tempo durante a vida é que vai determinar se eu sou um vencedor de mim mesmo, um vencedor que resiste às mensagens alienizantes que me enviam todos os dias, o dia todo, de todos os lugares, se eu aproveitarei essa atual encarnação para ser alguém realmente importante, espiritualmente e socialmente falando ou serei mais um infeliz comandado e dominado pelo mundo material, subjugado em minha mente e em minhas ações, um robô dirigido a distância por pessoas que se especializaram nisso, e que acreditam ilusoriamente que são vencedores, mas também são perdedores.

Pois nesse mundo de vitórias ilusórias, de conquistas fúteis e passageiras, de vencedores de nada, de heróis fantasiados, tão perdedor é o vencedor como o derrotado. Um perde porque se acha um vencedor, outro perde porque se acha um derrotado. E, no final de tudo, ambos perderam, porque esqueceram o principal, viver como um Espírito encarnado, esqueceram de realmente buscar a sua evolução espiritual e a de seus irmãos, de realmente ajudar o mundo a se tornar mais humano, mais justo, menos superficial, menos egoico.

Todas as vitórias apenas materiais são uma derrota e todas as frustrações de não vitórias materiais são também derrotas, que geralmente são vistas sob o seu aspecto verdadeiro após o nosso desencarne, ao chegarmos ao Mundo Espiritual, onde predomina um sistema socialista, humanitário, baseado na ajuda ao próximo, no trabalho pelo bem comum, em que a vitória é ajudar os irmãos, em que os vencedores são os que mais trabalham para os outros, os que mais se esquecem de si mesmos, os que menos querem para si, os que se apequenam para se agigantar. Lá em cima, as pessoas se unem para descer para a Terra a fim de ajudar os que estão aqui perdidos, os que estão se destruindo com a bebida, com o cigarro, com as outras drogas, os que morrem nessas guerras travadas entre irmãos que se acreditam diferentes apenas porque reencarnaram em locais diferentes e têm "cascas" de cores diferentes, muitas vezes em nome de Deus, ou a serviço do Demônio e de seus representantes, comandados por governantes sequiosos de dinheiro e de poder, que conseguem convencer populações inteiras de que devem atacar, matar, subjugar outras populações pelos mais variados motivos, mas, no fundo, baseando-se apenas em um: o desejo de lucro e de poder.

Porém, isso pode ser descoberto aqui, podemos enxergar a verdade aqui, mas para isso algumas coisas são necessárias, e uma das principais é curar o maior e mais abrangente vício que existe, que é o de assistir horas a fio a televisão. Esse vício é maior do que todos os outros, o que mais aliena, o que mais robotiza, o que mais faz com que grande parte das pessoas simplesmente siga as orientações de como deve ser, do que deve gostar, do que é o certo, do que é errado, do que está na moda ou saiu dela, de quais músicas são boas, do que é ser uma pessoa famosa, pelo que deve ansiar, em que deve gastar o seu tempo.

A televisão, que deveria ser um instrumento a serviço da ampliação da capacidade humana de criatividade, pelo contrário, encarrega-se de eliminá-la completamente, pois as pessoas passam suas noites e seus fins de semana olhando e admirando a criatividade de outras, em vez de criarem por si mesmas as suas coisas, ficam espelhando-se nos modelos apregoados e incentivados por um instrumento do reino materialista, em vez de procurar seu próprio molde dentro de si, ficam nivelando-se por baixo, sob todos os sentidos, em vez de lerem bons livros, de praticarem meditação, de fazerem Yoga, de frequentarem mais assiduamente sua Igreja, seu Centro, de conversarem mais a respeito de assuntos mais elevados, de exercerem ações sociais, caridosas, e de não gastar horas e horas assistindo a novelas, a Big Brothers, a programas de divertimento, de passatempo, que procuram passar a ideia de que são apenas isso, programas de entretenimento, quando na verdade são infalíveis instrumentos da alienação programada por mentes interessadas apenas no nível de audiência e no ganho financeiro resultante disso, mas para isso necessitam que todos nós permaneçamos amorfos e silenciosos, cordeiros cordatos, e, pior, gostando de ser assim. Somos dominados, comandados, manipulados, e achamos isso bom.

Todos nós temos a capacidade de não perdermos nosso tempo com bobagens materiais, de não projetarmos nossas vitórias em outras pessoas, de sabermos diferenciar o que é realmente importante do que nos convencem que é importante, de sabermos ver com clareza o que ajuda o mundo a melhorar e o que procura apenas mantê-lo como está, de nos encontrarmos conosco mesmos, de acessarmos o nosso Eu Interior, de nos libertarmos do domínio materialista e superficial da mensagem massacrante cotidiana, de rezarmos mais, de nos interiorizarmos mais, de endereçarmos a nossa energia e o nosso tempo para o que realmente vale a pena, e de querermos ser um vencedor verdadeiro, espiritualmente e socialmente falando.

Para isso temos de ter a coragem de lançar um olhar crítico sobre o que nos dizem, sobre o que nos ensinaram e sobre o que nos ensinam, sobre o que determinaram que é o "normal", pois na nossa sociedade humana confunde-se o "normal" com o "habitual", e não é a mesma coisa, aliás, frequentemente é o oposto.

Habituados que estamos a viver em uma sociedade cruel e injusta como a nossa, em que a maioria da população mundial vive em condições precárias, uma grande parte dela em uma situação calamitosa, e a minoria que não pertence a essa condição não dar a devida atenção a isso, além de indignar-se no sofá diante da televisão, em eloquentes discursos aliviadores de sua Consciência, antes ou depois da novela, do Big Brother ou do futebol, instrumentos utilizados para distrair a nossa atenção, convencidos que já estamos de que são coisas bacanas, importantes, que devem ocupar o nosso tempo e dedicação, mais do que, nessas horas de "distração", de "passatempo", de "lazer", ajudar pessoas carentes, doentes, pobres, miseráveis, trabalhar em ONGs, Entidades, Associações, que visam consolar, alimentar, melhorar as condições de vida desses infelizes produtos do nosso egoísmo.

E numa droga de sociedade como a nossa as pessoas usam drogas, principalmente as lícitas, as que são permitidas, as que são liberadas, e uma certa porcentagem utiliza as que são proibidas, as ilícitas. É uma questão de coerência: a sociedade é uma droga, as pessoas usam drogas. Uma grande parte da programação das televisões é uma droga, as pessoas usam drogas. Uma grande parte das músicas que tocam nas rádios, músicas comerciais, feitas para vender, são uma droga, as pessoas usam drogas. Os filmes nos cinemas, quase todos de origem norte-americana, são na maioria uma droga, as pessoas usam drogas. É tudo uma coisa só. Não existe uma intenção de elevar o nível consciencial das pessoas, pelo contrário, a intenção é mantê-lo baixo e, se possível, abaixar ainda mais, com a desculpa de que "É isso o que o povo gosta..."

Eu sou uma pessoa que quase nunca vê televisão e nas vezes em que me disponho a dar uma circulada pelos canais, fico impressionado com a baixeza do nível, é praticamente só violência, bobagens, sexo, os programas ao vivo são de uma pobreza intelectual quase inacreditável, as séries na maioria de origem norte-americana impondo um estilo de vida fast-food, rápido, os filmes quase que só norte-americanos, os xerifes do mundo e seus heróis invencíveis, o seu humor trapalhão, as suas água-com-açúcar de final sempre feliz, tudo contrastando com a realidade dos países terceiro-mundistas, em que os nossos heróis são os improváveis sobreviventes, o nosso humor resiste aos roncos dos estômagos vazios e os nossos romances frequentemente são embalados nas filas do SUS, nas emergências superlotadas, ao som das comemorações dos autoaumentos dos salários dos nossos "representantes" no poder, do tilintar das moedas desviadas para os paraísos fiscais, o nome que dão aos locais legalizados para onde levam o dinheiro roubado do povo, e às comemorações das vitórias do nosso time, que na realidade não significam absolutamente nada, não trazem nenhuma vitória real, a não ser para os dirigentes, para os empresários e para os artistas da bola ganharem verdadeiras fortunas, um escândalo admitido e incentivado como "normal".

Todos continuaremos sendo vítimas nessa guerra diária entre os nossos "Eus" e os nossos "eus", até o dia em que cansarmos dessa simulação e percebermos que devemos colocar o nosso aspecto superior no comando da nossa vida e não a entregar, como vimos fazendo, a outros "eus", que vêm nos prejudicando e a eles mesmos, karmicamente falando.

A RELEITURA DA NOSSA INFÂNCIA SOB A ÓTICA REENCARNACIONISTA

A relação entre o uso de substâncias e os sentimentos negativos. Nós somos cocriadores da nossa infância. Aprendendo a purificar os pensamentos.

Como grande parte das pessoas usuárias de drogas lícitas e ilícitas sofre com questões emocionais de sua infância – mágoa, injustiça, raiva, rejeição, abandono, solidão etc. – é importante abordarmos esses sentimentos a respeito dos nossos "traumas da infância", do ponto de vista reencarnacionista.

Enquanto a Psicologia e as psicoterapias tradicionais procuram a causa de tudo na infância de seus pacientes, de onde veio a mágoa, o sentimento de rejeição, a tristeza, a raiva, a timidez, o medo, a insegurança, que são causas poderosas do uso de drogas, a Psicoterapia Reencarnacionista procura entender por que cada um de nós precisou dessa infância, por que o nosso Espírito "pediu" isso para Deus, por que necessitamos passar por isso?

Para a visão oficial, não reencarnacionista, a infância é o início da vida, mas para nós ela é apenas uma continuação de nossas encarnações passadas, e, sendo uma continuação, ela tem uma estrutura organizada pelo Universo, segundo as Leis Divinas e segundo os nossos merecimentos e as nossas necessidades.

O dia de amanhã é aleatório ou é a continuação de hoje? O ano que vem não é a continuação deste ano? A atual encarnação é a continuação da anterior, e a nossa próxima encarnação é simplesmente a continuação desta. Se alguém não gostou de sua atual infância, por que a necessitou? Tudo na nossa vida é construído por nós mesmos e a nossa infância é o que o nosso Inconsciente criou, é onde começamos a nos (re)conhecer, a perceber as nossas inferioridades e a receber o retorno dos nossos próprios atos do passado (Justiça Divina).

A infância é um retornar para cá. Por que um nasce em uma família rica? E outro em uma favela? Por que alguém necessita de um pai ruim? Ou de uma mãe fria e pouco carinhosa? Muitas pessoas referem que sua infância foi muito dura, que passaram por dificuldades, quer seja de ordem afetiva, quer seja de ordem financeira, problemas com um dos pais, ou com ambos, ou com outras pessoas. Muitas permanecem com esses traumas pelo resto de sua encarnação, influenciando gravemente seu comportamento. Uma certa parte das pessoas que usam substâncias o fazem pelo sofrimento em relação a essas questões de sua infância, sentem mágoa, ressentimento, medos, raiva, tristeza e insegurança. Esses sentimentos vêm da visão que têm de sua infância, geralmente de vitimação, esquecidos de sua programação pré-reencarnatória. O Contra-Raciocínio (a versão Espírito de sua história) pode ajudá-las.

A maior parte das pessoas, mesmo reencarnacionistas, acredita que os seus sintomas emocionais têm sua origem lá no início dessa atual trajetória terrena. Mas a experiência das regressões mostra que, se esses sentimentos e essas tendências são intensos, já nasceram conosco, foram aflorados e não gerados na infância pelas situações "injustas". Sabemos que a mágoa, o sentimento de rejeição, a raiva, a insegurança, as injustiças sociais etc. são os fatores causais mais frequentes do uso de substâncias, então como resolver isso? Aí entra a Psicoterapia Reencarnacionista para ajudar na recordação e no esclarecimento de nossas questões kármicas e reencarnatórias.

Todos nós devemos fazer uma releitura de nossa infância e entender as Leis que estruturam uma infância: a Lei do Retorno, a Lei do Merecimento, a Lei da Necessidade e a Lei da Finalidade. Essas Leis fazem com que passemos por situações de que necessitamos para testar a nossa resistência, o nosso grau espiritual, ou para experimentarmos o que provocamos em outras vidas (abandono de filhos, por exemplo), ou seja, para vivenciarmos o que fizemos a outros.

Devemos sempre recordar que trazemos sentimentos e características inferiores conosco para tentar aqui melhorá-los, ou eliminá-los. Não devemos acreditar que toda nossa mágoa, nossa raiva, nossa tristeza, nossa insegurança iniciaram na infância, como se tivéssemos nascido perfeitos, como se não trouxéssemos esses sentimentos conosco ao nascer.

Praticamente tudo de errado na vida terrena vem do esquecimento de nossa condição espiritual, de estarmos aqui de passagem, de morarmos lá em cima e virmos para o chão para estudar, para aprender e para crescer. A condição social de uma enorme parcela de pessoas aqui na Terra é decorrência desse esquecimento, por parte de uma pequena parcela de pessoas que nasceram em condições materiais mais satisfatórias e almejam alcançar ainda mais, mesmo às custas da fome, da doença e do sofrimento de seus irmãos.

A Psicologia oficial, por não lidar com a Reencarnação, trabalha com a crença de que tudo surgiu na infância, pois nada havia antes, e nos libertarmos dessa inverdade não é uma tarefa fácil. Não temos uma pureza ao nascermos, apenas as nossas imperfeições e inferioridades ainda estão latentes, aguardando as armadilhas e os gatilhos para se manifestarem.

Devemos recordar que nosso pai e nossa mãe são também Espíritos e, mais do que provavelmente, vimos nos encontrando frequentemente nessas passagens terrenas, e que eles também aqui estão tentando eliminar suas imperfeições, tentando purificar-se.

Devemos perceber os rótulos temporários e ilusórios da encarnação, pois ninguém é pai, mãe, filho, irmão, marido, esposa etc., apenas as personas acreditam que são. Por que nascemos nessa família, nesse ambiente, filho desse pai, dessa mãe, por que estamos passando por tal ou qual situação? Precisamos entender o que é estar encarnado aqui, em um Plano Físico, de natureza passageira, enfrentar essas situações, superá-las, e mostrar que, em nos tornando vencedores do nosso destino, alcançaremos a meta única da Reencarnação: a evolução espiritual. E isso é atingido ou não, dependendo da atuação da nossa persona, o que é diretamente proporcional aos nossos pensamentos e sentimentos, e ao alinhamento com a nossa Essência, através da rendição do nosso Ego.

O grande erro é esquecermos de quem na realidade somos e cairmos na vitimação, no sentimento de "coitadinho de mim", de injustiçado, uma das maiores causas do uso desregrado de substâncias, lícitas ou ilícitas. A nossa infância é a continuação da nossa vida anterior e ela é o que a Perfeição quer que nós vivenciemos aqui na Terra, desta vez. Os gatilhos começam na infância e nós descemos lá do Astral para vivenciarmos os gatilhos necessários para mostrar o que temos de melhorar em nós, e a infância é o primeiro palco onde encontramos os gatilhos. Uma grande parte das pessoas tropeça neles, pois leem a sua infância como um início e, frequentemente, não se conformam com ela, não a aceitam, mas não se perguntam: Por que vim filho desse pai? Por que Deus me enviou para essa mãe? Por que minha "casca" é bonita? Por que minha "casca" é feia? Por que minha "casca" é alta? Por que minha "casca" é baixa? Por que minha "casca" é branca? Por que minha "casca" é negra?

As perguntas "Por quê?" e "Para quê?" nos ajudam a entender melhor a nossa infância e a enxergá-la de uma maneira diferente. O merecimento, a finalidade, a necessidade e o retorno são as chaves para abrirmos as portas da compreensão a respeito da nossa infância através da sua releitura sob a ótica reencarnacionista. Uma pessoa pode parar de usar substâncias pela mudança de seu pensamento, de sua visão a respeito de sua infância, de seus pais, de si mesmo, substituindo a versão persona de sua história pela versão Espírito.

A manutenção e, muitas vezes, a ampliação dos nossos sentimentos inferiores seculares ou milenares vêm dos nossos pensamentos (maneira de enxergar as coisas de nossa vida) e mudar o nosso raciocínio não reencarnacionista, magoado ou raivoso, em um raciocínio reencarnacionista, mais amplo e compreensivo, pode operar milagres.

PERDOAI OS VOSSOS INIMIGOS

Como entender e aplicar essa máxima de Jesus.

Muitas pessoas afirmam que já perdoaram um desafeto. Geralmente, quando afirmam isso, na verdade, decidiram entregar o caso para Deus, afastar-se da pessoa, como se diz, "deixar pra lá..." e tocar a sua vida, deixando o Tempo decidir o que é certo, o que é errado, que irá mostrar a verdade. As pessoas boas de coração possuem a capacidade de aceitar as atitudes de outras pessoas que lhes fizeram mal, que lhes fizeram ou que lhes fazem sofrer e, muitas vezes, elas são até incompreendidas por essa capacidade de amar e de perdoar. São Espíritos mais antigos e mais elevados em seu grau de consciência e de discernimento, que sabem que perdoar faz bem, principalmente para si mesmos, que entendem que não vale a pena permanecer aferrado a uma mágoa, a uma raiva, a uma aversão, pois é como um veneno que se ingere diariamente e que vai destruindo os pensamentos, os sentimentos e o corpo físico de quem costuma permanecer remoendo fatos passados.

Outras pessoas dizem que querem perdoar alguém, mas acreditam que perdoar é impossível, e que apenas um Ser superior como Jesus poderia perdoar. São Espíritos em um grau um pouquinho menos elevado de consciência, mas que já têm a suficiente elevação para querer perdoar, já entenderam que o beneficiado maior é quem perdoa, conhecem as Leis Divinas da atração pelos cordões energéticos e até levantam a possibilidade de, em encarnações anteriores, terem agido mal, prejudicado, o atual "vilão".

Outros dizem que não querem perdoar um inimigo porque têm razão na sua mágoa ou no seu ódio por essa pessoa. Não esquecem o que foi feito contra eles, ou o que deixou de ser feito, não toleram o que lhes fazem ou não fazem, enfim, acreditam-se com absoluta razão para decretar que aquela pessoa é um vilão, que esteve ou está errado, que é mau, que não merece seu perdão e que terá de se entender com Deus.

Enfim, nessa questão de "Perdão" encontram-se as mais variadas opiniões, os mais diversos raciocínios, dependendo do grau de elevação espiritual da pessoa que sofreu ou que sofre um mal. Somos um ser espiritual com, no mínimo 500.000 anos de existência mais as poucas décadas da nossa persona atual, então como é arriscado ter uma opinião firmada a esse respeito. Quando alguém sente mágoa ou raiva do seu pai ou de sua mãe, pelo que lhe fez ou pelo que deixou de fazer na sua infância, como pode afirmar estar certo, ter razão nesse sentimento, se não lembra de duas questões importantíssimas:

1. Por que seu Espírito "pediu" (necessitou) esse pai ou essa mãe?

2. O que pode ter feito para ele(a) em encarnações passadas de igual ou de pior teor?

Se a mágoa ou a raiva é em relação a seu marido ou ex-marido, sua esposa ou ex-esposa, outro familiar, um amigo que o traiu, enganou-o, enfim, um acontecimento durante a vida, se pensar nessas mesmas duas questões, poderá afirmar com convicção que tem razão?

Nós somos um ser, que chamamos de Espírito, muito antigo, vivemos centenas ou milhares de encarnações, todo esse tempo, tudo o que aconteceu, o que fizemos, o que nos fizeram, guardado dentro do nosso Inconsciente, apenas lembramos dessa vida atual, poucas décadas de vida, vocês não acham extremamente arriscado decidir coisas como "Não vou perdoar!", "Ele(a) me fez(faz) mal, sou(fui) sua vítima!", "Ele(a) não merece perdão!" etc.?

Lá no Mundo Espiritual existe algo que aqui na Terra ainda não existe: o Telão. Quando voltamos para Casa, durante a nossa permanência no período intervidas, em um certo momento, somos chamados a assistir a um filmezinho de nossas vidas passadas, do que fizemos, do que não fizemos, de como éramos, e, ao contrário da Regressão Terapêutica realizada por nós aqui na Terra durante um tratamento de Psicoterapia Reencarnacionista, no qual é vedado incentivar o reconhecimento de pessoas no passado, lá em cima, na sessão de Telão, os Mentores oportunizam esse reconhecimento, tanto da "vítima" como do(a) "vilão(ã)", e o resultado dessa viagem no tempo é uma cena chocante de arrependimento, de vergonha e de frustração, por não termos, na vida encarnada anterior, alcançado o que havíamos proposto a nós mesmos: o resgate e a harmonização com aquele Espírito que sabíamos que iríamos encontrar aqui na Terra, para fazermos as pazes, e, pelo contrário, mantivemos a nossa tendência anterior, arcaica, de nos magoarmos, de odiarmos, de sentirmos aversão a ele. E nesse momento, quando a verdade está ali, escancarada à nossa frente, percebemos que perdemos uma grande oportunidade de nos reconciliarmos com aquele antigo desafeto e, com isso, elevarmos o nosso grau espiritual e, com bastante frequência, nos redimirmos do que havíamos feito a ele, até pior, em encarnações passadas.

Em um livro acerca do uso de substâncias prejudiciais, hábito que muitas vezes se deve à mágoa, à rejeição e à raiva, somados a uma tendência autodestrutiva, é muito importante trazer essa mensagem, de que é extremamente perigoso julgar alguém, condenar uma pessoa, decretar quem é o vilão e quem é a vítima, considerando que 20, 30, 40, 50 anos de vida é muito pouco comparado com milhares e milhares de anos, que é a idade do nosso Espírito. Em um tratamento com Psicoterapia Reencarnacionista, do qual fazem parte as "sessões de Telão", é relativamente frequente encontrar, depois da visita às encarnações mais recentes, vidas mais anteriores em que se trocam os papéis, e a atual "vítima" descobre-se um "vilão" e o atual "vilão" como sua vítima... E a pessoa que fumava, que bebia, que usava drogas, para amenizar a sua mágoa, acalmar a sua raiva, para vingar-se ou para agredir o "vilão" (muitas vezes o seu pai ou sua mãe), o que faz agora com essa descoberta? Pode fazer duas coisas:

1) Aguardar a morte do seu corpo físico e o seu desencarne, assistir às sessões de Telão "ao vivo" no Mundo Espiritual e encaixar-se na estatística oficial de 90% de frustrações, de arrependimentos e de vergonha.

2) Assistir a essas sessões aqui, durante a encarnação, quando ainda está "vivo" e, pela mudança radical do seu raciocínio, perceber o seu erro de interpretação, e então reler de maneira muito diferente a sua infância e a sua vida, substituindo a "versão persona" da história pela "versão Espírito", e com isso amenizar os seus sentimentos inferiores, elevar o seu grau espiritual e reconciliar-se com antigos desafetos que "pediu" para reencontrar, cumprindo assim a segunda Missão: a busca de harmonização entre Espíritos conflitantes.

E quando deixamos de nos sentirmos "vítimas", nem precisamos mais perdoar, precisamos é pedir perdão pelo que fizemos em nosso passado para o(a) atual "vilão(ã), nesse reencontro no qual Deus, em Sua Absoluta Justiça, nos presenteou. Essa mudança de raciocínio, esse novo tipo de enfoque, essa abertura para a verdadeira história de conflito entre Espíritos há séculos digladiantes, opera verdadeiros milagres, pois em vez de sabermos disso apenas lá em cima, para deixarmos para a próxima encarnação (quando provavelmente erraremos novamente...), podemos fazer isso agora, já, aqui na Terra, nessa encarnação mesmo, acertando o nosso rumo, retificando o nosso pensamento e o nosso sentimento, e aproveitando a atual encarnação para alcançarmos o crescimento espiritual almejado há tanto tempo e há tanto tempo adiado. E então, podemos pedir perdão a Deus e ao(a) vilão(ã) e seguir o nosso caminho, como aconselhou Jesus: "Vá e não peques mais!".

COMO LIBERTAR-SE DA CULPA

*Ações negativas de outras encarnações provocando,
inconscientemente, uma atitude de autodestrutividade.*

Algumas pessoas que usam substâncias prejudiciais são movidas por uma culpa que jaz escondida dentro do seu Inconsciente, que vem de alguma encarnação passada, e que faz com que elas adotem uma postura de vida autodestrutiva, sem saberem por que estão fazendo isso. É como uma angústia, um desconforto, que faz com que a pessoa sinta permanentemente algo dentro de si que a impede de ser feliz, de ter sucesso, seja na vida pessoal, na vida profissional, e até a sua vida espiritual é permeada de altos e baixos, de incertezas entre a sua capacidade e uma espécie de medo de soltar seu poder e, quando o faz, isso lhe faz mal, lhe traz uma sensação estranha, desagradável.

A culpa que vem de uma vida passada é decorrente de alguma coisa que fizemos lá no passado para uma outra pessoa ou para muitas pessoas. Certas pessoas têm uma grande força, um poder, que todos veem e elas também, mas não conseguem admitir isso, sentem-se culpadas quando assumem um lugar de destaque, uma posição, quando são elogiadas, quando são admiradas, apresentam uma falsa modéstia, olham para baixo, disfarçam, fingem humildade, mas lá no fundo sabem que são orgulhosas, vaidosas, enfim, é uma espécie de martírio entre duas forças: o Ego puxando para cima e o Inconsciente para baixo.

Geralmente, o Inconsciente vence e uma das maneiras desse nosso subterrâneo vencer a luz do dia é o uso de cigarro, de bebidas alcoólicas e de outras drogas, como uma tentativa de amortecer a angústia, de aliviar o desconforto, de acalmar a inquietude interna, que vem de séculos atrás. É o caso de pessoas que apresentam o que chamamos de "Repressão do próprio poder", que elas dizem ser timidez, introversão, mas é um medo de soltar o seu poder de fazer, novamente, o que fizeram de errado em outra encarnação.

Uma possível solução para uma pessoa movida por culpa, para ajudá-la a libertar-se do vício em substâncias, se os seus Mentores Espirituais entenderem que está na hora da libertação, é, através de algumas sessões de regressão, acessar as encarnações passadas onde errou, recordar o que aconteceu, e libertar-se dessa ressonância que até hoje ainda o está influenciando negativamente. Muitas pessoas usuárias de substâncias e que sofrem desse tipo de culpa podem assim libertar-se do vício.

Outro tipo de culpa que vem do passado é o que vem de situações em que a pessoa não fez o que deveria ter feito, não agiu como deveria ter agido, não ajudou alguém, não salvou alguém, cometeu um ato de traição, enfim, uma atitude que na época lhe pareceu a mais certa ou conveniente ou que, acreditava, não poderia fazer diferente, mas que ficou dentro do seu Inconsciente e até hoje ainda lhe traz angústia, inquietude, culpa, e o uso de substâncias tem nisso a sua origem. A Regressão Terapêutica pode ajudar a resolver essa situação, se os Mentores entenderem que está na hora disso acabar, que ela já pode livrar-se disso.

As pessoas que trazem culpa dentro do seu Inconsciente tendem a culpar-se por tudo, se fazem, se não fazem, se deveriam ter feito, se não deveriam ter feito, e até culpam-se por atos cometidos por outras pessoas, quer estejam próximas, quer nem conheçam, como atos bárbaros cometidos por assassinos em outras cidades ou países, por ditadores, por terroristas etc. São reflexos do que fizeram em outras épocas e ressonam dentro delas de uma maneira muito forte e inexplicável. Tudo o que for forte e inexplicável vem de outra época e pode ser entendido e resolvido com a Regressão, mas desde que ela seja comandada pelos Seres Espirituais, para não infringir a cosmoética e a Lei do Esquecimento.

Outro aspecto que deve ser levado em consideração em pessoas usuárias de substâncias e que sofrem de culpa é a possível presença de Espíritos obsessores ao seu lado, buscando vingança de sofrimentos provocados por elas no passado, e que estão ali influenciando seu pensamento, perturbando a sua vida, incentivando-os a fumar, a beber, a usar outras drogas. Dificilmente uma pessoa usuária de drogas que esteja obsediada conseguirá libertar-se do uso se não realizar um tratamento espiritual em um Centro Espírita ou Espiritualista, de preferência gratuito ou que cobre um valor nada mais do que razoável para seus procedimentos, mas não de milhares de reais, isso é comércio com o sofrimento alheio.

Na verdade, a culpa que muitos trazem dentro do seu Inconsciente, de encarnações passadas, é decorrente de uma postura própria diante de algo que aconteceu tempos atrás, ou durante a vida em que a situação ocorreu ou após seu desencarne lá, quando ficaram na Terra remoídos pela culpa ou foram para o Umbral levados por ela ou mesmo lá em cima, no Mundo Espiritual, quando a culpa leva um tempo para esmaecer-se e desaparecer. Após a cessação desse sentimento, a culpa fica guardada nos recônditos do nosso Espírito e, assim que descemos novamente para a Terra, quando reencarnados, ela vai retornando, fazendo-se presente, mas ao contrário da época anterior, quando sabíamos por que e pelo que sentimos culpa, a partir dessa próxima encarnação, ela jaz escondida mas fazendo-se sentir, sempre presente, às vezes mais, às vezes menos intensa, mas, se ela for muito forte, pode fazer com que uma pessoa sinta necessidade de fumar, de beber ou de usar as chamadas drogas para acalmar-se, para sentir um alívio, ou para punir-se sem nem saber que está fazendo isso, pois é uma força inconsciente. Através da recordação do seu passado (Regressão), essa pessoa pode acessar a situação original, recordar o que fez (ou não fez), lembrar aquela vida passada, o seu final, a sua subida para o Plano Astral, até libertar-se da culpa por meio dessa técnica (desligamento).

Muitos casos de tristeza, de timidez, de isolamento, de fracasso na vida pessoal ou profissional são provocados por culpas advindas do Inconsciente, e as terapias tradicionais, até a infância, são muito limitadas para resolver esses casos de séculos atrás. O Dr. Freud teve a genialidade de perceber a força imensa que vem de dentro do nosso Inconsciente, mas faltou ao Mestre vienense libertar-se da concepção religiosa de que Reencarnação não existe. Se tivesse ele aberto a sua mente para a filosofia oriental, para os antigos filósofos ocidentais, para o trabalho do seu contemporâneo Allan Kardec, teria expandido ainda mais a sua genialidade e hoje em dia a Psicologia e a Psiquiatria lidariam com a Reencarnação, podendo auxiliar ainda mais as pessoas que necessitam de uma terapia mais abrangente, mais ampla do que a limitação a esta vida apenas.

A Terapia de Regressão é a continuação do trabalho do Dr. Freud, e a Psicoterapia Reencarnacionista é uma moderna Escola de Psicologia que veio fazer a fusão da Psicologia com a Reencarnação.

COMO LIDAR COM A FRUSTRAÇÃO

A frustração e o uso de substâncias tóxicas. Mágoa e frustração. Raiva e frustração. Vaidade e frustração. A vida continua.

A maior parte das pessoas que conheço, incluindo eu mesmo, têm uma ou mais frustrações. Nas conversas no consultório, nas aulas, nas palestras, com os amigos, depois que começamos a tirar as nossas máscaras, começam a aparecer as frustrações. Lembro de como eu quase estraguei essa encarnação no tempo em que eu tinha muitas frustrações, da minha infância, da vida que levava na época, e muitas vezes achava que não tinha saída para aquela frustração, que aquilo era a coisa mais importante da minha vida, que não tinha sido como eu queria que tivesse sido, e que não era como eu queria que fosse, e não via solução, não tinha jeito mesmo. E me magoava, e sentia raiva, e me deprimia, me fechava, meus pensamentos giravam em torno daquilo, era como se eu fosse prisioneiro da frustração. E era mesmo...

Fiz algumas coisas erradas, como todo mundo faz, a maior parte delas devido à frustração. E quando estou aqui, neste momento, escrevendo um livro sobre o uso de cigarro, de bebida alcoólica, de maconha, de cocaína, de crack e de outras coisas, fico pensando em quantas pessoas utilizam essas substâncias prejudiciais devido a uma frustração e, talvez, como eu naquela época, seus pensamentos giram em torno disso, não veem saída para ela, não tem jeito mesmo, e então o negócio é fumar, é beber, é viajar, é ligar-se, é morrer (literalmente ou aos poucos).

Nós temos uma tendência de enxergar mais as coisas ruins e desagradáveis da nossa vida, o que não tivemos, o que não temos, e menos, ou não enxergar, as coisas boas. Por exemplo, neste momento em que você está me lendo, tenho uma ótima notícia para lhe dar: você não é cego! Isso não é algo espetacular? E se você ouve o barulho da rua e os ruídos de dentro de sua casa, tenho uma outra notícia incrível para lhe dar: Você não é surdo! Não acha isso uma coisa fantástica? E se você está segurando este livro com suas próprias mãos, isso significa que você tem mãos! E braços! Meu Deus, você é um abençoado. E se der vontade de comer algo, ou de beber alguma coisa, ou de fazer xixi ou cocô, e você conseguir levantar-se e chegar na cozinha ou no banheiro, significa que conseguiu esse feito com suas próprias pernas, e então você tem pernas!

Se, por acaso, tem algum defeito físico de nascença ou alguma deficiência mental, são consequências de atos de encarnações passadas, é o retorno a uma ação, e todo retorno é um presente de Deus para nos reconciliarmos com a nossa Consciência, é para zerar o erro cometido. Mas raramente a pessoa que "pediu" isso entende assim.

Você comprou este livro com seu próprio dinheiro? Parabéns, foi um belo investimento e, além disso, você tem dinheiro para comprar livros, num mundo em que a grande maioria das pessoas não tem dinheiro nem para comer, você teve dinheiro para comprar um livro. Puxa vida, você é uma pessoa de sorte.

Ou então alguém comprou meu livro e lhe deu para ler porque achava que você gostaria ou que você precisa, talvez você seja um ingênuo que foi enganado esse tempo todo pelos fabricantes de cigarro, ou alguém que bebe alcoólicos para esquecer ou para comemorar ou porque todo mundo faz, porque é normal, e não é droga, não é?

Ou talvez goste de fumar uns baseados de vez em quando ou todos os dias e está viciado em viajar na fumaça dessa planta, que talvez seja mesmo sagrada, mas está lhe deixando meio preguiçoso, meio aéreo, seu aproveitamento no colégio ou na faculdade ou no trabalho está caindo, mas você não se preocupa com isso, está tudo bem, afinal de contas, não faz mal para ninguém, mas cuidado com a preguiça...

Ou quem sabe precise cheirar umas carreirinhas pra se ligar, ficar mais disposto, sentir mais vontade ou mais coragem, ou mais disposição para fazer as coisas e, claro, sente-se com mais força, mais poder, embora depois que passe o efeito ou no dia seguinte, não seja tão bom assim, mas nada que não se resolva com umas cervejinhas ou mais umas carreirinhas, né?

Ou então aderiu ao crack, que é mais barato, dá um efeito rápido – Tchóin! e está nas alturas! –, é muito legal, econômico, eficiente, primo da cocaína, é tão bom, dá vontade de usar toda hora, é baratinho, mas como é que se para com isso?

De qualquer maneira, seja quem você seja, faça o que fizer, tem 99% de chance de ter uma ou mais frustrações. Então vamos falar sobre a frustração, do ponto de vista corriqueiro, a frustração que o nosso Ego sente a respeito de algo, e a frustração do ponto de vista espiritual, como o nosso Eu Superior enxerga isso, como os nossos Mentores Espirituais veem essa questão.

Digamos que alguém tenha uma grande frustração porque não teve um pai como queria e como merecia, um pai ausente, ou um pai agressivo, ou um pai sacana, um tipo assim. Não estamos falando de um pai meio ausente, meio agressivo, meio sacana, e sim de um pai com aquelas características bem marcantes, que causa em seu filho ou em sua filha uma frustração muito grande, uma dor enorme, uma mágoa muito chata, às vezes uma raiva terrível que se mistura com amor, e nem sabemos mais o que estamos sentindo, enfim, um pai que fez ou que faz isso com a gente. Tudo o que sentimos vem de um sentimento de frustração muito forte, porque queríamos e merecíamos ter ou ter tido um pai muito legal, como os pais dos outros, presente, carinhoso, conselheiro, um pai perfeito! Eu mesmo fui até quase metade dessa encarnação muito chateado porque não tive um pai perfeito, não era como eu queria que tivesse sido, não era como eu queria que fosse, isso me chateava muito, me magoava, me dava raiva, muitas vezes fumei, bebi, por causa disso. Que sacanagem ter um pai assim!

Até que eu comecei a estudar sobre Reencarnação e aí comecei a ouvir falar em Leis Divinas, em como se estrutura uma infância, ouvi falar em merecimento, que na época, dentro dessa nossa cultura católico-judaica, confundi com culpa e com castigo, mas, depois que descobri que os Mestres não falam assim, fui entendendo que merecimento tem a ver com o Karma, a Lei do Retorno. Comecei a trabalhar em Centro Espírita, fui me aprofundando, comecei a receber a Psicoterapia Reencarnacionista, que lida com a Reforma Íntima, comecei a dar mais valor ao que brota de dentro de mim do que às coisas externas que fazem aflorar as minhas imperfeições, comecei a trabalhar com Regressão, e, vendo vidas passadas minhas e escutando histórias de vidas passadas de pessoas, aos poucos fui vendo que meu raciocínio a respeito da minha infância, do meu pai, de mim mesmo, da vida que eu vivia, estava completamente equivocado.

Eu era mais uma das vítimas do maior vilão que existe solto pela Terra: o nosso Ego. Não que ele seja um malvadão, um mau caráter, um bandido, um serial killer, um psicopata, não, geralmente nosso Ego é até uma boa pessoa, honesto, querido, bem-intencionado, cuida da gente, nos protege, cria até muitos mecanismos de defesa para nos defender, para a gente ficar só neurótico, senão a gente ficaria psicótico, o nosso Ego é tudo de bom, só tem uma coisa: ele é muito infantil e, como toda criança, é muito, mas muito egoísta mesmo. Até as três primeiras letras da palavra "egoísmo" são essas: ego. E ainda tem a palavra "egocêntrico", que também começa assim.

O que isso quer dizer? Simplesmente que o nosso Ego, como se diz na gíria, só vê seu lado... É só "eu", "meu", "minha", raramente nosso Ego pensa nos outros, e, quando pensa, geralmente é para ganhar alguma coisa, nem que seja o reconhecimento e a admiração alheios. E o meu Ego, quando eu era especialista em frustração e em mágoa, era tão cego, mas tão cego, que acreditava piamente que eu era o Mauro Kwitko e que meu pai era o Rafael Kwitko. Vejam só, que cegueira!

Quando comecei a me submeter a regressões e me ver em outras encarnações, em que eu não era o Mauro filho do Rafael, nem branco, nem brasileiro, nem gaúcho, nem nada desses rótulos que o Mauro tem – me vi um oficial romano, me vi um negro, me vi um mendigo, me vi um escritor russo –, eu iniciei um entendimento a respeito de Reencarnação, que foi me salvando dos raciocínios do meu Ego e da mágoa e da frustração que, na verdade, eram suas, e não minhas. Deixem-me tentar explicar isso.

Quem teve pai: eu ou o Mauro? Eu sou o Espírito que nessa encarnação precisou vir nessa família judia, com esses pais, no Rio Grande do Sul, Brasil, numa "casca" branca, no gênero sexual masculino, o Mauro é todos esses rótulos. Eu não tenho pai, o Mauro tem. Eu sou eterno e invisível, o Mauro nasceu e vai morrer, é o nome da "casca" e desde pequeno começou a demonstrar uma tendência de magoar-se e de sentir-se rejeitado. Por que Eu pedi a Deus essa infância, esses pais? Porque minhas "cascas" anteriores vem sempre se magoando, sentindo-se rejeitadas, e Eu precisava que minha "casca" atual, o Mauro, sentisse isso, quando era criança, quando ficou adolescente, quando cresceu e quando virou adulto, até que um dia, Eu disse, "Agora, chega, vamos estudar sobre Reencarnação, vamos entender que essa mágoa é muito anterior a essa infância atual, que esse sentimento de rejeição é antiquíssimo, que chegou a hora de sair dessa vitimação, de achar-se coitadinho, está na hora de abrir os olhos e acordar!".

E aí, Eu comecei a orientar o Mauro, mostrando a ele que a infância que as pessoas têm, é a infância de que precisam, que o pai ou a mãe que Deus dá a elas é o pai ou a mãe de que necessitam, que para ter um pai ou uma mãe bons e carinhosos tem que fazer por merecer, que tudo o que não foi bom ou não é bom na sua infância ou na sua vida é como tem de ser, é o que o Espírito de cada um necessita passar, geralmente para receber de volta o mesmo que fez antigamente, em outras encarnações, que tudo segue a Lei Divina, que podemos, didaticamente, chamar de Lei da Necessidade, Lei da Finalidade, Lei do Merecimento, e outras, mas que é uma Lei só: a Justiça Divina.

E aí, eu (agora é o Mauro falando) comecei a entender que, se trazia uma forte tendência de mágoa e de rejeição de tempos atrás, eu já era assim há tantas vidas, precisava passar por pessoas, familiares, situações, desde a minha infância, que não fossem boas, que tivessem uma finalidade apenas: mostrar para mim que eu me magoava, que eu me sentia rejeitado.

E quando, mais tarde, cometi alguns abusos de fundo autodestrutivo, também isso é o que eu trazia de vidas passadas (lembram do mendigo?). E com essas compreensões, a da Personalidade Congênita, que diz que "nós somos como somos porque nascemos assim", dos gatilhos (pessoas ou situações que pedimos antes de reencarnar para nos mostrar as nossas imperfeições), do raciocínio limitado e equivocado do Ego e amplo e abrangente do Eu Superior, passados alguns anos, posso dizer que, no tempo em que sofria de frustrações, estava cego e surdo (não mudo), e que agora um filetezinho de luz penetra meus olhos, o suficiente para entender que nós reencarnamos na infância que precisamos, com o pai e com a mãe que necessitamos, e que toda nossa vida segue um roteiro antigo, de séculos, mas possível de ser reescrito, baseado nas Leis Divinas. E posso garantir, sem dúvida nenhuma, que o nosso Eu Superior é muito melhor escritor de roteiros do que o nosso Ego.

Vejamos um exemplo de frustração de uma pessoa que queria ser uma coisa na vida e não conseguiu. Não deu certo, era pra ser mas não foi, ou porque nem tentou, ou tentou mas não se esforçou, ou não tinha talento suficiente, ou não teve apoio, ou não teve dinheiro, ou a vida não permitiu, ou qualquer outra desculpa dessas que nossos Egos especializaram-se em mentir para nós, e nós nos especializamos em acreditar. Afinal de contas, é muito mais, digamos, tranquilizador achar-se injustiçado do que ver a verdade e perceber que, se não deu, é porque não era para dar mesmo. E que no fundo de tudo aquilo, quem se sentiu ferido foi a sua vaidade. E não deu certo porque ainda não podia dar certo, senão a vaidade iria sobrepujar todos os limites e, inconscientemente, a vaidade não deixou, já que ela é que veio para ser curada, e aquele sucesso, ser aquilo que tanto queria, o que tanto sonhava, provocaria uma exacerbação da vaidade, impedindo a sua cura. A frustração porque não deu certo é melhor, karmicamente, do que seria o sucesso. A frustração visa mostrar a vaidade a ser curada, e o sucesso a esconderia de si mesmo.

E do ponto de vista espiritual, o que é o sucesso? O que é querer ser algo ou alguém na sociedade? Conheço pessoas que trabalham há décadas em trabalhos burocráticos ou corriqueiros e que fumam ou bebem, ou cheiram porque não gostam do que fazem, porque queriam ter sido outra coisa, porque mataram seu talento, porque seus pais ou a vida não lhes permitiram ser aquilo que deveriam ter sido, e têm de aguentar, têm de sobreviver, e necessitam então de substâncias de ou medicamentos antidepressivos ou ansiolíticos para aguentar a sua vida, para poderem viver com essa terrível frustração. Nunca pararam para pensar quem é que pensa assim? De quem é esse raciocínio? De quem é essa frustração? Do seu Ego. O seu Ego queria ser cantor ou cantora, ator ou atriz, atleta, médico(a), psicólogo(a), e outras coisas que os Egos adoram ser, porque os Egos adoram aparecer, sobressair é com o Ego mesmo, um trabalho anônimo, não saliente, não agrada nosso Ego, ele quer é brilhar, mesmo que, para isso, "brilhe" como um deprimido, um alcoolista, um dependente químico...

E enquanto muitas pessoas matam seus dias por trabalhar em algo de que não gostam e suas noites e seus fins de semana por quererem libertar-se da frustração, o Eu Superior e os Mentores Espirituais delas ficam olhando, lamentando que não estejam vendo que são prisioneiras do comando do seu Ego e vão morrer abraçadas nele. Depois que desencarnarem, quando saírem do corpo, e subirem para o Mundo Espiritual, vão relembrar como é a vida lá em cima: muito estudo para aprender como ser melhor e mais útil para os outros e muito trabalho, visando o bem comum. E aí aparece mais quem ajuda mais, salienta-se mais quem é melhor de coração, evidencia-se mais quem é mais gentil e caridoso. E não tem cigarro, bebida alcoólica, maconha, cocaína, crack e outras coisas. Se quiser isso, terá de descer para a Terra e ir obsediar alguém que usa ou ir para o Umbral, lá está cheio disso.

E vamos falar, então, da frustração e do tempo em que ainda ficaremos aqui na Terra. Não estou falando do tempo em que ficaremos aqui até o final dessa encarnação, estou falando do tempo em que ainda ficaremos aqui na Terra até nos purificarmos.

A idade aproximada da Terra é de 4,5 bilhões de anos, tendo a crosta se solidificado há uns 2,5 bilhões de anos. O "homem moderno" é definido como membro da espécie Homo sapiens, sendo a única subespécie sobrevivente (Homo sapiens sapiens). O Homo sapiens idaltu e o Homo neanderthalensis, além de outras subespécies conhecidas, foram extintos há milhares de anos. O Homo neanderthalensis, que se tornou extinto há 30 mil anos, tem sido ocasionalmente classificado como uma subespécie classificada como Homo sapiens neanderthalensis, mas estudos genéticos sugerem uma divergência entre as espécies de Neanderthal e Homo sapiens que ocorreu há cerca de 500 mil anos. Os humanos anatomicamente modernos têm seu primeiro registro fóssil na África, há cerca de 195 mil anos, e os estudos de biologia molecular dão provas de que o tempo aproximado da divergência ancestral comum de todas as populações humanas modernas é de 200 mil anos atrás.

As Escrituras Védicas afirmam que o ser encarnado demora cerca de 1 milhão de anos para libertar-se da ilusão! E qual é a ilusão? É acreditar, em cada encarnação, que é o que apenas está e perder-se nos atalhos da vida terrena. Enquanto alguns chegaram ao nível de Sócrates, Leonardo da Vinci, Galileu Galilei, Yogananda, Baba, Gandhi, Chico Xavier, Teresa de Calcutá, Dalai Lama, Jesus e poucos outros, cerca de 99,99% de nós chegamos ao nível em que estamos, ou seja, um nível, digamos, para sermos generosos conosco, razoável. E olha lá...

Alguma coisa deve estar errada, digamos que temos 500 mil anos de idade e ainda estamos nesse nível? O que não quer dizer, espero, que precisemos de mais 500 mil anos para nos purificarmos. A noção da Reencarnação, que era quase que restrita ao Oriente, veio somar-se ao kardecismo e chegou no Ocidente, com a sua noção evolutiva, de compromisso com o nosso Espírito, de responsabilidade com a nossa evolução espiritual através das sucessivas encarnações. A Yoga está aí, a Meditação, e tantas outras ferramentas facilitadoras da nossa libertação do nosso Ego e do acesso aos níveis superiores de nós mesmos.

Purificação não é uma coisinha qualquer, significa ficarmos puros em nossos pensamentos, em nossos sentimentos, em nossas atitudes, em nossas palavras e em nosso corpo físico. O que isso tem a ver com frustração? Se não tivemos a infância que queríamos ter tido, o pai ou a mãe que gostaríamos, se não conseguimos ser aquilo que nosso Ego tanto lamentou, se não pudemos usufruir de coisas que nosso Eu Inferior tanto queria, tem uma saída: temos mais 500 mil anos à frente! Nesta atual encarnação ainda nos restam uns 10, 15 ou 20 mil dias, para podermos nos libertarmos dos desejos e dos anseios infantis e egoístas do nosso Ego, antes de irmos embora desta Terra, voltarmos para Casa. Frustrados? Ainda dá tempo! O que eu não tive, não mereci ter ou não fiz por ter. O que não tenho, na outra encarnação eu terei (se merecer...).

O tempo que nos resta nesta encarnação é mais do que suficiente para evoluirmos espiritualmente, nos purificarmos, e não para fumarmos cigarro e ficarmos se intoxicando com fumaça cancerígena, bebermos alcoólicos para ficarmos mais soltinhos, mais alegrezinhos, ficarmos se chapando curtindo um som ou fazendo nada, cheirando pra sair correndo que nem um louco por aí... É tempo para nos purificarmos e não para ficarmos nos magoando pela infância de que nosso Espírito necessitou, para sentirmos raiva pelo pai ou pela mãe que pedimos, para sofrermos por nós porque nossa criança interior não ganhou o doce ou o elogio que tanto queria, perdemo-nos no tédio e no passar-o-tempo.

Temos muito tempo pela frente, milhares de anos para usarmos com competência, mas precisamos entender que acreditar na Reencarnação não nos transforma automaticamente em reencarnacionistas, dizer que é Espírita ou Umbandista ou Budista ou de alguma outra religião reencarnacionista e não procurar seguir no dia a dia os ensinamentos de Jesus, de Buda, e de outros Avatares que Deus mandou para nos mostrar o Caminho Verdadeiro e nos libertar do caminho da ilusão, não nos confere sabedoria instantânea.

Precisamos entender o que é a vida aqui na Terra, o que é uma infância, o que são os cordões energéticos que nos ligam e nos atraem, e o que são as "ilusões dos rótulos das cascas", o que são os gatilhos e por que precisamos deles para encontrarmos as nossas imperfeições, o que são as armadilhas da vida terrena e porque necessitamos delas para avaliar o nosso grau espiritual, entrar em entendimento com o nosso Ego e transferir o comando para o nosso Eu Superior, orar e vigiar permanentemente, aprender a aquietar a nossa mente e a ligar-se na Mente Universal.

Fazendo assim, seremos cada vez mais felizes, e talvez nem precisemos de mais 500 mil anos. Ufa...

POR QUE ERRAMOS TANTO NA VIDA

O uso correto do livre-arbítrio. O que é a miopia espiritual.

A maioria de nós erra em muitas coisas na vida, na maior parte das vezes acreditando que está certo ou que é assim mesmo que as coisas são. Todos nós erramos, e muitas vezes, nesta vida atual e nas vidas passadas, e continuaremos errando, pois não somos perfeitos nem senhores da razão e nem profetas da Justiça e da Ordem. Aqui neste livro, em que estamos abordando o uso de substâncias que não nos fazem bem e que não colaboram para o projeto de purificação que nosso Espírito almeja, vamos abordar o erro e o quanto isso repercute no nosso objetivo maior, que é, um dia, podermos voltar a nos reintegrarmos na Grande Pureza, voltando para Casa.

Quero deixar bem claro que, da minha parte, não existe nenhuma crítica, nenhum julgamento, tanto das pessoas que fazem uso dessas coisas, pois de algumas eu mesmo já fiz no passado, nem das pessoas que as produzem, vendem, distribuem, ou de alguma maneira colaboram para que seu uso continue, e estamos falando tanto da maconha, da cocaína e do crack como do cigarro e da bebida alcoólica, pois não existe diferença entre elas, a não ser no grau de prejuízo que provoca em seus usuários, estas duas últimas sendo as piores de todas.

Tudo isso faz parte do Grande Erro de grande parte das pessoas, que é esquecer de sua Pureza original, de quem realmente é, de onde está e para que, do que deve fazer para ascender a essa condição encarnada, e, um dia, tornar-se um Espírito aqui encarnado que atingiu uma maestria na arte de viver neste planeta, que é o objetivo pelo qual Deus nos colocou aqui. Este capítulo quer nos esclarecer por que erramos tanto, e para isso precisamos começar a questionar o que sempre consideramos como "normal", para que possamos entender a diferença entre o "normal" e o "habitual", entre o "certo" e o "vigente".

Um ano antes da nossa fecundação, todos nós estávamos no Mundo Espiritual, a maioria no Plano Astral Superior, onde estávamos preparando a nossa atual encarnação, o que não significa que é como o nome possa sugerir, literalmente, olhando para baixo e escolhendo quem será nosso pai, quem será nossa mãe, os nossos futuros irmãos, parentes, qual será nossa classe social, em que país, cor de pele etc. Essa preparação, para a imensa maioria da população terrena, é realizada pelo Grande Arquiteto do Universo, que chamam aqui no Brasil de Deus, que pode ser chamado de Todo, de Tudo, de Um, e que abrange o universo inteiro, e nós somos uma pessoa de um metro e setenta centímetros, num dos menores planetas da nossa galáxia, que é uma entre milhões de galáxias, o que significa que a preparação de uma encarnação nossa não é algo que vá preocupar tanto assim a atenção da Ordem Universal. Embora cada um de nós seja o universo todo dentro de si.

Um dos grandes erros do ser humano é dar-se uma importância que não tem, perante o Universo. É como se um grãozinho de areia no deserto se achasse mais importante do que os demais grãozinhos, e na verdade cada grãozinho tem uma importância igual à de todos os demais grãozinhos, e que é uma importância mínima perante o deserto. Mas antes que os grãozinhos-leitores se achem tão insignificantes, o que na verdade quase somos, pergunto: o que seria do deserto sem os grãozinhos? O deserto é feito de grãozinhos, o deserto não existiria sem os seus grãozinhos! Nós somos grãozinhos, bem pequeninhinhos, mas todos nós, juntos, compomos o deserto. É como nós em relação ao Universo, sem nós ele seria um metro e setenta centímetros menor.

Estamos aqui na Terra para evoluir, o que significa melhorar, melhorar significa crescer, crescer significa libertar-se, libertar-se significa desidentificar-se conosco mesmo, como nos entendemos aqui na Terra. E para nos desidentificarmos conosco, necessitamos relativizar os nossos rótulos, percebê-los como verdades temporárias, reconhecer que são apenas isso, rótulos, que têm a duração desta encarnação apenas, e que depois da morte do nosso corpo físico, quando iremos para o Plano Astral a bordo do nosso corpo astral, todos esses rótulos, aos poucos, desaparecerão. E não seremos mais o que aqui passamos toda uma encarnação acreditando ser, voltando gradativamente a recordar que somos um Espírito.

Nós reencarnamos e, esquecidos de quem somos e de onde viemos, passamos a viver como se fôssemos a nossa persona, como todos aqui na Terra acreditam. E, passando a viver dentro do conceito "tempo de vida", ou seja, nascimento, vida e morte, mesmo nós reencarnacionistas, se não estivermos atentos, cairemos num estilo de vida baseado nesta passagem apenas, a ponto de a maioria de nós acreditar "ser" e não "estar" coisas como os nossos nome e sobrenome, a nossa nacionalidade, o nosso gênero sexual, e outros aspectos concernentes à nossa persona. Para o nosso Espírito, que já habitou tantas "cascas" anteriormente, com outros nomes e sobrenomes, outras nacionalidades, outro gênero sexual, e já viveu a experiência de "nascer" e de "morrer" tantas vezes, isso são apenas rótulos passageiros, mas para nós parecem muito reais, e é aí que começamos a nos perder de nós mesmos e caímos na maior armadilha da vida terrena, que é acreditarmos ser aquilo que apenas estamos sendo.

E então nos tornamos presas fáceis da ilusão da vida terrena, e viver na ilusão faz com que, sem percebermos, embarquemos em um navio cheio de gente, indo para lugar nenhum, num exercício cotidiano de apenas acordar, passar aquele dia, aquela noite e dormir para, no dia seguinte, repetir a mesma coisa, e assim passar pela vida guiado não por um Mestre timoneiro, mas sim por um piloto automático, sem rumo, sem finalidade, sem objetivo, a não ser o de manter-se vivo.

A maioria de nós esquece do principal em uma encarnação, de que somos um Espírito reencarnado, novamente aqui na Terra, buscando aquilo que perdemos quando Deus nos colocou neste planeta: a lembrança da nossa pureza, da nossa luz, ou, mais ainda, de que somos Luz. E passamos, então, a fazer coisas erradas, mas tão comuns e triviais que pouquíssimas pessoas percebem que são prejudiciais.

Então, fazendo de conta que somos brasileiros (quando, na verdade, somos Espíritos desta vez reencarnados no Brasil, menos, claro, os estrangeiros que vivem aqui, estes são Espíritos reencarnados em algum outro país), vamos falar de algo bem trivial, vamos falar da alimentação brasileira "normal". Mas antes quero pedir desculpas aos milhões de pessoas que, se tiverem qualquer coisa para comer já é algo maravilhoso, e que tudo o que querem é algo para botar na sua boca e na boca de seus filhos, se possível diariamente, não importando se é saudável ou não, se alimenta ou não, desde que tire a desagradabilíssima sensação de estar com fome, principalmente se ela é crônica, o que é o caso de uma grande parcela da população no mundo. Vou falar para as pessoas como eu, que comem todos os dias, várias vezes por dia.

Para a maioria de nós, comedores diários, comer é botar em nossa boca qualquer coisa que caiba nela, ou que seja possível mastigar para caber, sem atentarmos para o que seria o principal tratando-se de "alimentação": se é saudável ou não, se vai nos nutrir ou não, se vai preencher nossas necessidades de proteínas, de carboidratos, de vitaminas, de sais minerais ou não, se vai nos fazer bem ou não, se é algo benéfico para nós ou não. Pelo contrário, desde nossa mais tenra infância, com exceção do leite materno, começam a colocar na nossa boca o que é gostoso, o que é doce, o que é visualmente atrativo, muitas vezes nem se baseando no aspecto do "alimento" e sim no aspecto da embalagem. E vamos assim nos viciando nas cores, no sabor, na consistência, no visual, mais do que no aspecto nutritivo, do que botam e depois do que nós mesmos botamos em nossa boca, e esse é o primeiro erro, mas tão habitual, que nem cogitamos que, como em inúmeros outros erros, o habitual, o normal, nem sempre é o melhor ou o correto. E isso acontece em tão grande escala a nível mundial – lembrem-se de que estou falando para quem come todos os dias em casa, em restaurantes ou na casa dos outros – que as pessoas, que um dia descobrem que vêm errando, confundindo comida com alimento, confundindo sentar e abrir a boca e botar para dentro dela o que vier pela frente com alimentar-se, e começam a pensar sobre isso, o que estão fazendo quando abrem a boca para comer, e começam a preferir os alimentos naturais, integrais, passam a ser vistos como diferentes, extravagantes...

Vamos falar sobre o nome que dão para os alimentos. Por exemplo: a imensa maioria das pessoas come arroz, raros preferem arroz integral. Só que pouquíssimas pessoas sabem que arroz branco é o arroz descascado a tal ponto que praticamente só sobra a porçãozinha onde está o açúcar, descascam tanto que fica só um miolinho, e, então, quem come "arroz" está comendo o açúcar do arroz. Mas o normal é chamar-se o miolo de arroz descascado de "arroz" e o arroz mesmo, o verdadeiro, de "arroz integral", quando o correto seria chamar o "arroz integral" de arroz e o "arroz" de miolo de arroz.

Outro exemplo: chama-se "açúcar branco" de açúcar, quando ele é, na verdade, o açúcar que foi clareado a tal ponto, e por tantos produtos químicos, que ficou bem branquinho. O açúcar mesmo, o verdadeiro, é o que se chama de "açúcar mascavo". Então, chama-se o açúcar clareado quimicamente de "açúcar" e o açúcar verdadeiro de "açúcar mascavo". Como todos nós fomos criados ingerindo açúcar clareado quimicamente, bem branquinho, a imensa maioria não gosta de açúcar mascavo, ou, melhor, de açúcar verdadeiro, pois ele é escuro, meio grossinho, de aspecto um tanto estranho.

A farinha de trigo é branca, o pão é branco, e é o mesmo processo do arroz, descasca, descasca, fica só o açúcar do trigo, e então comemos açúcar de trigo. Mas a farinha de trigo descascado é chamada de "farinha" e a farinha de trigo de verdade é chamada de "farinha integral", e aí ninguém gosta, porque não é branca. O pão feito de farinha de trigo descascado é chamado de "pão" e o pão feito de farinha de trigo verdadeiro é chamado de "pão integral" e ninguém gosta, porque não é branco.

Se não fomos acostumados, se não nos ensinaram a escolher o que vamos botar para dentro de nós, se não nos convenceram a optar apenas pelo que nos faz bem, se nos disseram e nos dizem que podemos colocar qualquer coisa na nossa boca, que não importa se é saudável ou não, se é bom para nós ou não, por que iríamos negar as substâncias tóxicas?

Se eu posso comer qualquer coisa, me empanturrar de carne, de gordura, de massa, e regado a litros de refri ou de cerveja, que isso é o normal, todos fazem, por que não posso botar um cigarro na boca? Ou um baseado? Qual a diferença? Falta de cuidado comigo por falta de cuidado, dá no mesmo. A carne me animaliza, a gordura entope minhas veias, as massas me deixam gordo e flácido, os refrigerantes que dizem que refrescam só me intoxicam com tantos aditivos químicos, o cigarro me mata de câncer, a cerveja me embebeda, a maconha me faz viajar e ficar um teórico procrastinador, a cocaína me engana que sou poderoso, o crack me leva às alturas, antes de me despencar no abismo, qual a diferença? É a mesma falta de cuidado com o que se bota na boca, com o que nos acostumaram desde que éramos bem pequenininhos, recém-chegados do Mundo Espiritual.

Então, a "alimentação" que usualmente é utilizada por uma grande parcela das pessoas não é uma droga de alimentação? Droga é apenas o que é chamado de "droga" ou é qualquer coisa que seja prejudicial para nós? Hoje em dia, a maioria das pessoas sabe que a carne ingerida em excesso é uma droga para o nosso organismo, mas quase todos botam na boca e engolem essa droga, então podemos dizer que são viciados em carne? A carne vicia?

E o café que tantas pessoas ingerem o dia todo, sabemos que é uma droga para o nosso corpo, mas todos continuam tomando. Será que o café vicia?

Este livro tem a idealística intenção de convencer seus leitores de que devemos optar por botar para dentro de nós apenas o que nos ajuda a nos purificarmos, o que é saudável, e não botarmos (seja pela boca ou pelo nariz) o que vai nos sujar, nos poluir. E então, para pararmos de fumar, de beber, de usar substâncias tóxicas, precisamos tomar uma decisão muito séria: decidirmos que a partir de agora vamos começar a cuidar do que vamos botar para dentro de nós! Vamos escolher o que vamos comer, não baseados no critério do que é o normal, do que todos comem, do que aprendemos, e do que todos fazem, e sim do que é saudável, do que nos faz bem, do que vai nos nutrir.

Se começarmos a escolher o que vamos comer, se optarmos por comer apenas o que é saudável, o que vai nos nutrir, mais facilmente pararemos de fumar cigarro e de beber, pois o critério será o que é bom, o que faz bem, o que vale a pena abrir a boca para colocar dentro dela, e dali para dentro de nós, seja comida, seja cigarro, seja bebida alcoólica, seja maconha. E vamos parar de cheirar cocaína e usar crack, pois não poderemos cuidar de uma coisa e descuidar de outra, passaremos a ter coerência.

E é isso que vai nos salvar das comidas que não nos alimentam, não nos nutrem, só nos empanturram, satisfazem nossa carência infantil, é o que vai nos salvar do cigarro que não tem nenhuma substância saudável, não tem proteínas, não tem vitaminas, não tem sais minerais, então por que botar isso na boca, por que botar fumaça quente e corrosiva brônquios adentro, por que odiamos o nosso pulmão? E vai nos salvar da bebida alcoólica, que foi criada e só tem uma finalidade: a de nos embebedar. Não existe nenhuma outra finalidade na existência e no uso da bebida alcoólica, apenas a de nos embebedar. Mesmo todo o charme do vinho é apenas uma fachada sofisticada para encobrir a única finalidade da sua existência: nos embebedar. O vinho foi criado para nos embebedar. A cachaça foi feita para nos embebedar. A vodca foi feita para nos embebedar. O uísque foi feito para nos embebedar. A cerveja foi feita para nos embebedar. Qualquer pessoa que ingira bebida alcoólica está fazendo isso apenas para se embebedar, ficar mais alegre, mais leve, mais solto, dando um exemplo para seus filhos de que isso é o certo, de que não faz mal, desde que seja com moderação, ou seja, ficar só um pouquinho bêbado pode, o que corresponderia, se não fosse proibido, dizer que fumar só um pouquinho de maconha pode ou cheirar poucas carreirinhas de cocaína pode. É a mesma coisa, mas essas são ilícitas, então não pode, a bebida é lícita, então pode.

Essa hipocrisia é apresentada para nós desde que somos bem pequenos, recém voltando para a Terra, como algo normal, habitual, e todos fazem e nós então também fazemos, até um dia em que percebemos que estamos errados, estamos dando uma dupla mensagem para nossos filhos, a de que não se devem usar certas coisas que fazem mal, mas que se podem usar outras que também fazem mal, e aí só existe uma solução: a coerência. Quem acha que cigarro, bebida alcoólica, maconha, cocaína, crack, fazem mal, que são prejudiciais, deve começar a botar para dentro de sua boca alimentos naturais, parar de ingerir "alimentos" artificiais, parar completamente de ingerir bebidas alcoólicas, nem que seja moderadamente, quem fuma cigarro deve parar imediatamente (que é o mesmo conselho que dá para seu filho que fuma maconha...), ou seja, quem usa qualquer uma dessas substâncias deve abandonar o seu uso para poder combater o uso de drogas sem enganar a si mesmo, e achar que está dando conselhos corretos para seus filhos quando está dando o exemplo para eles usarem drogas ilícitas, pois está usando drogas também, as "lícitas".

Outro erro é de quem trabalha em meios de comunicação que divulgam cigarro e bebida alcoólica e organizam campanhas de combate às drogas, ou, pior ainda, fumam e bebem e combatem as drogas. O que estão fazendo? Uma parcela das pessoas de jornal, de rádio e de televisão, dos apresentadores, dos diretores, fumam e bebem, moderadamente ou não, e organizam campanhas de combate às drogas... Que mensagem estão dando? É necessário coerência, e se têm essa consciência de que droga faz mal, comecem por si, não se vendam, não vinculem comerciais de cigarro e de bebida em seus veículos, percam dinheiro mas ganhem credibilidade interna. Digam "Não!" às companhias de cigarro e de bebida alcoólica, engajem-se verdadeiramente no combate às drogas, mas não apenas às ilícitas, mas às lícitas também, não timidamente, só um pouquinho, mas de fato, verdadeiramente, com coragem, com integridade, dando um exemplo, sendo os porta-vozes midiáticos de quem quer o fim da existência do cigarro no mundo, que está perto, algumas décadas, e da bebida alcoólica, que ainda vai demorar mais um pouco para acabar no nosso planeta, mas pelo menos que não se faça propaganda nem divulgação de seu uso, sob hipótese nenhuma, a nenhum preço!

Como todos os vícios começam na "alimentação", e depois passam pela bebida alcoólica e pelo cigarro, para depois chegar nas "drogas", vamos ver de que maneira podemos começar a comer apenas o que realmente nos alimenta. Onde termina o sabor? Vejamos: uma comida é saborosa, apetitosa, dá uma vontade enorme de comê-la, botar na boca, hummm, que gostosura, que maravilha! Mas não é saudável, cheia de gordura, corantes, conservantes... Não faz mal! É muuuito gostosa, quero comer! E lá vai ela, boca adentro, garganta adentro, rumo ao nosso estômago. E garfada após garfada, prazer após prazer, ela vai terminando no prato, dá até pena... Oh, que pena, terminou...

Dali em diante, coitado do nosso estômago, horas de sacrifício, litros de ácido clorídrico passam para o intestino, coitado do intestino, litros de enzimas, uma grande parcela daquilo que botamos em nossa boca, e que sabíamos que não era saudável (mas era tão bom!), adentra o nosso sangue e vai percorrer o nosso corpo, estragando, poluindo, sujando... O que ninguém pensa é "Onde termina o sabor?". Esse é o ponto crucial para decidirmos parar de comer o que é prejudicial a nossa saúde. Onde é? Na garganta. Dali para baixo, é só estrago. Ou seja, trocamos horas de desconforto, de poluição interna, por alguns minutos de "prazer".

E quem diz que alimentação natural não é agradável, não sabe o que está dizendo, pois ela pode ser tão gostosa quanto a alimentação artificial, basta ser feita por quem tem jeito para isso, quem gosta de cozinhar, quem entende do assunto. Além disso, quem afirma que um cheesebúrguer do McDonald's é mais gostoso do que um prato de salada, acredita nisso porque desde criança o prêmio era ir ao "Méqui" e não comer salada... Quem acha que um churrasco é algo irresistível, acredita nisso porque foi condicionado a pensar assim desde pequeno por seus pais e por seus familiares, igualmente condicionados nisso, sem falar que um churrasco é uma cremação de animais...

O cuidado com a alimentação pode fazer com que uma pessoa se liberte do vício do cigarro, da bebida alcoólica e de outras substâncias. É o mesmo cuidado com o que ingere, com o que usa, com o que utiliza. Podemos nos libertar dos condicionamentos que todos nós recebemos desde que éramos bem pequenos e começarmos a selecionar o que iremos introduzir no nosso Templo. Estou convencido de que tudo é uma coisa só, então, juntamente com a decisão de libertar-se do vício da bebida alcoólica e do cigarro ou de alguma droga ilícita, decida tornar-se vegetariano, isso irá facilitar bastante essa tarefa. O seu corpo agradecerá. O seu Espírito agradecerá. Os seus filhos e os seus netos agradecerão. O planeta agradecerá. Seja um vencedor nessa missão e torne-se um exemplo para os que não atentaram para o que estão fazendo consigo e com seus filhos, mostre que é possível, que é um sinal de inteligência, de verdadeira liberdade, a rebeldia colocada a serviço do Bem, da Verdade e do Amor.

Sugiro acessar os sites www.vidavegetariana.com e www.vegetarianismo.com.br. Eles trazem coisas bem interessantes a respeito da carne. O livro "Fisiologia da Alma", do Ramatis, traz a visão deste Ser espiritual a respeito da carne.

OS QUATRO ASPECTOS PARA O ENTENDIMENTO

A encarnação atual, as nossas encarnações passadas, a sociedade humana e os Espíritos obsessores.

Para que possamos nos entender melhor, e quem usa substâncias tóxicas, lícitas ou ilícitas, poder libertar-se dessa atitude, é necessário abordarmos os quatro aspectos a nosso respeito durante uma encarnação.

A NOSSA VIDA ATUAL

A visão e a leitura que a maioria das pessoas tem de sua vida e de sua infância necessitam de uma revisão e de uma releitura sob a ótica reencarnacionista para iniciarmos o processo de libertação de nossa persona e nos endereçarmos para o nosso Eu Superior. O nosso Eu Superior não deseja, por exemplo, que usemos cigarro e bebidas alcoólicas, as drogas lícitas, pois esse hábito contraria o anseio desse nosso aspecto superior de que busquemos aqui na Terra uma limpeza, uma purificação, que nos oportunize uma elevação em nosso grau de sutileza, de elevação de frequência, rumo à nossa pureza interior.

Algumas pessoas, principalmente jovens, acreditam que o uso de cigarro representa uma demonstração de liberdade e de independência, algo como "Eu faço o que quero, ninguém manda em mim!", e algumas agências de publicidade aproveitam isso com maligna sabedoria. Esses jovens estão demonstrando uma visão míope a seu respeito e a respeito da vida, pois foram subjugados e presos nas teias de uma estratégia de marketing iniciada na década de 30, que iludiu e que ainda ilude muitas pessoas, de que fumar é um sinal de rebeldia, de independência, um ritual de passagem para o mundo adulto, quando é uma atitude de submissão, de obediência a algumas empresas de publicidade e aos seus patrões, os donos das fábricas de cigarro, e uma manutenção do adolescente interno.

Se os produtores das matérias-primas, os proprietários, os dirigentes e os funcionários dessas fábricas, as agências de publicidade e os proprietários dos locais de venda desse veneno soubessem o terrível compromisso kármico que estão assumindo com os milhões de fumantes que desenvolvem doenças em si e em seus circunstantes, e com as mortes provocadas pelo uso do cigarro, provavelmente mudariam de postura, fabricando, divulgando e vendendo produtos saudáveis e benéficos para as pessoas. A visão materialista, equivocada, de lucro move muitas pessoas aqui na Terra. O verdadeiro lucro é o que nos traz evolução espiritual e não o que enche o nosso bolso de moedas de ouro.

O mesmo serve para os produtores das matérias-primas, para os fabricantes de bebidas alcoólicas, para as agências de propaganda que fazem a sua publicidade e para quem vende esses líquidos que apenas existem para embebedar as pessoas, fazê-las ficar tontas e fazer bobagens. Cada doença, cada acidente, cada morte, provocados pelo uso de bebida alcoólica, é uma marca no Livro do Destino de quem produz, fabrica, difunde e vende bebidas alcoólicas, além, claro, do usuário, este o mais inocente de todos.

E o mesmo serve para os governantes que permitem a fabricação, a propaganda, a venda e o uso dessas substâncias malignas, em troca de impostos e por falta de coragem deles mesmos de cessarem o seu próprio uso e de enfrentarem interesses na manutenção da fabricação e da venda dessas substâncias.

Nós estamos inseridos dentro de uma Estrutura Perfeita, que chamamos de Deus, e que registra tudo e tudo nos devolve. O que fazemos de negativo, para nós mesmos ou para outras pessoas, fica registrado na Perfeição e, ao seu tempo, para nós retorna. Isso se chama karma, que significa simplesmente Retorno. O dono de uma fábrica de cigarros ou de bebidas alcoólicas é o responsável pelas doenças e pelas mortes provocadas por essas substâncias. Os diretores dessas empresas são responsáveis por isso, da mesma maneira. Os funcionários, mesmo alegando que não concordam com o que fabricam, são responsáveis por tudo o que acontece com as pessoas usuárias. Os proprietários, os dirigentes e os funcionários das agências de propaganda são também responsabilizados pela Perfeição por seus atos. O mesmo se aplica aos proprietários, aos dirigentes e aos funcionários dos meios de divulgação, jornais, rádios e televisões, que veiculam esses produtos, e a quem vende esses produtos oriundos da nefasta ação da Sombra na Terra.

Evidentemente, o grau de karma adquirido é proporcional ao grau hierárquico dentro da empresa, e ao nível de consciência a respeito desse assunto. Mas todos podem dizer "Não", mas dizem "Sim", e essa atitude implica um karma negativo, inevitável. A Perfeição (Deus) entende mas não perdoa, não julga mas devolve o ato a quem o praticou, ama incondicionalmente mas não permite que esse amor inviabilize a lição necessária. Um proprietário ou um diretor de uma fábrica de cigarros pode necessitar na próxima encarnação vir filho de um tabagista que morrerá jovem e ficar sem pai, como aconteceu a várias pessoas que usavam do produto de sua fábrica. Um proprietário ou um diretor de agência de publicidade responsável pela divulgação de uma marca de bebida poderá receber o reverso do seu ato, reencarnando como filho de uma mãe alcoolista e doente. O proprietário ou o diretor de um jornal, de uma revista, de rádio ou de televisão que difunde cigarro ou bebidas alcoólicas poderá reencarnar com uma grave doença congênita no pulmão ou no fígado, resultado das doenças e das mortes que seu veículo de informação colaborou para acontecerem. Enfim, são inúmeras as possibilidades de retorno, mas pela Lei do Karma o retorno é inevitável. E isso que pode parecer maldade de Deus é, na verdade, uma oportunidade de resgate e de aprendizagem, desde que a pessoa entenda o que está acontecendo, o que é raro.

Daí a importância do surgimento de uma Psicoterapia baseada na Reencarnação, para ajudar as pessoas reencarnacionistas a relerem sua infância sob a ótica reencarnacionista, com a finalidade da desvitimização e com o implemento do grau de compromisso e de responsabilidade com a nossa encarnação, entendendo que a nossa infância e o que acontece durante a nossa encarnação é resultado e consequência dos nossos atos pretéritos e amenizados ou agravados por nossos atos presentes. Existe o Livre-Arbítrio e em relação a tudo podemos optar por seguir um caminho claro ou pegar um atalho escuro.

Os usuários de cigarro e de bebidas alcoólicas são ingênuos e infelizes marionetes nas mãos de interesses financeiros alheios à Ordem Universal e à Justiça, focados apenas no ganho material, de uma maneira irresponsável do ponto de vista kármico. Os usuários estão fazendo o oposto da finalidade de uma encarnação, que é nos limparmos, nos purificarmos, nos sutilizarmos. Quando desencarnarem, muitos ficarão aqui na Terra, vagando ansiosamente em busca do seu vício, vinculando-se a pessoas que também têm esse hábito, obsediando-os e, pior, interferindo em seus pensamentos para que fumem ou bebam, para que possam continuar fumando e bebendo. Se antes de desencarnar eram vítimas, passam agora a ser vilões, registrando no Livro do Destino as suas ações, promovendo necessidades de lições ainda mais duras, quando desencarnados e/ou na sua próxima encarnação.

Uma outra parcela desses pobres viciados irá para áreas no Astral Inferior, levados por sua baixa frequência, pelo remorso e pela autoculpa, onde padecerão sofrimentos inenarráveis, até um dia serem de lá resgatados e conduzidos ao Mundo Espiritual, para, depois de um longo tratamento e da desintoxicação, começarem a entender a gravidade dos seus atos, a sua cegueira que fez com que, quando, aqui na Terra, deixaram-se seduzir e ser dirigidos por mentes materialistas voltadas para o lucro sem medir as consequências, sem sentir amor por seus irmãos.

Alguns, por merecimento de passado, ao abandonarem a carcaça física em péssimo estado, receberão a benção de serem conduzidos diretamente ao Plano Astral, para algum hospital, onde começarão a recordar do erro cometido e irão se arrepender profunda e dolorosamente, prometendo a si mesmos que na sua próxima encarnação não irão mais fumar ou ingerir bebidas alcoólicas, o que dificilmente acontecerá, pois pela antiga tendência, provavelmente voltarão a incorrer no mesmo erro, que é o que acontece com muitos usuários viciados nessas substâncias, geralmente mal acompanhados espiritualmente.

As nossas encarnações passadas

Um aspecto que é completamente negligenciado nos tratamentos psicológicos clássicos para usuários de cigarro, de bebidas alcoólicas, de Cannabis, de cocaína, de crack e de outras coisas, é o que se refere às nossas outras encarnações. Um tratamento de Psicoterapia Reencarnacionista abrange, além das conversas de conscientização a respeito da Reencarnação (semanais, a cada dez dias ou quinzenais), algumas sessões de regressão ("sessões de Telão"). Frequentemente, nessas viagens de autoconhecimento, os usuários de substâncias prejudiciais encontram vidas passadas em que já utilizavam substâncias e percebem que estão repetindo um mesmo padrão comportamental, do qual se arrependeram e se envergonharam quando voltaram para Casa no Mundo Espiritual. Prometeram lá que na sua próxima encarnação (a atual) não iriam cometer o mesmo erro, e descobrem que estão cometendo... Essa recordação pode operar milagres.

Outros usuários estão sintonizados em situações de solidão, de abandono, de tristeza, em outras encarnações, e essa sintonia traz para os dias de hoje o mesmo sentimento, a mesma sensação, que faz com que fumem para não se sentirem sós, encontrando no cigarro um companheiro para sua tristeza e para seu abandono. Na verdade, a tristeza, o abandono e a solidão resultam do domínio total do Ego sobre o Espírito, um autocentramento, um egocentrismo que faz com que muitas pessoas, vivendo entre 7 bilhões de irmãos e de irmãs, sintam-se sós. É o domínio do "eu" sobre o "Eu".

Uma outra sintonia que alguns usuários encontram em seu passado transpessoal é com uma situação de culpa que, escondida dentro do seu Inconsciente, faz com que queiram destruir-se sem consciência dessa intenção subliminar. Na verdade, a culpa é outra espécie de auto-centramento, de egocentrismo, pois a pessoa culpada sofre pelos "seus" erros, pelas "suas" atitudes equivocadas. Os irmãos superiores do Plano Astral, mais sintonizados com a Perfeição, não culpam a ninguém pelos seus atos, mas os seus autores, muitas vezes, sim, e essa culpa contamina o seu Inconsciente e influencia, gravemente suas próximas encarnações, fazendo com que busquem a autodestruição através do uso de substâncias prejudiciais. Muitas pessoas tabagistas ou alcoolistas ou usuárias de outras substâncias não conseguem se libertar desse hábito, sem se desligarem dessas sintonias com outras encarnações, pela força que essas situações exercem subterraneamente. Algumas sessões de Telão aqui na Terra podem revelar essa causa oculta e o desligamento e a compreensão decorrentes fazerem que, encontrada a origem do vício, possam libertar-se dele.

Para quem não conhece os meandros da Regressão, pode parecer estranho afirmar que essas sintonias exercem tanta força negativa nas pessoas, mas o fato é que exercem, e como! O tempo não existe, ele é uma criação humana para podermos nos referenciar na vida, então, quando dizemos que alguém está sintonizado em uma situação negativa de uma outra encarnação, estamos dizendo que a pessoa está lá. Ela está aqui, na vida atual, mas ao mesmo tempo, está lá. E frequentemente não estamos sintonizados em uma encarnação apenas, e sim em várias, principalmente as pessoas que sofrem de fobias, de transtorno do pânico, de depressões severas, de dores físicas crônicas, e esse é o caso de muitos usuários de substâncias, que para sentirem uma melhora em seu estado interno, adquirem o hábito de fumar para relaxar, de beber para sentir-se mais alegre, de fumar Cannabis para sentir-se mais leve, de usar cocaína para sentir mais disposição, de usar crack para viajar etc.

Na verdade, a Terapia de Regressão é a continuação do trabalho do Dr. Freud, de investigação e de cura do material inconsciente, mas seus seguidores oficiais contentam-se, como ele o fez, com migalhas que afloram de dentro desse baú, enquanto nós, seguindo sua orientação original, ajudamos as pessoas, sob relaxamento profundo, sem hipnose, numa técnica meditativa, a permitir que venha à tona o que lá jaz escondido. Abrindo o Inconsciente, encontramos outras encarnações nossas, e para muitas pessoas esse é um procedimento religioso por lidar com a Reencarnação, mas na verdade a Reencarnação pode ter vários aspectos, o religioso, como sempre foi e deve ser encarada, e agora o psicoterápico, que é o caso da Psicoterapia Reencarnacionista.

As pessoas usuárias de alguma substância prejudicial deveriam oportunizar-se algumas sessões de regressão para possivelmente encontrar a causa remota que explica esse uso e entender qual a finalidade inconsciente disso. Mas a Terapia de Regressão, por sua natureza profundamente espiritual, deve ser dirigida e comandada pelos Mentores Espirituais do usuário e nunca estar sob a direção de um terapeuta, que não conhece o passado daquela pessoa, não sabe onde se encontram os "nós" que devem ser desatados e nem quais vidas que podem ser acessadas e quais devem permanecer fechadas. E a orientação do Mundo Espiritual é de que nunca seja incentivado o reconhecimento de pessoas no passado, por ser uma séria infração à Lei do Karma, e o terapeuta que cometer essa infração responderá perante a Perfeição pelo seu erro e prepotência e trará ao seu paciente a mesma consequência.

A SOCIEDADE HUMANA

Os valores materialistas, terrenos, egoicos, da nossa sociedade e a sua mensagem de um não sentido para a vida, de "aproveitar a vida", supervalorizando aspectos fúteis e superficiais, como o lazer, o prazer e os bens materiais, em detrimento de valores verdadeiros e realmente úteis e espirituais, como a humildade, a simplicidade, a doação e a caridade, podem fazer com que muitas pessoas, irresponsavelmente consigo mesmas, utilizem substâncias, lícitas ou ilícitas.

A principal característica do Espírito encarnado é esquecer de sua natureza espiritual, esquecer que saiu de sua Casa e veio fazer uma viagem de estudos, e cair nas armadilhas terrenas. A concepção equivocada de que estamos vivendo "a vida", de que nascemos e de que vamos morrer, aliada a uma verdadeira lavagem mental que sofremos desde que aqui chegamos até o dia da nossa partida, faz com que grande parte das pessoas viva ligada a uma espécie de piloto automático, passando seus dias e suas noites dominadas pelas mensagens da mídia, pelo que é decidido que é importante para nós, pelo que devemos lutar, pelo que deve chamar a nossa atenção, pelo que é digno de nosso foco e empenho. As programações das televisões, dominadas pelo imperialismo norte-americano, trazem sutilmente embutidos os valores daquele país, a sua cultura fast-food, a sua tendência materialista, o seu ideal capitalista, o incentivo à competição, ao consumo, numa espécie de "vamos aproveitar a vida que ela é curta e a morte é certa".

Mas nem a vida é curta nem a morte é certa. Todos nós somos muito velhos, temos milhares e milhares de anos, e se ainda não estamos iluminados e libertos desse planeta, para podermos continuar nossa jornada em outros mundos, é porque a cada vida temos essa sensação ilusória de que estamos vivendo uma vida e de que vamos morrer. Só que, quando morremos, percebemos que apenas nosso corpo físico morreu e que estamos vivos, aqui na Terra, em uma zona escura ou num lugar de muita luz. E então a nossa Consciência começa a clarear e nos defrontamos com a realidade, com a Verdade. E isso, para a maioria de nós, é extremamente trágico e doloroso, pois começamos a perceber que nos enganamos e que nos enganaram, que todas aquelas coisas tão importantes, na verdade, tinham uma importância muitíssimo pequena e coisinhas sem importância eram extremamente importantes, mas não pareciam e ninguém nos ensinara que eram.

No Mundo Espiritual, os valores são principalmente baseados no estudo para o autocrescimento e no trabalho em prol dos demais, entremeados com momentos de lazer gratificante, de relaxamento e de paz. Mas quando descemos para a Terra, encontramos um cenário completamente diferente, pois nossa sociedade ainda materialista, ainda apegada aos falsos valores, vai nos influenciando, desde crianças, a priorizar o nosso Ego e os seus desejos, a competir, a vencer, a mais ter do que ser, e caímos diretamente dentro de uma estrutura social egoica, individualista, que vai nos afastando cada vez mais da nossa realidade espiritual e da finalidade única da encarnação: a busca de mais evolução espiritual, que é, na verdade, um descascamento rumo à nossa Essência de luz.

Se não desenvolvemos uma atitude espiritual despojada e caridosa perante a vida, se não encontramos uma meta social para os nossos dias, se não priorizamos os outros, se não levantamos uma bandeira que sinalize um rumo verdadeiro, vai se instalando dentro de nós um vazio existencial, que procuramos preencher com vitórias egoicas, como, por exemplo, a superimportância da vitória do nosso time de futebol, com conquistas sem valor, como, por exemplo, roupas, joias, carros, buscas de um preenchimento artificial, algo que nos tire esse vazio, algo que tranquilize uma sensação de que algo está errado, que não era para ser assim, e esse é um dos principais caminhos que leva ao uso do cigarro, da bebida alcoólica, da Cannabis, da cocaína, do crack e de outras coisas.

O preenchimento desse vazio existencial, dessa angústia sutil, que sempre está ali, é a recordação de que somos um Espírito de passagem por essa Terra e a lembrança de qual é a nossa Missão: aprendermos a amar os outros e nos dedicarmos ao bem comum.

Podemos sair dessa escuridão que turva nossos olhos, que nos faz buscar Luz onde ela não se encontra, aprendendo com os grandes Mestres da humanidade, nos propondo a seguir o seu exemplo de dedicação a causas realmente importantes, de endereçamento a metas sociais, a projetos espirituais, percebendo o que são paliativos para nossa angústia egoica e o que o nosso Espírito deseja, o que nos faz afundar cada vez mais, e o que pode realmente nos trazer paz, saúde e felicidade.

Dificilmente uma pessoa irá abandonar o uso do cigarro, de bebidas alcoólicas e de outras substâncias se não reconhecer o que é esse vazio e entender como é fácil de preenchê-lo: é só retirar-se do centro de sua vida e colocar-se a serviço dos demais. Podemos seguir o exemplo dos grandes seres humanos que viveram aqui e de outros que ainda aqui estão, vendo como eles pensam, como eles vivem, por que são tão positivos, tão úteis, por que não necessitam de paliativos. Enquanto algumas pessoas estão, neste momento, bebendo e fumando em bares e pelas esquinas, outras estão salvando baleias, focas, árvores. Enquanto alguns estão em casa, vendo televisão, entediados, outros estão na África ajudando crianças portadoras do HIV, salvando índios. Qual a diferença entre umas pessoas e outras? É quem está no comando, o seu Espírito ou o seu Ego, a sua natureza aberta e altruísta ou a máscara atual.

A influência espiritual negativa

Esse é um dos fatores mais importantes a considerar no uso de substâncias e no sucesso em seu abandono. Raramente um usuário de cigarro, de bebida alcoólica e de outras substâncias não está acompanhado de Espíritos desencarnados, ex-usuários, que após a morte de seu corpo físico permanecem aqui na Terra ainda ansiando pela continuação daquele hábito, pela necessidade que sentem disso.

Imaginem uma pessoa tabagista que desencarna e sente necessidade de fumar. O que fará? Olhará em volta para ver quem fuma, aproximar-se-á dela e permanecerá ao seu lado, absorvendo os fluidos do cigarro, o "prazer" do seu uso. Um dia, aquela pessoa decide parar de fumar, realiza tratamentos psicológicos, desintoxicação, tudo que está à disposição de quem quer parar de fumar, mas ao seu lado está alguém que não quer parar de fumar e não quer que seu fornecedor pare. O que acontece? Influencia seu pensamento com mensagens como "Ah, não adianta mesmo!", "Não vou conseguir!", "Que vontade de fumar um cigarrinho...", "Por que realmente eu tenho de parar de fumar?", "Isso é preconceito, eu mando em mim, eu faço o que eu quero!", "Ah, azar, não tô nem aí, vou fumar e pronto!". E lá vão eles, o encarnado e o desencarnado, fumando pela vida afora, o encarnado cada vez mais doente, o desencarnado já meio cansado daquilo tudo, mas não vê outra coisa a fazer. Um dia, o nosso amigo fumante morre, quer dizer, o seu corpo físico não aguenta mais e ele sai do corpo, e quem está ali ao seu lado? Seu velho companheiro fumante, num estado deplorável, e se não tiver merecimento suficiente ou humildade para rezar, para pedir ajuda para subir de volta para Casa, lá irão os dois atrás da próxima vítima...

O mesmo se aplica a quem ingere bebidas alcoólicas, enquanto um bebe no bar ou em casa ou em uma festa, ao seu lado, vários invisíveis bebem junto. E, temerosos em perder o seu fornecedor, fazem de tudo para estragar a sua vida, fazê-lo perder o emprego, bater o carro, brigar em casa, ter dificuldades financeiras, conflitos emocionais, tudo que lhe estresse e faça beber para relaxar. E ele bebe e os invisíveis bebem em volta. No dia em que seu corpo não aguenta mais, vai juntar-se ao bando à procura do próximo fornecedor.

E o mesmo se aplica aos usuários de Cannabis, de cocaína, de crack e de outras coisas. O usuário visível tem ao seu lado vários invisíveis absorvendo, curtindo, fazendo de tudo para que ele não pare, pelo contrário, para que ele use mais e mais e mais, quanto mais, melhor, e enviando pensamentos para seu pensamento, como "Que bobagem estudar, pra quê?", "Tá tudo bem, todo mundo usa.", "Ah, não vou trabalhar, um dia só, depois levo um atestado.", "Ai, que preguiça, que vontade de ficar em casa fazendo nada.", "Vou sair, me divertir, estudar, trabalhar é coisa de otário.".

E lá vai a nossa vítima, ladeira abaixo, caindo num abismo criado por si mesmo, achando que está certo, achando-se inteligente, esperto, vinculando-se cada vez mais a outras pessoas com o mesmo hábito, um alimentando a ilusão do outro, e ao lado, vários seres degradados, de aspecto cada vez pior, incentivando, estimulando, entrando no pensamento dele, e é festa, e é brincadeira, e vida é isso, e vai afundando no Colégio ou na Faculdade, perde o emprego, acha-se vítima, está sempre certo, não cuida mais da aparência, ou tenta disfarçar, todo mundo vê que é uma pessoa usuária de substância, não confiam mais nele, acha-se mais vítima ainda, está cada vez mais certo, os outros não sabem nada, até que um dia percebe que sua vida ruiu, onde está aquele jovem de anos atrás, aquela saúde, aquela alegria espontânea, aquelas ideias, aquelas vontades?

Qual a solução? A primeira coisa a fazer é reconhecer que errou, ter a humildade de aceitar que está equivocado, que se perdeu num atalho, querer voltar para o Caminho, tratar-se psicologicamente, talvez internar-se para desintoxicar-se se achar que sozinho não vai conseguir parar, mudar de amigos, mudar de hábitos, mudar de lugares que frequentava, pedir perdão para as pessoas que magoou, perdoar a quem lhe entristecia, a quem odiava, e decidir que não vai mais estragar a sua encarnação por causa disso, pedir ajuda a Deus, procurar um Centro Espírita para fazer um tratamento espiritual, começar ou voltar a ler livros espiritualistas, melhorar seu aspecto físico, ajeitar seu quarto, comprar roupas novas condizentes com sua nova postura, libertar-se do antigo vocabulário e começar a falar como adulto, parar de rir à toa e começar a levar a vida a sério.

E depois que estiver livre do hábito, engajar-se a uma Associação, a uma Instituição, a uma ONG, que lide com isso e passar a trabalhar, a ajudar seus irmãos que ainda estão perdidos, a contar de sua experiência, de sua vivência, de como entrou naquela onda e de como saiu, de que aconteceu com ele, de como tudo melhorou com sua libertação, de como reencontrou seu caminho, de como teve humildade de reconhecer o seu erro e de como tornou-se um vencedor.

Muitos Espíritos reencarnam com a Missão de ajudar pessoas que pegam esse atalho, e para saber como é isso necessitam pegá-lo também para ter uma vivência pessoal a esse respeito, para depois poderem cumprir sua Missão, de orientador, de irmão mais velho e procurar salvar os que ainda estão perdidos.

A RESPONSABILIDADE DOS FORMADORES DE OPINIÃO

A elevação do nível consciencial das pessoas ou o lucro financeiro? Pode ser ambos? Um estudo sobre a ganância.

Uma certa parcela dos meios de comunicação, devido ao grande custo de sua manutenção aliado a uma certa pitada de ganância, não está suficientemente alerta ao seu papel de responsabilidade pela formação da opinião da maioria da população de um país ou do mundo. No nosso sonho utópico, por enquanto aqui no Brasil, falemos a respeito de uma crença generalizada: o "gosto popular", ou, como dizem, "do que o povo gosta".

Durante alguns anos de minha vida eu (sobre)vivi de música e fui contratado de duas grandes gravadoras multinacionais de discos e lá dentro, em vez de encontrar um ambiente, que o romantismo ingênuo da maioria das pessoas acredita que é de arte, de cultura, o que vi foi apenas um comércio baseado no que o povo gosta, no que vende, no que é digerido mais facilmente pelo povão (como chamam depreciativamente as pessoas que mais compram o que fabricam para vender), no que faz sucesso, entenda-se, no que dá dinheiro.

As pessoas que não participam desse meio, as que não são artistas ou o pessoal das rádios, das televisões, dos jornais, das revistas ou das mídias digitais, têm a ilusão de que as músicas que fazem sucesso o fazem de uma maneira mágica, espontânea, quando, na verdade, o sucesso de uma música ou de um estilo de música é um complexo arranjo arquitetado por mentes brilhantes na área de criação de um sucesso ou "do que está na moda".

Uma série de reuniões com estratégias inevitáveis faz com que um artista, uma música ou um estilo de música torne-se um sucesso de venda. Isso não teria nenhuma conotação negativa se esse sucesso premiasse o(s) artista(s) mais brilhante(s), uma música cuja mensagem levasse às pessoas um conteúdo positivo e o estilo de música mais apropriado para levar uma mensagem verdadeira para as pessoas, mas infelizmente não é o que se vê numa grande porcentagem dos sucessos, pelo contrário.

Quando eu estava nessas gravadoras, as pessoas eram classificadas em classes: A, B, C e D. Cada uma delas tinha seu estilo de artista e de estilo, e a prioridade sempre era dada para o "povão", que é a maioria da população e cujo gosto musical não é estabelecido por uma vontade própria, por seu próprio desejo, e sim por aquilo que toca nas rádios, que aparece nas televisões e que circula na internet.

A arte da publicidade e a arte da venda não seriam negativas em si se o foco fosse que artistas e que estilos de música colaborariam para a elevação consciencial das pessoas, e não muitas vezes exatamente o contrário. Aí então se tornam negativas, quando o foco não é esse, e sim "o que vende e o que não vende". A produção das músicas é como a produção do cigarro, da bebida alcoólica e de outros produtos, em que o que permeia todo o negócio é a venda e não a sua mensagem, é o lucro e não o seu conteúdo, pois o que interessa é produzir e vender, quanto mais, melhor, não importando o que traz para as pessoas, se é bom para elas ou não, se eleva seu nível intelectual ou não, se acrescenta para o aumento da moralidade ou não.

No sistema materialista em que estamos imersos, nada importa além de vender e vender muito e, se possível, ganhar muito dinheiro. Mas a verdadeira arte do comércio não é essa. Essa atividade para ser considerada uma arte deve conciliar três coisas: a boa qualidade do produto, o benefício para o consumidor e ser vantajoso para todas as partes envolvidas – o produtor, o vendedor e o comprador.

No mundo do futuro isso sim será chamado de comércio, por enquanto o negócio funciona assim: o produtor analisa apenas o que pode vender, o vendedor se interessa em vender apenas o que vende e a população, ingênua e manipulada, compra o que está na moda ou o que lhe convencem ser bom para ela. E assim é com a música, assim é com o cigarro, assim é com a bebida alcoólica e assim é com as chamadas drogas ilícitas. Essas, embaladas pela regra do vale-tudo vigente, dificilmente terão seu uso diminuído se não houver uma mudança de comportamento por parte da mídia e por parte dos governos, que se interessam muito mais pelos impostos e pela geração de empregos do que pela nossa saúde, seja a física, a psicológica, a mental, a espiritual, sendo que esta última pode-se chamar de saúde moral.

No dia em que o comércio for movido pela qualidade dos produtos, sua mensagem e seu conteúdo, e o investimento dedicar-se ao que é bom para as pessoas, ao que vai nos ajudar a ter mais saúde, ao que vai elevar o nosso nível intelectual e consciencial, as vendas não irão cair, pelo contrário, elas aumentarão, e então teremos o comércio como uma arte, benéfico para todas as partes e não como é atualmente, benéfico para os que lucram com isso e prejudicial para os que consomem.

As músicas de cunho sexual fazem o contrário do que prega a evolução espiritual, que é a elevação da nossa energia dos chakras inferiores para os superiores. Elas não só mantêm a energia nos chakras terrenos como amplificam a sua quantidade e fazem com que as pessoas que "gostam" desse estilo de música – porque tocam nas rádios e aparecem maciçamente nas televisões – aumentem a concentração de energia nesses chakras de baixo, como se seu cérebro para aí se deslocasse, como se seus pensamentos ficassem subjugados pelas letras pré-fabricadas e pelo ritmo instintivo e sedutor, e em vez de alçarem voo para seus aspectos mais elevados, que jazem adormecidos nos chakras espirituais, dão vazão ao que nós temos de pior, de mais ancestral, de mais animalesco em nós.

Se isso ficasse apenas no gosto musical, não haveria problema algum, mas, aumentando a nossa animalidade, ampliam-se os nossos instintos, e o hábito de fumar, de beber, de usar outras drogas, de "divertir-se", de "aproveitar a vida", numa atividade inconsciente e automática, dominada completamente pelos nossos Egos, quando sabemos que a evolução espiritual não pode ser conduzida por esse nosso aspecto terreno e sim pelo nosso Eu Superior, o nosso aspecto espiritual. Mas o nosso Ego está hipnotizado, está completamente subjugado, é um prisioneiro do que se estabeleceu como "normal", que pode se chamar de "é assim que as coisas são", e então vale tudo, desde a boquinha da garrafa até os Big Brothers.

E com as rádios tocando "o que o povo gosta", as televisões mostrando "o que o povo quer", as lojas vendendo "o que está na moda", nos transformaram em escravos e, de pessoas, passamos a ser "consumidores". Enquanto isso, o nosso Eu Superior, os nossos Mentores Espirituais, nos observam lá do alto, aguardando pacientemente o dia em que abriremos os olhos e veremos o que fizeram conosco, em que nos transformaram: de filhos de Deus em moedas humanas de ouro.

O "AMOR" DO CHAKRA UMBILICAL

*O amor adolescente e o amor adulto. As novelas,
os Big Brothers e a banalização do sexo. O sofrimento egoísta.*

Aqui na Terra é um lugar onde estamos aprendendo lições. Deus nos colocou aqui para aprender. E a principal lição é a da ilusão da separatividade. Essa ilusão que cria o "eu", o "meu" e o "minha" é a origem de todo o sofrimento. Viemos do Todo para aprender aqui como sofre quem se esquece de Si e apega-se ao si. Quando entendemos que a causa principal do sofrimento é o Egoísmo, no qual entramos desde que Deus nos criou e nos colocou aqui nesse planeta, quando criamos o Ego e começamos a sofrer, começamos a nos libertar do sofrimento. Começamos a entender que o sofrimento é uma lição visando à libertação, e gradativamente vamos parando de sofrer, e começamos a ser mais felizes.

É necessário aprendermos o que é o sofrimento, porque sofremos e como podemos realizar uma transformação em nós para que ele comece a desaparecer dos nossos pensamentos e dos nossos sentimentos. Como podemos parar de sofrer? Em primeiro lugar, devemos perceber por quem sofremos. "Por quem" e não "Por que" e essa é a questão fundamental para pararmos de sofrer.

Vejamos um exemplo: uma pessoa sofre porque não tem um amor, anos e anos de sofrimento porque não tem namorado(a), chora, se desespera, bota em ação todos os mecanismos de defesa do seu Ego (sublimação, negação, projeção etc.), faz plástica, compra roupas novas, regimes, academias, e nada... Não consegue alguém, entra em depressão, toma medicamentos, faz terapia, trabalha cada vez mais, e vai levando a vida, até que um dia – tchã, tchã, tchã, tchã – surge alguém! É ele(a)! Deus me ouviu, é exatamente o que eu queria, é perfeito(a)! Meu sofrimento vai acabar! E começa o relacionamento... e o sofrimento não acaba. Tudo está dando certo, não é perfeito(a), mas afinal de contas também não sou, ninguém é, tem umas coisinhas que não gosto nele(a), mas é tão bom ter alguém, pra me escutar, ele(a) me entende, me aceita como sou, claro que algumas coisinhas diz que eu deveria mudar, mas tem razão, sou meio chatinho(a) mesmo... Passam os meses, todos estão felizes, mas meu sofrimento continua...

O que é? Por que eu ainda sofro? Eu sofria porque não tinha alguém, agora que consegui, continuo sofrendo? Tenho tanto medo de perdê-lo(a), de eu voltar a ficar sozinho(a), Deus me livre, espero que isso nunca aconteça, eu o(a) amo tanto, não poderia viver sem ele(a)... Mas ele(a) diz que me ama, por que eu continuo sofrendo? Não entendo... Vou voltar naquele(a) terapeuta...

O que é que eu tenho? Por que não consigo ser feliz? Hummm, é porque antes eu sofria porque não tinha ninguém e agora eu sofro porque tenho medo de perder esse amor? É isso? Mas todo mundo não é assim? Hummm, quando não tem alguém, sofre porque não tem, e quando tem, sofre porque tem medo de perder? E se perder? Hummm, vai sofrer porque perdeu? Então não tem solução! Se sofre antes, durante e depois, vai sofrer sempre... Hummm, tem de ver "por quem" sofre? Estás me dizendo que eu sou egoísta porque sofro por mim? Mas todo mundo não sofre por si? Vou sofrer por quem? O quê? Índios desnutridos e sem terra no Amazonas? Matança de focas no Polo Norte? Crianças abandonadas nas creches? Velhinhos sem ninguém nos asilos? Mendigos nas ruas? Mas o que eu tenho a ver com isso? Isso é coisa do governo, esse bando de ladrões, não fazem nada... Tenho de pensar em mim, cuidar de mim, faço o que posso, dou esmola, levo comida prum mendigo lá na esquina, mensalmente dou uma graninha pra LBV, pros Mensageiros da Caridade, pro Rotary... Já tá bom. Eu quero saber por que eu estou sempre sofrendo!

É por que eu sofro por mim??? Eu pago pra vir aqui pra me dizer que eu sou egoísta??? Eu não tinha ninguém, agora eu tenho, não quero perder, isso tá errado??? Tá bem, vou me acalmar, desculpe... Me explique melhor isso. Deixa ver se eu entendo... O sofrimento vem do apego, de querer algo pra si, de priorizar-se, de sofrer por si, de dedicar seus pensamentos primeiramente e principalmente pra si, de não notar o sofrimento dos demais, de achar que seu sofrimento é maior do que de todos, de viver para seu umbigo??? Isso já é demais!!! Até logo!!!

Tá bem... eu me acalmo... Ok, eu sento, mas me explica bem direitinho isso porque não estou entendendo. Existe o amor de barriga e o amor verdadeiro? Um amor adolescente e um amor adulto? O que as novelas têm a ver com isso? O que tá falando? Que elas ensinam o amor adolescente? O que é isso, meu Deus? Eu só quero parar de sofrer e vem com essas coisas, amor de barriga, amor adolescente, novelas, quanto tempo falta pra acabar essa consulta? E nem trouxe meu Valium...

Tá bem, eu te deixo falar. Amor de barriga é parecido com o amor, mas não é amor verdadeiro, é misturado com necessidade, com carência, com falta de amor por si mesmo, é quase um egoísmo, é baseado em "eu", em "meu" e em "minha", é querer algo pra si, é sofrer pra ter algo, é sofrer pra não perder, é sofrer quando perde, tu já me disse isso... Tá bom, e o amor verdadeiro? Chico Xavier? Teresa de Calcutá? Gandhi? Eles priorizavam os outros, viviam pra ajudar os outros, sofriam mais pelos outros do que por si mesmo... Tá, mas também sofriam! Ah, pela dor dos outros, pelo sofrimento dos outros, pensavam mais na dor dos outros do que na sua, não achavam que sua dor era a maior do mundo, que eram os mais infelizes do mundo, não viviam pra si...

O que eu posso dizer? É o Chico, a Teresa, o Gandhi... Jesus? Bem, aí nem se fala, esse é hors-concours. Neste momento tem pessoas do Greenpeace salvando focas no Polo? Tem gente na frente de baleeiras tentando salvar baleias? Tem pessoas na África ajudando mulheres mutiladas, crianças órfãs, doentes, soropositivas? E elas não estão sofrendo por si, estão sofrendo por outros, fazendo o que os grandes Mestres espirituais ensinaram e ensinam? E estão felizes sofrendo pelos outros? Poderiam estar em casa sofrendo por si, mas preferem estar lá sofrendo por outros? E isso traz a felicidade?

Ai, meu Deus, é demais por hoje... Vamos fazer assim, eu vou indo, vamos marcar outro dia pra continuarmos? Juro que vou pensar nisso. Afinal de contas, isso de ser feliz para sempre é bem de Conto de Fadas mesmo, basta morrer pra tudo terminar... Hum? Eu sei que não termina, que é só o corpo, que a gente sobe... Hum? Às vezes desce? Cruzes, nem me fala isso... O sofrimento baixa a frequência, a tristeza rebaixa a nossa frequência e após o desencarne nós vamos pra onde a nossa frequência nos leva? Posso ir para o Umbral por sofrer? Ok, ok, por hoje deu. Té logo, eu telefono pra marcar, tá bem? Obrigado, quer dizer, nem sei se devo agradecer, acho que sim, vou pensar... Cheguei aqui sofrendo, saí sofrendo e mais confusa ainda... (beijinho, abraço, tchau).

Os grandes Mestres espirituais, de todas as épocas, ensinaram que a causa do sofrimento é viver para si, para seus desejos, para seus apegos, para suas ânsias, para seus ganhos, para suas perdas, uma maneira ainda infantil de pensar. Todos eles viveram para os outros, dedicaram a sua vida para ajudar os demais, para consolar, para curar, para atender, para amparar e foram felizes sendo assim. Os Mestres, quando encarnam, vêm com essa Missão: mostrar o caminho do desapego. Essa é a libertação. Essa é a transcendência. Essa é a meta que nossos Espíritos aguardam que enxerguemos. Essa é a direção que nossos Mentores Espirituais esperam, pacientemente, que um dia percebamos que vai nos levar para o Alto. É isso que Jesus ensinou. É isso o que devemos fazer. Todos sabemos, mas não fazemos. Por quê?

Porque ainda somos crianças espirituais, brincando de querer, de lutar para conseguir, de sofrer por perder, de ansiar bens perecíveis, vitórias passageiras, conquistas temporárias. E, como a moça do caso acima, sofremos quando queremos e não temos, sofremos quando temos por medo de perder e sofremos quando perdemos, ou seja, sofremos sempre.

Sem medo de estar exagerando, um consultório psicoterapêutico é um oratório de verbalizações de quereres, de perdas, de conquistas vãs, de ânsias infanto-juvenis, de dores umbilicais. Mas não quero que pensem que nós, psicoterapeutas, mesmo reencarnacionistas, não somos assim, também somos. Todos nós estamos no mesmo barco, o barco do sofrimento, o timoneiro que nos conduz olha sempre para a frente, enfrenta as ondas, os temporais, as calmarias, sabe que lá adiante, mais perto do sol, nos aguarda um final feliz. Nossos Mestres nos observam, nos conhecem há muito tempo, aguardam o nosso crescimento, a elevação do nosso nível espiritual, a transição da adolescência para a maturidade, a subida do umbigo para o coração.

Enquanto isso, vamos indo, vivendo, querendo, ganhando, perdendo, ansiando, buscando, mas, quando vemos, estamos de volta ao mesmo lugar onde estávamos algum tempo atrás, e aí percebemos que estivemos séculos e séculos girando em torno de nós mesmos, sem ir a lugar nenhum. E sofrendo em vão. Nesse momento, uma luz abre-se para nós, lá do alto desce uma inspiração e percebemos que existe uma saída, e ela, como sempre, é para o alto, para cima, e de lá vem uma brisa suave, uma calma tranquilizadora, um hálito puro e perfumado, e então descobrimos o que já sabíamos há tanto tempo, apenas o Amor é nosso Guia. E então começamos a parar de sofrer e passamos a viver para os irmãos, sofrer por eles, querer ver as suas vitórias, nos alegrarmos com as suas conquistas.

Nesse momento, descobrimos que tudo é tão simples, como não havíamos visto antes? Como não tínhamos percebido? Por que levamos tanto tempo para entender o que, no fundo, já sabíamos? Mas foi um tempo necessário, agora o tempo começa a ser aproveitado para o bem comum, para o progresso de todos, para a felicidade dos outros. E então, nosso rosto tranquiliza-se, nossa face acalma-se, nossos pensamentos elevam-se, nossos sentimentos aprofundam-se, nossa dor por nós vai desaparecendo, e começa a surgir a dor pelos outros.

O caminho é esse: da dor por nós para a dor pelos outros, até o dia em que nosso grau de maestria revela-se por inteiro e a dor pelos outros também desaparece e surge a compreensão, a compaixão e o entendimento de que tudo é necessário, tudo faz parte do Plano de Deus.

A VERDADEIRA E A FALSA REBELDIA JOVEM

O que é ser rebelde. Como ser independente e perceber quais regras devem ser infringidas. O papel social e espiritual do jovem.

Quando eu era jovem, e não foi há tanto tempo assim, apenas algumas décadas, eu pensava, como os jovens sempre pensam, que ser jovem é ser assim como todos os jovens acham que ser jovem é. Na minha época de jovem, ser jovem era ser rebelde, independente, infringir regras, mudar esse mundo careta dos meus pais e avós, curtir as músicas que tocavam nas rádios e nos programas jovens nas televisões, e era assim que tinha de ser, era assim que eu queria ser e que todos os jovens também queriam.

Mais tarde, já ficando homem, fui conhecendo jovens e eles pensavam como eu pensava quando era jovem, que ser jovem é ser rebelde, independente, infringir regras, mudar esse mundo careta dos seus pais e avós, curtir as músicas que tocam nas rádios jovens e nas televisões, e é assim que tem de ser. Estão achando repetitivo o que eu estou escrevendo? Pois bem, isso é de propósito, continuemos.

Quando fiquei coroa, quarentão, cinquentão e agora sessentão, indo para o terço final dessa atual passagem pela Terra, fui conhecendo os novos jovens e eles querem ser rebeldes, independentes, infringir regras, mudar esse mundo careta.

Os jovens que estão me lendo devem estar pensando, mas ser jovem é isso, ser rebelde, independente, infringir regras, mudar o mundo, isso é ser jovem! O meu lado (ainda) jovem concorda, mas vamos ver ponto a ponto:

Ser rebelde

Concordo inteiramente, mas contra o que e como? Existem duas maneiras de ser rebelde: rebelar-se contra a sociedade, contra seu pai, contra sua mãe, contra a sua família, contra uma parcela de políticos, contra a corrupção, contra as injustiças sociais, contra a fome, contra a miséria, contra a violência, de uma maneira negativa, ou rebelar-se contra isso tudo de maneira positiva. Como são ambas essas maneiras?

A maneira que deveria ser preferencialmente escolhida pelos jovens, se eles não fossem lavados diariamente, mentalmente, pela imagem criada de "Ser jovem é...", seria a rebeldia positiva, ou seja, buscar ser diferente, procurar ser melhor, procurar dar um exemplo para os adultos, ou seja, se os adultos caretas fumam, não fumar, se os adultos caretas bebem, não beber, se os adultos caretas são acomodados, não ser acomodado, se alguns políticos são corruptos, se roubam, se enganam, não ser corrupto, não roubar, não enganar, se a injustiça social, a fome, a miséria, a violência no Brasil e no mundo o incomoda, entrar em ONGs, Associações, Entidades, que lutam contra isso, para que um dia ninguém mais passe fome, para que ninguém mais viva na miséria, para que acabe a violência. Essa é a rebeldia positiva.

Mas, infelizmente, uma certa parcela dos jovens rebela-se de maneira negativa, ou seja, rebelam-se contra o errado agindo errado, e como ela é? Fumando, bebendo, drogando-se, indo mal no Colégio, mal na Faculdade, vivendo na noite, ou trancando-se dentro de si, magoando-se, deprimindo-se, enraivecendo-se, enfim, uma maneira de rebelar-se que não leva a nada, apenas leva à sua própria destruição, numa canalização mal dirigida de sua força jovem, de sua indignação adolescente, que deveria ser positiva mas é negativa.

Para aqueles eu dou meus parabéns, pois eles mudarão o mundo, para esses, eu dou um conselho: sejam diferentes do que não aprovam, não sejam iguais, pois estão mantendo o mundo exatamente como ele é ou até o piorando. Não se impressionem com o modelo norte-americano divulgado maciçamente pela mídia, pois esse é pré-fabricado e só quer que vocês sejam consumidores, ovelhas cordatas, prontas para adquirir e ser o que decretem que esteja na moda, o que é "jovem", e não se impressionem nem imitem o modelo rebelde europeu, pois esse é decadente e até, às vezes, ridículo em um país tropical como o nosso, cheio de sol, céu azul e natureza, e não frio, cinzento e obscuro.

SER INDEPENDENTE

Existem duas maneiras de um jovem querer ser independente: uma achando que é independente, mas, na verdade, sendo prisioneiro da mensagem midiática, que lhe convenceu de que ser jovem independente é fumar, beber, "aproveitar a vida", ser maluco, meio doidão, que é o estilo norte-americano e europeu de ser jovem.

A outra maneira é ser independente mesmo, não seguindo o que as mensagens comerciais incentivam, interessadas em transformar os jovens em meros consumidores, em fonte de renda, e ser então livre dessas mensagens capitalistas, consumistas, alienizantes, e ser um jovem realmente independente, que não obedece ao que dizem, o que os jovens "devem fazer", como "devem ser", que vocês "devem fumar", que "devem beber", que "devem aproveitar" as noites, os fins de semana, as férias.

Ser independente é mandar em si, mas para isso o jovem deve desenvolver um discernimento, uma visão crítica em relação ao que lhe entra pelos olhos e pelos ouvidos, se é uma mensagem positiva ou negativa, se visa incentivá-lo a usar a sua força jovem, a sua indignação, positivamente, para melhorar o mundo, ou para "aproveitar a vida", que lhe dizem que é uma só, lhe dizem que a juventude passa rápido, que tem de fazer tudo o que pode, antes de – que horror! – virar adulto e, pior ainda, ficar velho!

No Oriente é um orgulho ficar velho, são pessoas que os mais novos buscam para pedir conselhos, orientações, mas aqui no Ocidente ficar velho é um horror, e, às vezes, até uma espécie de vergonha, que tantos adultos, dominados em sua mente por essas ideias materialistas, tentam até enganar(-se), mas isso é impossível. A diferença entre uma pessoa de 20 e uma de 60 anos é de apenas 40 anos, e isso, considerando a idade que o nosso Espírito tem, de algumas centenas de milhares de anos, é quase nada...

Infringir regras

Quais regras devem ser infringidas? Uma das regras que os jovens devem infringir é a regra criada, por alguns segmentos da indústria e do comércio, de que "Ser jovem é ser doidão", essa deve ser definitivamente infringida! Alguns programas de rádios jovens e alguns programas e filmes na televisão e sites na internet incentivam essa concepção, ela deve ser infringida totalmente. Jovens do Brasil: infrinjam essa regra!

Mas uma regra que nunca deve ser infringida é a regra moral que diz que os jovens devem esforçar-se para utilizar a sua energia e a sua força jovem para melhorar o mundo, para acabar com o hábito de fumar, de beber, de usar outras drogas, e saber utilizar o seu tempo para colaborar em organizações sociais, espirituais, humanitárias, para ajudar a melhorar o mundo. Essa regra deve ser imediatamente adotada! Em vez de ir para a pracinha fumar um baseado, em vez de ir ao bar tomar cerveja e jogar conversa fora, em vez de ficar horas e horas em frente à televisão assistindo a programas que ativam os nosso chakras inferiores ou no computador "conversando" ou jogando ou passando o tempo, rebelar-se contra isso e procurar uma instituição onde possa unir-se a pessoas que trabalham para ajudar os pobres, os irmãos abandonados, carentes e doentes. Essa é uma ótima rebeldia.

Uma outra regra que deve ser infringida é a regra que diz que os jovens devem estudar e trabalhar em qualquer coisa que dê grana, ter um bom trabalho em que não precise esforçar-se muito, e não se importar com o que produz ou vende, se é bom e saudável ou ruim e prejudicial para as pessoas. Essa regra deve ser infringida! Uma boa maneira de rebelar-se contra essa regra é apenas trabalhar em empresas que visam ajudar o mundo a melhorar, que produzem produtos saudáveis e limpos, que vendem coisas boas para as pessoas. Essa é uma rebeldia verdadeiramente jovem.

Uma regra que não deve ser infringida é a que diz que os jovens devem estudar, ser ótimos alunos, para se tornarem ótimos profissionais e trabalharem em empresas, em órgãos governamentais, que se caracterizem por ter uma atividade que ajude a acabar com a injustiça social, com a fome, com a miséria, com a violência no Brasil e no mundo. Essa regra não deve ser infringida.

Mudar o mundo para melhor

Essa deve ser a principal atividade e meta dos jovens. Para isso, os jovens devem perceber o que piora o mundo, o que o mantém como está e o que pode melhorá-lo, para ele tornar-se, um dia, como nós, os utópicos, queremos.

Por exemplo, um jovem é idealista e quer melhorar o mundo, e vai trabalhar numa fábrica de cigarros ou de bebidas alcoólicas, ou numa distribuidora dessas drogas, ou em algum local onde a venda é incentivada. Onde ficou o seu ideal? Está adorando a dois Senhores, a Luz e a Sombra. O que mais provavelmente acontecerá é que irá matar o seu sonho e irá tornar-se um adulto cínico e hipócrita, irá ser um adulto que irá se esconder por trás de um sorrisinho triste, de quem matou seu ideal juvenil, de quem está fazendo o que sabe que não é bom para o mundo, que trabalha em um local que não tem a preocupação social de ser útil para as pessoas, que visa apenas vender e ganhar dinheiro.

Outro exemplo: um jovem quer melhorar o mundo e vai trabalhar numa empresa que fabrica, que distribui ou que vende produtos supérfluos, que apenas incentivam o consumismo, a superficialidade e a futilidade dos outros jovens. Onde está a sua vontade de melhorar o mundo? Apenas em sua cabeça, mas não na sua prática, e aí não adianta nada. É bem melhor ser enfermeiro, gari, garçom, alguma atividade na qual seja realmente uma pessoa útil para os outros.

Neste livro sobre o uso de substâncias prejudiciais pelos adultos que já foram jovens e se perderam de seu ideal e pelos jovens que são bombardeados diariamente por todos os lados, pelas mensagens "jovens" de "Como um jovem deve ser...", eu sugiro cuidado, atenção, vejam o que estão fazendo com aquela vontade de melhorar o mundo, de mudar o mundo para melhor, de termos uma sociedade mais justa, mais humana, mais digna. Estão fazendo isso ou isso jaz adormecido, ou morto, dentro de si?

A RELAÇÃO ENTRE O USO DE SUBSTÂNCIAS E O EGOÍSMO

Como podemos aproveitar melhor o nosso tempo? "Tem de estudar." "Tem de trabalhar." Um estudo sobre a "caretice". A disciplina.

Nós somos um Espírito que reencarnou novamente e que para viver aqui na Terra necessita de um corpo, que por sua vez necessita de fabricantes, que se chamam "nosso pai" e "nossa mãe". Até aí tudo bem, se isso não fosse estabelecido como uma verdade permanente, quando é uma realidade temporária, circunstância de uma encarnação. A maioria dos nossos sofrimentos negativos, como a mágoa e a raiva, decorre da visão distorcida de sermos "o filho" e de termos "nosso pai" e "nossa mãe". Raras pessoas não apresentam conflito nessa área, e grande parte dos usuários de drogas que cronificam o seu uso o fazem movidos pela mágoa e/ou pela raiva em relação a "seu pai" ou a "sua mãe". Quem tem pai e mãe? E por que nosso Espírito escolheu esse pai e essa mãe? E por que eles nos escolheram como filhos? A Reencarnação pode explicar isso tudo, mas nascemos sob o véu do esquecimento e mesmo a terapia de regressão, quando mostra, são pequenos fragmentos de uma história geralmente muito antiga.

Imaginemos dois jovens que usam drogas. Um nasceu em uma família muito rica e outro em uma família muito pobre. Qual a visão que cada um tem da vida e da sua vida? Um nasceu com muito, outro com pouco, um com conforto, bem-estar, luxo, outro com carência material, desconforto. Mas antes de descerem para a Terra, onde ambos estavam? No Mundo Espiritual. Nenhum era rico nem pobre, não tinham nome nem sobrenome, eram iguais, como ainda são. Mas pode acontecer que o que reencarnou numa família rica entre no mundo das drogas porque recebeu uma visão materialista da vida, uma apologia do luxo e da riqueza, uma concepção de vida baseada no dinheiro, nos bens materiais, na aparência, e como ele realmente acredita que é membro de uma família rica, que tem esse status e esse sobrenome, frequenta ambientes onde todos acreditam nisso, desde pequeno é endereçado para, provavelmente, manter ou ampliar esse poderio material. Ele que era um Espírito livre, lá no Mundo Espiritual, sem nome, de nenhuma família ou situação social, que desceu para aproveitar essa encarnação no sentido da evolução espiritual, numa circunstância necessária para isso, em uma família rica, aqui chegando esquece disso e, pior, todos em sua volta são também Espíritos esquecidos, e isso constitui o palco ideal para que o Ego de cada um assuma o poder, relegue o Espírito a um papel secundário, a tal ponto que só irão recordar de sua verdadeira natureza após morrer seu corpo, retornarem ao Mundo Espiritual e entenderem que, mais uma vez, caíram nas malhas da ilusão.

E o que veio em uma família pobre? A mesma coisa, sob outras circunstâncias. De um Espírito livre, sem nome e sem sobrenome, sem rótulos, torna-se aqui na Terra uma criança pobre, que será um adolescente pobre, que poderá ou não melhorar sua condição de vida mais tarde. Poderá cair nas malhas da mágoa e da raiva, da sensação de ser injustiçado, entrar no mundo das drogas, sem recordar que ter vindo em uma situação de pobreza faz parte do seu caminho de aprendizado, de sua busca de evolução espiritual. Raramente alguém que reencarnou em uma situação de pobreza utiliza o recurso do "Por quê?" e do "Para quê?", que poderia libertá-lo e conduzi-lo para o rumo correto, mas geralmente adentra na indignação, na tristeza ou na revolta, que pode levar para o atalho da bebida alcoólica, do cigarro e das outras drogas.

Nascer rico ou nascer pobre são necessidades do nosso Espírito, como nascer homem ou mulher, branco ou negro, brasileiro, norte-americano, judeu ou árabe. A questão crucial é acreditarmos que somos isso, quando na verdade apenas estamos nesses papéis, com esses rótulos. O jovem de família rica pode entrar no mundo das drogas por não ter dificuldades financeiras, por ser tudo muito fácil para ele, por receber uma mensagem, explícita ou sutil, de que sua família e afins são pessoas especiais, de que os valores materiais são realmente importantes, as roupas, os acessórios, os bens de consumo, as viagens, e de que o que não deve fazer é ficar pobre. O seu pai sempre com um copo de uísque na mão, a sua mãe sempre enfeitada, ele e seus irmãos nos melhores colégios, carros importados, festas, todo o glamour dos ambientes ricos, todos Espíritos encarnados em busca de evolução espiritual, a maioria esquecidos disso. Quem está no comando? O Ego e sua visão egoica.

A principal meta das pessoas ricas é permanecer rica e é o que deseja para seus filhos e netos. Não haveria nada de errado nisso se isso não levasse uma grande parcela dos Espíritos reencarnados nessa situação de riqueza a viver uma ilusão, a de que riqueza é importante, e não induzisse Espíritos recém-reencarnados a acreditarem também nisso. Com grande frequência os construtores da riqueza foram pessoas muito trabalhadoras, que mereceram chegar a esse patamar, depois disso, algumas vezes chegam Espíritos para viver um teste, o de ser filho ou neto em uma família rica, e esses, com alguma frequência, fracassam nesse teste e são reprovados nessa matéria. Muitos deles tornam-se usuários de drogas, vários não conseguem libertar-se do vício. A solução? A espiritualização, a redescoberta de quem é na realidade, a busca da resposta de por que necessitou nascer em uma família rica, do que isso significa, de qual a sua Missão pessoal e coletiva. Isso implica uma libertação da sua antiga visão egoica, dos rótulos e do retorno do comando de sua vida para seu Espírito, o que o aproxima de Deus, e pode curá-lo, não só das drogas em que se viciou, mas da droga que está a sua vida e da droga que poderá ser o seu futuro.

Depois de muitos anos trabalhando como psicoterapeuta em consultório, depois de ter sido criança, adolescente, adulto jovem, encaminhando-me para a reta final desta encarnação, tendo recordado várias de minhas encarnações passadas, quero deixar registrado em um livro uma concepção a respeito da mais problemática de nossas circunstâncias terrenas: a relação entre o Egoísmo e as drogas.

Mas não quero falar apenas das drogas permitidas como o álcool e o cigarro, e das proibidas, como a maconha, a cocaína, o crack etc. Quero falar aqui sobre várias drogas, que vêm antes do uso daquelas, nos cegando, nos manipulando, e até incentivando sutilmente o seu uso, como a nossa estruturação social que também é uma droga, a programação das televisões que em grande parte é uma droga, muitos pais e mães que, perdidos nesse mundo material, tornaram-se uma droga, muitos filhos que, cegos pelo tiroteio materialista, são uma droga, e tantas outras drogas.

Não critico os usuários de drogas, lícitas e ilícitas, pois não os vejo como doentes nem como vilões e, sim, como vítimas, entre tantas outras vítimas de uma visão construída pela nossa humanidade, que foi afastada da visão real a nosso respeito, a visão reencarnacionista, que nos compromete com a nossa encarnação, que traz uma finalidade e dá sentido a ela, que nos mostra um rumo a seguir, uma meta a alcançar, um compromisso do nosso Ego com o nosso Espírito. A visão reencarnacionista nos coloca uma espada na mão que nos ajuda a combater o mal que existe em nós e em volta de nós, visível ou invisível, e ajuda a percebermos e a nos defendermos das drogas de informação e de estímulo ao materialismo, à superficialidade, ao "aproveitar-a-vida", que muitas vezes estão na base de uma vida transformada em uma droga de vida, nos usuários e mesmo nos não usuários de drogas, mas dependentes de outras drogas.

A noção da Reencarnação, abolida há 1.500 anos aqui no Ocidente pelo Concílio de Constantinopla, e que retorna triunfante à nossa memória, graças ao efeito do Senhor do Tempo, do trabalho idealístico de mártires que dedicaram sua vida (às vezes literalmente) a sua divulgação, à influência cada vez mais crescente da filosofia oriental, e que invade o terreno das religiões, da literatura, da mídia em geral, e com isso recomeça a fazer com que nós tenhamos uma sensação, quando ouvimos falar nela, de "isso me parece tão racional, faz tanto sentido, responde às minhas perguntas e aos meus questionamentos, abre meus horizontes".

Ensinaram-nos uma ideia de vida que não corresponde à realidade, o nosso Ego assumiu o poder sobre nós de tal maneira que grande parte dos valores e das metas que queremos e que ansiamos por alcançar não são de nenhuma utilidade e a impressão que tudo isso gera é de estarmos brincando de viver, como crianças, mas o efeito disso não é ingênuo e inócuo como se o fôssemos, mas cruel e devastador, pois origina as diferenças sociais, cria e mantém os falsos valores, nos afasta totalmente do verdadeiro sentido da vida.

Isso nos convida a apenas sobreviver, como autômatos, como robôs, nos distanciando cada vez mais da nossa realidade espiritual, de uma possibilidade de vivermos dignamente, de nos tornarmos gradativamente iguais em todos os sentidos e, principalmente, de estabelecermos a meta da paz, do amor e da saúde como as finalidades principais da nossa vida, todos acreditando que estão buscando isso e que vão alcançar, mas impossibilitados por uma verdadeira lavagem cerebral de que sofremos, e de que continuamos sofrendo diariamente, que coloca o comando de tudo em nosso Ego e nos afasta do comando central do nosso Espírito.

Uma das questões principais abordadas em um tratamento com a Psicoterapia Reencarnacionista para as pessoas que usam alguma substância tóxica é o uso que damos ao nosso tempo. Vivendo em uma sociedade incentivadora do passa-o-tempo, e não do aproveita-o-tempo, dependendo do uso que damos ao nosso tempo, iremos usar ou não substâncias, sejam as lícitas, que dão lucro aos donos das empresas fabricantes e aos governos, sejam as ilícitas, que dão lucro aos produtores e aos traficantes. A única diferença entre as drogas lícitas e as ilícitas é que umas são vendidas abertamente e outras de maneira sorrateira, umas têm propaganda e divulgação refreada para dar a impressão de que os governos realmente se preocupam com a nossa saúde mental, psicológica e física, e outras têm a sua propaganda e a sua divulgação entre os próprios usuários. E, por incrível que pareça, as piores drogas, as que mais adoecem, as que mais mutilam e e as que mais matam são as lícitas! O cigarro e a bebida alcoólica adoecem e matam muito mais do que a cocaína e o crack. A maconha não adoece nem mata, apenas deixa seus usuários aéreos, preguiçosos e especialistas em postergar as coisas e achar que está tudo bem.

O cigarro, do ponto de vista do marketing, aos poucos começa a mudar da imagem do vencedor, do galã, das musas do cinema norte-americano, endereçado aos homens e depois às mulheres, desde a década de 30, e que conseguiu viciar três ou quatro gerações, para a imagem da liberdade, eu faço o que eu quero, ninguém manda em mim, e continua viciando os jovens e as crianças e mantendo os adultos que não sabem ainda pensar por si mesmos e, como sempre, alcançando os seus objetivos.

A Psicoterapia Reencarnacionista pergunta: foi para isso que você reencarnou? Como está a sua evolução espiritual? Está cumprindo suas metas pré-reencarnatórias? O que seus Mentores Espirituais acham do que você está fazendo? Quando está fumando, quando está bebendo, quando está cheirando, enxerga quantos desencarnados estão ali, ao lado, fumando, bebendo, cheirando com você? E quando não consegue acordar de manhã, quem está deitado ali na cama e no seu quarto? Enxerga aqueles vultos? E os seus pensamentos de "Azar!", "Não quero nem saber!", são seus? Onde ficou aquele menino bonito, saudável? E aquela menina charmosa, querida? Como está a sua saúde? A sua pele, os seus brônquios, o seu fígado, o seu estômago? Como estão os seus neurônios? E aqueles planos, aquelas metas, onde ficaram? Para onde você está indo? Onde quer chegar, se é que quer? Está vendo aquele abismo, percebe que está na beirinha? É hora de parar!

Muitos jovens dizem que fumam um baseado porque não têm o que fazer, então vão fumar para se sentirem melhor, para curtir um som, para relaxar, para entrar na internet, para falar com os brothers, enfim, fumam porque não têm nada para fazer, já voltaram da aula ou do trabalho, agora é hora de curtir. A questão "não ter nada para fazer..." ou "agora é hora de relaxar..." é mais complexa do que parece, pois aí entram muitas coisas que precisamos entender. A principal delas é o exemplo que recebemos de nossos pais e da sociedade de como as coisas são, o que é incentivado pela televisão e pela internet, e o que mais permeia esse exemplo é a morte da nossa criatividade.

Uma grande parcela de pessoas é capaz de passar uma vida inteira soterrando a sua criatividade a tal ponto que nem de longe imagina que é uma pessoa criativa. Muitas crianças e adolescentes artísticos, pintores, escultores, músicos, escritores, poetas, artesãos, vivenciando um lar onde à noite todos param para assistir na televisão as demonstrações de criatividade de outras pessoas, vão entrando, sem perceber, em uma espécie de letargia física e mental, misturada com admiração e com inveja, alicerçada pelos mecanismos de defesa do Ego, principalmente a negação, e passam a dividir a vida em segmentos: as horas de estudar ("Que saco!") ou trabalhar (geralmente em qualquer coisa ou o mesmo que o pai ou a mãe ou o que algum parente faz, ou o que dá dinheiro ou status ou o que não exige grande esforço), as horas de lazer (geralmente algum esporte competitivo ou encontros ou conversas de pouquíssima profundidade, frequentemente temperadas por cigarro, por bebida alcoólica ou por alguma substância ilícita) e as horas de sono.

O nosso verdadeiro talento criador, a motivação mais profunda de nossa Alma, a descoberta de nossa criatividade inata que acalentaria o nosso coração, a prática de Yoga, da Meditação, a Interiorização que acalmaria os nossos pensamentos, preencheria o nosso vazio existencial, esvaziaria a nossa mente superficial possibilitando acessar a Mente Divina, enfim, práticas internas, viagens reais para dentro de nós, sem o uso de nenhuma substância, em um local calmo e silencioso, tudo isso fica guardado, escondido, em algum recôndito espaço de nosso Espírito, à espera de que, um dia, cansados de fugir, esgotados de tanto correr e não chegarmos a lugar nenhum, fatigados de tanto pensar e nada concluir, resolvemos então parar, desligar a televisão, ler menos jornais, procurar alhear-se um pouco da vida cotidiana, acalmar a nossa mente superficial, entender de onde vem essa ansiedade, esse vazio, essa tristeza, o que estamos fazendo, onde queremos chegar, por que não conseguimos sentir paz?

Nesse momento, o cigarro não consegue mais nos confortar, a bebida alcoólica não cumpre mais o seu papel inicial de nos alegrar, a maconha nos leva cada vez mais para dentro e a realidade da nossa vida cada vez mais para fora, a cocaína não nos faz mais nos sentirmos fortes, destemidos e poderosos, o crack nos afunda cada vez mais, o ecstasy, o LSD, tantas coisas que ao princípio pareciam que iam nos fazer felizes, livres, libertos, já não nos proporcionam mais aquela satisfação, o que é? O que está errado? O que está faltando?

É chegada a hora de entender onde está o sofrimento, onde está o problema, onde está a dor, onde está o vazio, o que é essa ansiedade, essa tristeza. E esse lugar, a sede de tudo isso, chama-se "pensamento". E o pensamento é um atributo do Ego, da nossa persona, e como todos nós temos 500 mil anos ou mais, e o nosso Ego, a nossa persona atual, tem 20, 30, 40, 50 ou 60 anos, e o pensamento não vem de toda a nossa sabedoria antiga, da Consciência infinita dentro de nós, de tudo o que fizemos desde que Deus nos criou e nos colocou neste planeta, e sim dessas poucas décadas, podemos pensar: "Que voz devo ouvir, a minha Voz de milhares e milhares de anos ou a minha voz de poucas décadas?". E essa é a questão mais importante da nossa vida.

Uma vez escutei um Mestre de uma certa Religião dar um conselho a um frequentador do seu Templo: "Quando não souber o que fazer, não faça nada!". Na ocasião, achei aquele conselho muito bom, mas confesso que um tanto folclórico, como se fosse uma mera frase de efeito. Hoje em dia, eu acredito que essa atitude – Se não souber o que fazer, não faça nada – pode ser a coisa mais importante que possamos fazer, não apenas quando não sabemos o que fazer, mas, também, quando sabemos ou achamos que sabemos... Estou falando da questão de "Quem deve estar no comando?". Digamos que, neste momento, alguém sinta uma vontade de acender um cigarro, abrir uma cerveja, fumar um baseado, cheirar uma carreira ou inalar um pouco de crack. Quem tomou essa decisão? Quem quer isso? Isso veio em seu pensamento, o pensamento vem do Ego, o Ego é basicamente egoísta e egocêntrico, suas palavras preferenciais são "eu", "meu" e "minha". Senão, vejamos: Eu vou acender um cigarro... Eu vou abrir uma cerveja... Eu estou com vontade de fumar um baseado... e assim por diante. Quem está no comando? O Ego.

Agora compare a sabedoria do Ego com a sua Sabedoria. O que o Ego sabe e o que seu Espírito sabe? Antes de acender o cigarro, abrir a latinha, acender o baseado, ou se já fez isso, pergunte ao seu Espírito o que Ele acha disso? O Ego reluta, não deixa, ele morre de medo de perder o controle que exerce sobre nós e lhe parece que se abrir mão do comando estará fadado ao desaparecimento, será o seu fim. Então ele faz de tudo para não permitir que possamos escutar a Voz do nosso Espírito, ele se agita, ele fica ansioso, ele faz uma confusão dentro de nossa cabeça, quer nos atordoar, não quer permitir que consigamos parar de escutá-lo, ele tem todos os argumentos possíveis e imagináveis para se manter no comando e nós geralmente concordamos com isso, pois achamos que somos nós quem estamos pensando e é apenas o nosso Ego. Estou falando de algo assim: Eu e o Mauro, aí fica mais fácil de entender. Eu sou meu Espírito, meu Ser Eterno, minha Consciência Cósmica, enquanto que o Mauro é o nome do meu Ego, da minha persona atual. Eu sou muito antigo, o Mauro tem apenas 63 anos de idade. A quem devo escutar: a Mim ou ao Mauro?

Você quer acender um cigarro. Quem quer? Vai abrir uma lata de cerveja. Quem vai? Pegou a seda, vai fechar um baseado. Quem quer isso? Pegou um espelho, vai fazer umas carreirinhas. Quem está no comando? Já voltou da escola ou da Faculdade, ou do trabalho, ou ainda não foi, ou é de noite, ou é feriado, ou fim de semana, ou férias, vamos falar de "Como aproveitar o tempo". O que o nosso Ego quer e o que o nosso Ser quer? Um diz: "Não tenho nada para fazer" ou "Que saco!" ou "Estou chateado" ou "Já estudei" ou "Já trabalhei" ou "É fim de semana" ou "Estou de férias", vou fumar, vou beber, vou me chapar, vou me ativar, por causa disso ou por causa daquilo, para isso ou para aquilo, argumentos não faltam, justificativas também não, motivações, raciocínios, o nosso pensamento é especialista nisso, pois é a maneira como o nosso patrãozinho Ego fala conosco.

E nesse momento, na imensa maioria das vezes, acreditamos que o pensamento é nosso, que somos nós quem estamos falando, que aquilo tudo, argumentos, justificativas, raciocínios, são nossos, e atendemos a esse apelo e fazemos o que nossa cabeça manda. Mas não somos Nós, é o nosso Ego, que é tão frágil, tão inseguro, que necessita exercer o poder sobre nós. O que nosso míope patrãozinho não conhece é a maravilha de relaxar, a delícia de entregar-se, a satisfação de abrir mão do comando, passar essa tarefa para a qual não está capacitado para quem realmente tem a Sabedoria, para quem tem o Poder, para quem sabe o que faz: o nosso Espírito, o Deus em nós.

Isso é tão simples, é tão fácil, é tão possível, mas quase ninguém consegue, mesmo querendo. E por que não? Porque não é querendo, é não querendo. Quem quiser falar com seu Espírito, não o conseguirá, apenas quando praticar o não querer. Não é pensando que se alcança a Voz Espiritual, é parando de pensar. O pensamento é o Ego no comando, ultrapassar esse limite é aprender a parar de pensar. E como se faz isso? Não fazendo nada. Aquele Mestre não aconselhou que, quando não souber o que fazer, não faça nada? Pois é isso.

Não sabe o que pensar? Não pense. Não sabe que decisão tomar? Não pense. Não sabe se acende o cigarro, se abre a latinha, se fuma um baseado, se cheira uma carreira? Não pense. Não sabe se faz isso ou aquilo? Não pense. Não sabe como parar de fumar? Não pense. Não sabe como parar de beber? Não pense. Não sabe como libertar-se da preguiça e da procrastinação da maconha? Não pense. Não sabe como parar de usar cocaína? Não pense. Não sabe como domesticar o seu Ego? Não pense. Não sabe como escutar o seu Espírito? Não pense.

Por que "Não pense?". Porque o pensamento é o Ego, então não adianta querer encontrar nele as respostas que ele não tem, não adianta querer receber conselhos superiores desse frágil patrãozinho, procure acessar o seu Mestre interior, a sua Voz verdadeira, da única maneira como isso é possível: parando de escutar a voz do Ego. Como? Não pense. Ou, parodiando aquele conselho do Mestre: "Se não souber o que fazer, pare de pensar".

ALIMENTAÇÃO NATURAL
X
ALIMENTAÇÃO ARTIFICIAL

Até quando seremos carnívoros? A ética do vegetarianismo.

Os nossos ancestrais mais remotos eram vegetarianos, e somente depois da última era glacial (há cerca de 12 mil anos), quando uma dieta natural de frutas, castanhas e legumes ficou inacessível, os seres humanos primitivos tiveram que comer carne para sobreviver. Infelizmente, esse costume continuou até hoje, tanto por necessidade (como foi o caso dos esquimós e de tribos de áreas extremamente frias) quanto por condicionamento, ou ainda por falta de conhecimento. Entretanto, através da história, muitos indivíduos e civilizações deram importância a uma dieta mais pura, por razões de saúde e de clareza mental ou por motivos espirituais, e, dessa forma, mantiveram-se vegetarianos.

A dieta de qualquer animal deve ser selecionada de acordo com sua estrutura fisiológica e as características fisiológicas do ser humano, as funções do seu corpo e do seu sistema digestivo são completamente diferentes das características dos animais carnívoros. Esses, como o leão, o cachorro, o lobo, o gato etc., possuem um sistema digestivo simples e curto, com apenas três vezes o comprimento de seu corpo. Ou seja, um sistema digestivo pequeno, apropriado para a rápida eliminação da carne putrefata. O processo de digestão da carne é a putrefação, ou seja, o apodrecimento, que dá aquele cheiro característico das fezes das pessoas carnívoras. Pode-se imaginar o que acontece dentro do sistema digestivo das pessoas que comem carne, com ela apodrecendo lá dentro... Os animais carnívoros (que não é o caso do homem) possuem estômagos com até dez vezes mais ácido clorídrico, possuem as mandíbulas mais alongadas e os dentes extraordinariamente fortes e principalmente os dentes "caninos" muito desenvolvidos, e não têm os dentes molares, característicos dos animais vegetarianos (como o homem), feitos para triturar os alimentos. Os animais carnívoros não necessitam mastigar a carne, ela é digerida facilmente no seu estômago e no intestino pela quantidade de ácido clorídrico. Já o homem, que é um animal herbívoro e não deveria comer carne, deve então, pelo menos, mastigá-la cerca de 20 a 30 vezes, até desmanchá-la bem antes de engolir, pois o seu estômago possui pouco ácido clorídrico e o seu intestino é muito longo.

Você está em um churrasco, aquela quantidade enorme de cadáveres de animais mortos para você comer, lembrando que alguns deles eram pai ou mãe de filhotes, que ficaram abandonados, que alguns eram filhotes e que seus pais ficaram sofrendo pela perda deles. Quantas vezes você mastiga aqueles pedaços de cadáver antes de engoli-los? Aqueles nacos enormes que você enfia garganta abaixo ficarão em seu estômago durante horas e exigirão que ocorra uma ação alucinante e urgente do seu organismo para produzir o que produzimos pouco, ácido clorídrico, e aí vem aquela sensação de "Estou me sentido cheio...!", "Vou ter de me deitar um pouco, tô muito pesado...".

Por que isso? É necessário que o sangue derive para o seu aparelho digestivo para poder oferecer as condições necessárias para que ocorra a digestão daquela carne toda, além, claro, da maionese, dos litros de refri e de cerveja, de um monte de massa à bolognesa ou polenta, mais a sobremesa, o cafezinho (para acordar...), e tudo isso lá dentro do coitado do seu estômago, inchado, ofendido, magoado, triste com você, cheio de ácido, de gases, a carne apodrecendo lá dentro, aquela gordura toda, as químicas dos refrigerantes (que fazem tudo, menos nos refrigerar...), o álcool da cerveja, o açúcar dos doces, a cafeína do cafezinho...

É que o nosso estômago é escondido. Imagine se o nosso abdome fosse transparente, de maneira que pudéssemos enxergar o que colocamos lá dentro do nosso pobre estômago, a confusão que ocorre lá dentro, todos nós viraríamos vegetarianos na hora! Mas como não enxergamos o que botamos para dentro de nós, grande parte das pessoas é guiada pelo sabor, pelo odor, esquece que mataram os bichinhos (a paulada, esganados, com facada na garganta!), o que importa é o prazer, a satisfação, o resto não importa, saúde, cuidado, atenção, respeito pelos animais, nada importa, e daí para o cigarro, para a bebida, para a maconha, para a cocaína, é um passo.

É o mesmo raciocínio, ou, melhor, falta de raciocínio, é a mesma falta de cuidado conosco, com nosso corpo, com a nossa saúde. Mas quem liga para isso? A não ser, claro, quando aparece a gastrite, a úlcera estomacal, a pressão alta, a ameaça de infarto do miocárdio, a isquemia cerebral, aí tem remédio para isso e tem de fazer dieta e de mudar seus hábitos alimentares... Por que não fez isso antes?

O ser humano tem características digestivas semelhantes às dos animais herbívoros e frugívoros e completamente diferentes dos carnívoros. O intestino do ser humano tem cerca de doze vezes o tamanho do seu corpo, nossos dentes e nossa estrutura mandibular são semelhantes aos dos herbívoros. Não possuímos dentes caninos afiados como os carnívoros, mas sim dentes molares, para triturar vegetais e grãos. Nossa saliva é alcalina e contém a ptialina como os herbívoros e os frugívoros, ao contrário da saliva dos animais carnívoros, ácida e sem ptialina. A nossa anatomia e o nosso sistema digestivo mostram que vivemos milhares de anos alimentando-nos de frutas, de castanhas, de cereais e de vegetais.

Além disso, os nossos instintos não se assemelham aos dos animais carnívoros, a maioria das pessoas delega a outras pessoas matar os animais que irão comer, pois não se sentiriam bem em executar tal tarefa, ou provavelmente não o conseguiriam. Em vez de comer carne crua, como o fazem os animais carnívoros, os seres humanos cozinham, assam ou fritam-na, disfarçando-a com todos os tipos de molhos e de temperos, para que não tenha nenhuma semelhança com o seu estado original. A carne crua repugna a maioria das pessoas, o que mostra que não somos carnívoros.

Vejamos a opinião de algumas pessoas ilustres, a respeito dos animais e de comê-los:

* Albert Einstein – "Nada beneficiará mais a saúde da humanidade e aumentará as chances de sobrevivência da vida na Terra quanto a dieta vegetariana."

* Arthur Schopenhauer – "A compaixão pelos animais está intimamente ligada à bondade de caráter, e pode ser seguramente afirmado que quem é cruel com os animais não pode ser um bom homem."

* Axel Munthe – A respeito de zoológicos: "O animal selvagem e cruel não é aquele que está atrás das grades. É o que está à frente delas."

* Charles Darwin – "A compaixão para com os animais é uma das mais nobres virtudes da natureza humana."

* Clemente de Alexandria – "Os sacrifícios foram inventados pelo homem como pretexto para comer carne."

* Ellen De Generes – "Costumo perguntar às pessoas por que elas têm cabeças de veados na parede. Elas sempre dizem que é porque é um belo animal. Bom, eu acho minha mãe muito bonita, mas apenas tenho fotografias dela."

* Gautama Buddha – "O homem implora a misericórdia de Deus, mas não tem piedade dos animais, para os quais ele é um deus. Os animais que sacrificais já vos deram o doce tributo de seu leite, a maciez de sua lã e depositaram confiança nas mãos criminosas que os degolam. Ninguém purifica seu espírito com sangue. Na inocente cabeça do animal não é possível colocar o peso de um fio de cabelo das maldades e dos erros pelos quais cada um terá de responder."

* Mahatma Gandhi – "Há muito de verdade no dito de que o homem se torna aquilo que come. Quanto mais grosseiro o alimento, tanto mais grosseiro o corpo."

* Henry Bailey Stevens – "Tendo lentilha, tomate e arroz, azeitonas, nozes e pão, por que o homem gosta de roer algo sangrento e morto?"

* Henry David Thoreau – "Eu não tenho dúvidas que é parte do destino da raça humana, na sua evolução gradual, parar de comer animais."

* Isaías 66:3 – "Quem mata um boi é como o que tira a vida a um homem."

* Mahatma Gandhi – "Em meu pensamento, a vida de um cordeiro não é menos importante que a vida de um ser humano."

* Charles Darwin – "Os seres humanos, antigamente, alimentavam-se de frutas e de legumes e a nossa anatomia não mudou de lá para cá."

* Leonardo da Vinci – "Chegará um dia em que o homem conhecerá o íntimo de um animal, e nesse dia ele verá que todo crime contra o animal é um crime contra a própria humanidade."

* Von Linné – "A estrutura do homem, tanto interna quanto externa, comparada à dos animais, demonstra que legumes e frutas constituem seu alimento natural."

* Pitágoras – "Os animais dividem conosco o privilégio de ter uma alma."

* Abraham Lincoln – "Não me interessa nenhuma religião cujos princípios não melhoram nem tomam em consideração as condições dos animais."

* Jeremy Bentham – "Não importa se os animais são incapazes ou não de pensar. O que importa é que são capazes de sofrer."

* Lamartine – "Entre a brutalidade para com um animal e a crueldade para com um homem, há uma só diferença: a vítima."

* Leonardo da Vinci – "Virá o dia em que a matança de um animal será considerada crime tanto quanto o assassinato de um homem."

* Mahatma Gandhi – "A grandeza de uma nação pode ser julgada pelo modo que seus animais são tratados."

* Maynard – "Coloque uma criança pequena num chiqueirinho, com uma maçã e um coelho de verdade. Se ela comer a maçã e brincar com o coelho, ela é normal, mas se ela comer o coelho e brincar com a maçã, eu lhe compro um carro novo. Em algum momento ao longo de nosso trajeto, fomos ensinados a fazer a coisa errada."

* Milan Kundera – "No começo do Gênese está escrito que Deus criou o homem para reinar sobre os pássaros, os peixes e os animais. É claro, o Gênese foi escrito por um homem, e não por um cavalo. Nada nos garante que Deus desejasse realmente que o homem reinasse sobre as outras criaturas. É mais provável que o homem tenha inventado um Deus humano, para santificar o poder que usurpou da vaca e do cavalo."

* Ogonyok – "Entre 135 criminosos, incluindo ladrões e estupradores, 118 admitiram que quando eram crianças queimaram, enforcaram ou esfaquearam animais domésticos."

* Paul McCartney – "Se os matadouros tivessem paredes de vidro, todos seriam vegetarianos... Nós, vegetarianos, nos sentimos melhores com nós mesmos sabendo que nós não estamos contribuindo para o sofrimento dos animais."

* Pitágoras – "Enquanto o homem continuar a ser o destruidor impiedoso dos seres animados dos planos inferiores, não conhecerá a saúde nem a paz. Enquanto os homens massacrarem os animais, eles se matarão uns aos outros. Aquele que semeia a morte e o sofrimento não pode colher a alegria e o amor."

* Samuel Butler – "O homem é o único animal que consegue estabelecer uma relação amigável com as vítimas que ele pretende comer."

* Tolstoi – "Falai aos animais, em vez de os matar."

* Vaslav Nijinsky – "Eu não como carne porque vi carneiros e porcos sendo mortos. Eu vi e senti a dor desses animais. Eles sentem a aproximação da morte. Eu não pude suportar a cena. Chorei como uma criança. Corri para o topo da colina e mal conseguia respirar, senti-me sufocado, senti a morte deles."

Desde o início da história, a dieta vegetariana tem sido considerada a dieta natural da humanidade. As antigas civilizações dos gregos, dos egípcios e dos hebreus descreveram o homem como frugívoro. Os sacerdotes do Egito antigo não comiam carne. Muitos sábios gregos, como Platão, Sócrates e Pitágoras, foram grandes defensores da dieta vegetariana. A dieta da grande civilização Inca era basicamente vegetariana. Na Índia, Buda recomendava a seus discípulos que não comessem carne. Os sábios e os santos adeptos do taoísmo eram vegetarianos. Podemos ler na Bíblia: "Deus disse: Eis que vos tenho dado todas as ervas que produzem sementes sobre a terra e todas as árvores cujos frutos são a própria semente, para que vos sirvam de alimento" (Gênesis 1:29). São Paulo escreveu uma carta aos romanos: "O melhor seria se não comêssemos carne" (Romanos 14:21).

Recentemente, historiadores descobriram textos antigos, descrevendo a vida e os ensinamentos de Jesus. Em uma dessas escrituras, Jesus diz: "E a carne dos animais sacrificados, no corpo de uma pessoa, tornar-se-á sua própria sepultura. Porque, em verdade vos digo, aquele que mata, mata a si próprio, e aquele que come a carne de animais sacrificados, come o corpo da morte" (Evangelho Essene da Paz).

Os antigos hindus sempre evitaram comer carne. O Alcorão, livro sagrado do islamismo, recomenda que não sejam comidos animais mortos, carne e sangue. O sobrinho de Maomé, um dos profetas que o sucederam, aconselhou aos discípulos: "Não transformem seus estômagos em sepultura de animais".

Estatísticas mundiais sobre a saúde demonstram que as nações que mais consomem carne têm maior incidência de doenças cardíacas e de câncer. A carne é um alimento altamente acidífero, ou seja, causador de acidez. O nosso sangue é ligeiramente alcalino. O nosso sangue, tornando-se ácido, faz com que os órgãos purificadores do sangue, o baço, o fígado e os rins, e o coração, fiquem sobrecarregados, enfraquecidos e suscetíveis a doenças. Assim, as toxinas, como o ácido úrico, não são eliminadas, depositam-se nas articulações provocando artrite, reumatismo e gota e se manifestam em erupções cutâneas, como uma tentativa do corpo de eliminá-las através da pele. Hoje em dia, muitos médicos aconselham pacientes com tais doenças a pararem completamente de comer carne ou reduzirem, drasticamente, a ingestão desse alimento.

Na verdade, o termo "vegetariano" não provém de "vegetal", mas sim do termo latino vegetare, que significa "dar vida, animar". Os romanos usavam o termo homo vegetus para uma pessoa vigorosa, dinâmica e saudável.

Um médico norte-americano analisou a urina de pessoas carnívoras e vegetarianas e constatou que os rins das que comem carne trabalham até três vezes mais do que os dos vegetarianos, para efetuar a eliminação dos compostos de nitrogênio encontrados na carne.

Da mesma forma que nossos corpos ficam abalados após um acesso de raiva ou de medo, os dos animais também sofrem mudanças bioquímicas profundas em situações de perigo. O nível de hormônios no sangue dos animais, especialmente a adrenalina, aumenta radicalmente quando eles veem outros animais morrerem à sua volta e lutam, inutilmente, pela sua vida e pela sua liberdade. Essa quantidade excessiva de hormônios permanece na carne, acarretando posteriormente o envenenamento dos tecidos humanos. De acordo com o Instituto de Nutrição dos Estados Unidos, "A carne de um animal morto está repleta de toxinas e de outros subprodutos nocivos".

Um estudo recente com 50 mil pessoas da religião Adventistas do Sétimo Dia, que não comem carne, mostrou que a incidência de câncer entre eles era surpreendentemente baixa! Todos os tipos de câncer neles ocorreram em taxas significativamente mais baixas, comparando-se com outros grupos da mesma idade e do mesmo sexo. O mesmo se observou em um estudo entre Mórmons, que comem pouquíssima carne. Uma das razões da carne provocar câncer são os produtos conservantes, como nitritos, nitratos e outros, usados para dissimular a cor esverdeada, escura, de horrível aspecto, que ela adquire alguns dias após o animal ser abatido, para ficar bem vermelhinha e agradável à vista. Essas substâncias são comprovadamente cancerígenas. Estudos recentes têm apontado o nitrato como um dos principais causadores do câncer de estômago. O Dr. Willian Lijinsky, pesquisador de câncer do laboratório Nacional de Oak Ridge, em Tenessee, EUA, disse: "Eu não dou nem ao meu gato um alimento que contenha nitrato!".

Muitos hormônios são fornecidos ao gado de corte para a engorda, principalmente anabolizantes que aumentam a massa corporal, gerando um desequilíbrio em todo o mecanismo de regulação hormonal daqueles que a consomem. O nitrato de potássio e o sulfito de sódio, usados para dar cor e boa aparência, também são cancerígenos. Muitos antibióticos provenientes da ração química dos animais de corte e remédios veterinários são igualmente assimilados pelo organismo daqueles que ingerem a carne. O benzopireno é um corante muito encontrado nas carnes para manter a aparência avermelhada e para dar bom aspecto.

Cientistas ingleses e norte-americanos encontraram diferenças significativas entre as bactérias intestinais de pessoas carnívoras e de pessoas vegetarianas. As bactérias das carnívoras reagem com os sucos digestivos produzindo substâncias cancerígenas. Isso pode explicar por que há maior incidência de câncer de intestino em zonas onde é grande o consumo de carne e pouca incidência em países como a Índia, com população vegetariana. Os animais de corte são tratados com muitos produtos químicos para aumentar seu crescimento, para engordá-los rapidamente, para melhorar o aspecto da carne etc. Como o objetivo principal dos produtores é o lucro cada vez maior, os animais são induzidos a comer compulsivamente, e recebem aplicações de hormônios para o crescimento, de estimulantes do apetite, de antibióticos e ingerem rações com inúmeras substâncias químicas.

Muitas fazendas de criação de galinhas as trancafiam em celas, os ovos são chocados num andar superior, os pintos recebem estimulantes e sua alimentação é forçada, eles comem vorazmente em pequenas celas e não podem caminhar ou respirar ar fresco. À medida que crescem são transferidos para andares inferiores, onde são abatidos por estrangulamento.

Segundo José Salvador Caballero, físico e presidente da Loja Teosófica Fraternidade, "Após a morte, seus cadáveres são retalhados com frieza, sendo que algumas partes vão para os açougues, enquanto que outras se transformam em nomes atrativos como hot-dog, salsichas, linguiças, presuntos, tender, gelatina, gordura animal etc.".

Nos Estados Unidos, a nação onde mais se consome carne, a incidência de doenças cardíacas e cardiovasculares é altíssima, enquanto em sociedades onde o consumo de carnes é muito baixo esse índice é quase insignificante. Um informativo da Associação Médica Norte-Americana aconselhou que "Uma dieta vegetariana pode prevenir as doenças cardíacas entre 90 e 97%". As gorduras animais sedimentam-se nos vasos sanguíneos e pela sua acumulação progressiva vão dificultando a circulação sanguínea (arteriosclerose), o que, além de sobrecarregar o coração, altera o funcionamento normal de todos os órgãos do nosso organismo. Reconhece-se hoje que as doenças cardíacas, principal causa de morte nos EUA, atingiram proporções epidêmicas e, segundo a Associação Norte-Americana do Coração, um número cada vez mais crescente de médicos está restringindo severamente a quantidade de carne na alimentação de seus pacientes ou até mesmo aconselhando-os a abolir completamente o seu uso.

Quando um animal é morto, as proteínas coagulam em seu corpo e enzimas degenerativas são liberadas, e em seguida surgem as substâncias da putrefação, chamadas ptomaínas. Pelo tempo que leva dos processos de abate, de refrigeração, de transporte para o açougue, de estoque e cozimento, de ida para casa e até ser servida, pode-se imaginar o estado de decomposição da carne servida à mesa! A carne passa lentamente através do sistema digestivo humano, por este ser impróprio para digeri-la, período em que os órgãos digestivos se expõem à ação das toxinas da carne, causando as doenças. No Brasil, a maior incidência de câncer é no cólon, seguido de câncer nos pulmões e nas mamas.

Muitas pessoas se questionam se irão ingerir proteínas suficientes sem comer carne? Elas não têm com o que se preocupar, a despeito de ser bastante difundido o mito da deficiência proteica da dieta vegetariana. Nós fomos condicionados a aceitar que, para termos saúde, é necessário comer carne, mas as proteínas vegetais têm-se mostrado tão efetivas e nutritivas quanto as da carne. Há grande variedade de proteínas nos cereais. A soja é incrivelmente rica em proteínas, possuindo duas vezes a quantidade de proteínas da carne. Nozes, sementes e feijões têm teor proteico de 27%. As proteínas de que necessitamos consistem de oito aminoácidos essenciais, mas não é só a carne que é fonte completa desses aminoácidos, o leite e a soja também são, isto é, eles fornecem todos esses oito aminoácidos, em suas devidas proporções.

A combinação de dois ou de três alimentos vegetais nos proporciona os aminoácidos necessários, como, por exemplo, a mistura de arroz integral, tofu, feijão, milho etc. Cientistas de Harvard fizeram uma pesquisa meticulosa e descobriram que, quando vários legumes, cereais e derivados do leite são consumidos, as pessoas ingerem até mais proteína do que necessitam.

Mas, aliado a isso, existe uma combinação entre a alimentação carnívora e a fome no mundo. Se déssemos às pessoas pobres e desnutridas os cereais que são dados ao gado para engordá-los, poderíamos facilmente alimentar toda a população subnutrida do mundo! Nos Estados Unidos, entre 80 e 90% de todos os cereais são usados para alimentar animais de corte! Um nutricionista de Harvard, Jean Mayer, calcula que, reduzindo-se em 10% a produção de carne, haveria cereais suficientes para alimentar 60 milhões de pessoas. Há 40 anos os norte-americanos comiam em média 23kg de carne por ano, atualmente esse número é de 58kg, o dobro da quantidade de proteína recomendada.

Calcula-se que cerca de 40 pessoas seriam alimentadas com os cereais usados para gerar 225g de carne, ou seja, para produzir-se 1kg de carne, deixa-se de alimentar cerca de 170 pessoas. Multiplicando-se isso pelo volume de carne produzido no mundo, vê-se que a fome no mundo acabaria se os cereais dados ao gado e a outros animais sacrificados fossem destinados às pessoas famintas. Pense nisso quando for a uma churrascaria.

Além disso, a carne é o mais antieconômico alimento produzido, pois o custo da proteína da carne é 20 vezes mais alta do que o da proteína vegetal, que é igualmente nutritiva. Vastas extensões de terra são usadas para a criação de animais de corte, e poderiam ser muito mais produtivas se nelas fossem cultivados cereais, feijões e legumes, para o consumo do homem. Um cálculo mostrou que um hectare de terra usado para a criação de gado fornece 1kg de proteína, se fosse usada para o plantio da soja, produziria 17kg de proteína! E a soja é mais nutritiva, contém menos gordura e é muitíssimo menos tóxica do que a carne, e não apodrece dentro de nós...

A quantidade de água utilizada na criação de animais é oito vezes maior do que a água destinada à irrigação de legumes e de cereais. Enquanto milhões de pessoas morrem em todo o mundo de fome e de sede, visando apenas o lucro financeiro, enormes porções de terra, de água e de cereais são utilizadas em todo o mundo, para produzir carne, que envenena lentamente o nosso organismo, nos adoece e nos mata.

O desequilíbrio da natureza cresce a cada dia e de forma insustentável, e a produção de carne em grande escala é um fator altamente responsável por isso, já que as fezes animais são cento e trinta vezes maiores que os excrementos humanos, e o gás metano, liberado das fezes animais e de suas flatulências, é responsável, em grande parte, pelo efeito estufa.

Alguns cientistas lúcidos afirmaram recentemente em uma declaração: "Se fôssemos todos vegetarianos, a fome no mundo seria eliminada. As crianças nasceriam e cresceriam nutridas e seriam saudáveis e felizes. Os animais viveriam livremente nas matas e nos parques nacionais, como criaturas silvestres, e não seriam forçados a se reproduzir em larga escala, nem seriam engordados para o abate com os grãos que poderiam servir para acabar com a fome das pessoas carentes".

A maior parte da produção de soja no Brasil é exportada para alimentar o gado norte-americano, japonês e europeu. O ex-secretário-geral das Nações Unidas, Kurt Waldheim, disse que o consumo de alimentos pelos países ricos é a principal causa de fome no mundo.

A dieta vegetariana é a dieta do futuro, a dieta que todos nós devemos adotar se quisermos poupar nossos recursos naturais e, o que é mais importante, as vidas preciosas de seres humanos em todo o mundo. O indivíduo vegetariano de hoje é o ser humano do futuro. Ele indica a direção que todos deverão seguir, à medida que as pessoas se tornarem conscientes dos benefícios da alimentação vegetariana e dos resultados desastrosos da dieta atual.

Existe um mito de que o mundo não tem a capacidade de alimentar sua população, ou seja, que não há o suficiente para todos. Na verdade, há o suficiente para todos, a fome é causada pela má utilização dos alimentos. Estudos e pesquisas de órgãos internacionais concluem que há recursos suficientes para alimentar, para vestir, para abrigar e para educar cada ser humano deste planeta com um padrão de classe média norte-americana! E que não há nenhum país no mundo que não tenha capacidade de alimentar sua população com seus próprios recursos. Mais da metade das pessoas no mundo passa fome e um grande número de pessoas morre de fome todos os dias, e se existe o suficiente para todos, onde se encontra?

Verifiquemos por quem e como os alimentos são controlados. A indústria alimentícia é a maior indústria do mundo, produzindo cerca de 350 bilhões de dólares por ano (mais do que as indústrias automobilística, de aço ou petrolífera). Um número relativamente pequeno de multinacionais gigantescas domina essa indústria, tendo o poder concentrado em suas mãos. E, para isso, elas mantêm um poder político extensivo. Então, um número relativamente pequeno de corporações tem condições de regular e de controlar o fluxo de alimentos para bilhões de pessoas.

O diretor do Conselho de Proteína das Nações Unidas diz que "Os grãos das classes pobres estão sendo direcionados para alimentar o gado dos ricos". À medida que aumenta a procura de carne, as nações ricas compram quantidades cada vez maiores de grãos para alimentar criações de porco e de gado. Os grãos são vendidos a quem oferece o melhor preço, para os animais, e milhões de pessoas morrem de fome por não terem grãos nem carne para comer... Prabhat R. Sarkar afirmou: "Uma sociedade em harmonia pode ser conseguida através do estímulo ao espírito de luta daqueles que desejam estabelecer uma única sociedade humana... Aqueles que se colocarem à frente de tal movimento baseado em moralidade, serão os líderes da integridade moral, líderes cujos objetivos não serão a fama, nem a riqueza, nem o poder, mas sim os interesses de toda a sociedade humana". E acrescentou: "Uma vez que a propriedade de todo esse universo foi herdado por todos os seres, como pode haver qualquer justificativa para um sistema em que alguém possui riqueza em abundância enquanto outros morrem por falta de um punhado de grãos?".

Shrii Shrii Anandamurti disse: "Do mesmo modo que se torna inevitável a aurora na cor de carmim após a escuridão de uma noite de lua nova, também sei que um capítulo glorioso e radiante surgirá após anos de condenação e de humilhação da humanidade abandonada de hoje. Aqueles que amam a humanidade, aqueles que desejam o bem-estar de todos os seres vivos, devem estar ativos a partir de agora, devendo se desvencilhar da letargia e da indolência, para que a hora mais auspiciosa chegue mais cedo. Este empenho para o bem-estar da raça humana diz respeito a todos – é seu, é meu, é nosso. Nós podemos optar por ignorar nossos direitos, mas não devemos esquecer nossas responsabilidades. Esquecer as nossas responsabilidades implicará a humilhação da raça humana".

Do ponto de vista espiritual e religioso, um mínimo de senso moral nos alerta que não devemos tirar desnecessariamente a vida de um animal, ou seja, que devemos procurar viver sem causar sofrimento. Um verdadeiro ser humano vê os animais não apenas como um meio de produção ou um alimento, mas como irmãos inferiores, e sente que não tem o direito de lhes causar agonia e de lhes tirar a vida brutalmente, a menos que sua sobrevivência dependa disso.

Já que é possível vivermos de maneira mais saudável sem comer carne, ou seja, sem comer animais mortos nós adquirimos mais saúde, e isso contribuiria para acabar com a fome no mundo, perguntamos se comer carne é um hábito moral e humano? Os animais, obviamente, não cedem suas vidas voluntariamente, para que possamos comê-los, pelo contrário, sofrem enormemente antes e durante o seu assassinato.

Somente nos EUA, doze milhões de animais são sacrificados diariamente para atender às supostas necessidades alimentares das pessoas. Aqueles que, dentre nós, chorariam se o nosso gato ou o nosso cão de estimação morresse, ficamos em silêncio, consentindo com a matança desnecessária de milhões de animais, todos os dias. Shrii Shrii Anandamurti diz: "Até onde for possível, o alimento deve ser escolhido dentre as categorias de seres que tenham consciência menos desenvolvida, ou seja, se os vegetais estiverem disponíveis, os animais não devem ser abatidos. Além do mais, antes de matar qualquer animal que tenha consciência desenvolvida, ou não, pondere repetidas vezes se seria possível viver com um corpo saudável sem tirar tal vida".

Espiritualmente, a carne é um alimento que se opõe ao Dharma (Lei Eterna da Vida), pois é geradora de sofrimento, não sendo, então, considerada um bom alimento à vida espiritual do homem. Ela contribui para manter a violência na sociedade humana, gera imoralidade, brutalidade e desrespeito. Para trilhar a vida espiritual, requer-se que o caminhante busque sutilizar cada vez mais seus veículos de consciência, aumentando a clara visão e despertando um amor incondicional que se estenda a todas as formas de vida. O consumo de carne embrutece a natureza humana, desviando-a de seu propósito original e de sua natureza divina.

Bernard Show afirmou: "Os animais são meus amigos e eu não devoro meus amigos. Isso é terrível! Não só devido ao sofrimento e à morte desnecessária de animais, mas também devido ao fato de o homem se privar da mais elevada capacidade espiritual, que é a de sentir simpatia e compaixão por todos os seres vivos, violentando seus próprios sentimentos e se tornando cruel".

Leonardo da Vinci afirmou: "O homem é verdadeiramente o rei dos animais, pois os supera em brutalidade. Nós vivemos graças à morte dos outros. Somos cemitérios! Desde tenra idade eu abdiquei de comer carne e estou seguro de que haverá um dia em que os homens vão encarar o sacrifício de animais como agora veem a morte de seres humanos".

Leon Tolstoi complementou: "Enquanto aceitarmos ser túmulos ambulantes de animais sacrificados, como poderemos ter condições ideais nesta Terra?".

Muitos filósofos e pessoas sábias não comiam carne e atualmente essa sabedoria está se expandindo enormemente pelo aumento da compreensão da importância de uma dieta vegetariana para a nossa saúde, para a paz mental e para o progresso espiritual. Entre eles: Albert Einstein, Platão, Leon Tolstoi, Bob Dylan, Sócrates, Benjamim Franklin,

Richard Wagner, Isaac Newton, Pitágoras, Mahatma Gandhi, Leonardo da Vinci, Buda, Voltaire, Jean Jacques Rousseau, Charles Darwin, Plutarco, Albert Schweitzer, São Francisco de Assis, George Bernard Shaw, Dalai Lama, Madre Tereza de Calcutá, e esse número aumenta cada vez mais, paralelamente à ampliação da consciência do homem e da sua evolução espiritual.

No cuidado com a nossa saúde, para pararmos de fumar, de beber, de fumar maconha, de cheirar cocaína, de inalar crack e de outras coisas, a decisão de parar de comer carne, para diminuir a matança de animais, nossos irmãos, para ajudar a diminuir a fome no mundo, ou seja, demonstrando um aumento do nosso grau de consciência pessoal e coletiva, pode colaborar e muito no cuidado com o que colocamos para dentro de nós, com a consequente elevação do nosso nível de pensamentos, de sentimentos e de atitudes.

O cuidado com o nosso Tempo corpóreo aliado à Indignação Pacífica pode, com o tempo, eliminar da Terra algumas das principais drogas: a alimentação carnívora, a bebida alcoólica, o cigarro, as drogas ilícitas, a fome, a miséria, a injustiça social, o racismo, as guerras e tantas outras drogas que apenas existem devido ao mau cuidado que temos conosco mesmos.

Aprendermos a cuidar de nós, principalmente do que entra pela porta do Templo, a nossa boca, pode ir nos levando a cuidar o que entra pelos nossos olhos e ouvidos, o que entra em nossos pensamentos e sentimentos vindos do nosso Ego infantil e irresponsável, e irmos adquirindo a capacidade de elevarmos o nosso padrão energético, a nossa frequência vibratória, o nosso grau espiritual, para podermos chegar mais rapidamente ao futuro da humanidade, à realização do plano de Deus para nós, a uma Era de Luz, em que nos enxergaremos a todos como irmãos, sejam os seres humanos, sejam os animais, sejam os vegetais, sejam os minerais, sejam os seres de outros planetas e dimensões.

SOMOS TODOS VICIADOS

*Todos somos viciados em alguma coisa. Os vícios "normais".
Como substituir um vício negativo por um positivo.*

Se formos pensar bem, somos todos viciados, pois vício não é apenas usar frequentemente uma substância, ser dependente dela, seja liberada pelos governos, seja proibida. Um vício pode ser de um pensamento, de um sentimento, de uma maneira de ser, de uma maneira de agir, enfim, somos todos viciados em alguma coisa.

Por exemplo: um dos maiores vícios que existem no mundo é algo tão banal, tão corriqueiro, que nem parece um vício. É o vício de chegar em casa, ligar a televisão e passar a noite toda assistindo à programação, em alguns canais baseada preferencialmente na superficialidade e na banalidade, nos convencendo de que aquilo é bom, de que é a melhor coisa que podemos fazer naquelas horas, de que é a melhor maneira de aproveitarmos nossas noites e nossos fins de semana.

O que os telespectadores que foram viciados em televisão não sabem é que toda a programação das televisões é estudada, preparada, regulada e mantida ou não, baseando-se apenas em um aspecto: a audiência. Os programas vão ao ar, em certos dia e horário, permanecem no ar, e naqueles dia e horário ou não, ou são retirados do ar, ou mudam de dia e de horário, apenas em função de um aspecto: a audiência. E conquistar a audiência significa conquistar patrocinadores, e conquistar patrocinadores significa ganhar mais dinheiro, e ganhar mais dinheiro significa que isso é feito a qualquer custo, independentemente de qual é o produto anunciado, se é bom ou não para as pessoas, se é útil ou inútil, se é saudável ou não, se vicia ou não, se eleva o nosso nível intelectual e moral ou, frequentemente, não.

Em alguns canais de televisão, não existe um interesse de elevar o nosso nível consciencial, o nosso padrão moral, muitas vezes é o contrário, a enxurrada de programas visa nivelar por baixo o nosso QI, nos mantém prisioneiros do que nos oferecem, pois a grande finalidade é uma só: o ganho financeiro. É a mesma finalidade de qualquer tráfico de drogas, o lucro, e a única diferença é que as drogas entram pela nossa boca, pelo nosso nariz ou pelas nossas veias e a droga de uma certa parcela da programação televisiva entra pelos nossos olhos e pelos nossos ouvidos, nos prende no sofá e nos aliena, como qualquer droga.

Se a programação televisiva nos nivela por baixo, se ativa nossos chakras inferiores, se nos torna cada vez mais emocionais e mais passionais, se para cada boa notícia nos oferece dezenas de catástrofes, se 99% dos filmes e dos seriados são de origem norte-americana (e nós sabemos o quanto os Estados Unidos é especialista em invadir outros países, "para resguardar a democracia", ou através do cinema e da televisão, em que sempre são os heróis), podemos imaginar como funcionam os bastidores de algumas emissoras de televisão. Em raros momentos o interesse é nos incentivar a desenvolver um juízo crítico, elevar o nosso conhecimento, nos deixar mais inteligentes, nos passar informações espirituais, nos mostrar que mais importante do que estar na moda é trabalhar na caridade, que mais importante do que lotar estádios para sermos "vencedores" é irmos trabalhar em alguma organização ou associação sem finalidade lucrativa, de benefício ou de fraternidade, que mais importante do que ser campeão do mundo de futebol é ser campeão do mundo de justiça, de igualdade social ou de fim da corrupção.

Muitas vezes, a programação de algumas televisões, atuando apenas em função da audiência (maior público = mais patrocinadores = mais dinheiro), tende a baixar o nível de programação sem nenhum pudor, oferecendo o que no futuro irá causar náuseas aos estudiosos do passado, envenenando os nossos pensamentos com bobagens, com melodramas ridículos e arcaicos, com risadas artificiais de plateias virtuais, nos convencendo a chorar com os dramas pré-fabricados das novelas, a rir com as piadas de baixo calão, de infelizes artistas obrigados a se submeterem a esse festival de bobagens para ganharem o seu pão de cada dia e de outros infelizes que resolveram ser artistas sem nenhuma vocação, e que poderiam estar ganhando seu dinheiro honestamente em algum trabalho mais digno e mais sincero.

Os programas de auditório, estimulando a níveis absurdos a sexualidade de telespectadores adultos já escravizados e buscando escravizar as nossas crianças e os nossos adolescentes, com a nossa total permissão, entremeando sexo com propaganda de bebida alcoólica, e tudo permeado de mensagens de que a vida é para ser aproveitada, de que devemos rir de tudo, de que o importante é ser feliz, de que as mulheres devem mostrar os seus atributos carnais, de que os homens devem ser fortes e meio cafajestes, e já que tudo é uma festa, incentivando subliminarmente o uso de bebida, de maconha, de cocaína, não explicitamente, mas fazendo parte do espírito festivo incentivado e chavonado como "Vejam, assim é que devemos ser, alegres, barulhentos, brincalhões, a vida é uma festa!".

Com exceções, quase tudo é festa na televisão brasileira. Os programas jovens norte-americanos e suas risadas artificiais de estúdio, incentivando a idiotice juvenil, trazendo a mensagem norte-americana de que ser jovem é ser meio idiota, meio bobão, passar o pé, fazer a outra pessoa cair, fazer sacanagem, achar graça de tudo, rir alto, ser esperto, pegadinha, festa e mais festa, música alta, ser rebelde, consumir, consumir, consumir, enfim, uma verdadeira lavagem cerebral, produzida pelo país mais consumista e capitalista do mundo, que há décadas domina a todos nós, sempre com a mesma tática, através do cinema e da televisão, e agora, mais sofisticadamente, pela internet.

Os shopping centers brasileiros são um desfile de moda norte-americana, os bonés e os tênis, as bermudas e as camisetas, tudo agora é em inglês. E isso não teria nenhum problema se a mensagem norte-americana fosse socialista, fosse igualitária, fosse uma mensagem espiritual, mas, pelo contrário, é uma mensagem apenas consumista, racista, segregadora, que visa, como a política externa daquele país, dominar o mundo, de uma maneira tão sutil que nem se percebe, pois fomos hipnotizados e continuamos sob seu comando a tal ponto que não temos ideias próprias, nossas ideias são as que as televisões, os rádios e os jornais nos passam, todos estamos dominados pelo "american way of life", a tal ponto que nos convenceram de que terroristas são os povos que se defendem dos ataques norte-americanos e querem as suas terras usurpadas de volta, que a Coreia do Norte não pode ter armas atômicas (apenas os Estados Unidos, a França, a Inglaterra, a Rússia, o Japão, Israel e outros países "aliados"), que o ataque às Torres Gêmeas, com duas mil e poucas mortes, foi um terrível ataque à democracia, apenas porque foi perpetrado no Império (pela única vez), enquanto que, se contabilizarmos os assassinatos cometidos pelos "heróis norte-americanos" nessas últimas décadas, em vários países invadidos, certamente esse número é superado em centenas de vezes. Os Estados Unidos, a Inglaterra, a França, a China e outros países escandalizados pelo que Kaddafi está fazendo, mandando atirar em civis, quando eles mesmos já fizeram isso inúmeras vezes, quando invadiram os países dos outros, e ainda continuam fazendo e certamente continuarão fazendo, sempre em nome da democracia, da liberdade, dos direitos humanos...

O que isso tem a ver em um livro sobre espiritualização e o uso de drogas? É uma correlação direta entre a manipulação e o domínio que exercem sobre nós e o uso de substâncias, lícitas ou não. Estamos todos sob o comando invisível de empresas e de sistemas que visam apenas o lucro financeiro, e a elas não importam as doenças que iremos ter ou as mortes que causarão os seus produtos, isso faz parte do jogo. Se existisse um mínimo de senso de justiça no mundo, seria admissível existir uma única fábrica de cigarro? De que adianta colocar avisos tétricos nas carteiras e nos locais de venda se a sua produção é permitida, se a sua venda é legalizada, dizendo que "Fumar provoca câncer", mas quem quiser fumar, azar é dele... "Não fume na frente de crianças", mas se elas estiverem por perto e depois forem imitar os adultos, com cigarro mesmo, ou vício por vício, com maconha, cocaína ou crack, que coisa terrível!

Os governos nos alertam que o cigarro possui 4.700 substâncias tóxicas, grande parte delas cancerígenas, mas "Vocês entendem, não podemos terminar com sua produção, isso geraria milhares de desempregados, então, vamos pedir para as pessoas que não fumem, ok? Não fumem, certo? Faz mal, não fumem... Pô, pessoal, por favor, parem de fumar... A gente permite que os produtores plantem tabaco, que as fábricas fabriquem cigarro, que os bares, os restaurantes e as lojas vendam, a gente diz que faz mal, coloca anúncios contrários ao tabagismo, fazemos campanhas para parar de fumar, mas vocês não param... A gente diz que dá câncer, que fica impotente, que dá gangrena nas pernas, que aumenta a pressão, que pode ter infarto, mas vocês não param... Vocês são muito teimosos, que coisa, sô... Não fumem, hein? Pode fabricar, pode vender, mas não pode fumar, está bem? Olha que o Papai Noel não traz presente no Natal".

Aliás, o Natal. É o aniversário de Jesus, Aquele que falou em humildade, em simplicidade, em honestidade, em desapego, em pureza, em oferecer a outra face, em ser irmão, em não fazer ao outro o que não queremos que nos façam, em tratar o outro como queremos ser tratados, nessas coisas todas que nos ensinam desde crianças a fazer o oposto, a competir, a querer ser o maior, ser o melhor, a ganhar dinheiro a qualquer preço, a beber, a fumar, a correr de carro, a dançar e pular até de manhã em festas apoiadas por marcas de cigarro e de bebida – Beba com moderação! –, a acordar de madrugada para ver corrida de automóveis, alguns nas cores de marcas de cigarro, a lotar o estádio para vencer o inimigo, para ser campeão – o melhor em campo ganha um engradado de cerveja, faixas à beira do campo da Brahma, da Skol, da Schincariol, e não pode ser cervejinha, tem de ser cervejão, brahmeiro é o cara, a mais gelada, essa é daqui... Se Jesus voltar para expulsar novamente os mercadores do Templo, que trabalhão Ele terá.

E por que não alertam, "Não bebam na frente de crianças?". Quem vicia as crianças? São os próprios pais, as famílias, em todas as festas, os filhos desde criancinhas vendo todos beberem, rindo alto, fazendo festa, tudo é motivo para beber, o que alguns artistas se encarregam de confirmar, algumas televisões, algumas rádios, nos estádios de futebol, toda uma conspiração sutil das fábricas de bebida para viciar as crianças nesse estilo de vida, do qual a bebida faz parte obrigatória. A maior parte das famílias brasileiras é viciada em viciar seus filhos e seus netos em bebida alcoólica, com seu próprio exemplo, permitindo que assistam a programas nas televisões e escutem programas de rádio onde o uso de bebida é incentivado, abrindo, assim, através da bebida alcoólica, o caminho para as demais drogas e depois sofrendo por isso.

Já que somos todos viciados, por que não nos viciamos em não beber? Por que não nos viciamos em assistir pouco aos canais de televisão e selecionar, com extremo cuidado, o que é construtivo, o que pode elevar o nosso nível consciencial, a nossa moral, o nosso grau espiritual? Por que não nos viciamos em nos libertar da dominação capitalista, materialista, inconsequente, superficial, que nos domina há séculos e que vem piorando cada vez mais, sofisticando-se, elaborando-se, cada vez mais disfarçada?

Vício por vício, por que não mudamos os nossos vícios alimentares de comer qualquer coisa por ingerir preferencialmente o que nos alimenta realmente? Por que não nos viciamos em procurar salvar o planeta, em preservar a natureza, em resguardar os animais, as florestas, as águas, a terra, o ar? Por que não nos viciamos em evoluir espiritualmente? Por que não nos viciamos em dominar o nosso Ego, em passar o comando de nossa vida para nosso Eu Superior? Por que não nos viciamos em entender que somos todos irmãos, em viver para o bem comum, em seguir os Ensinamentos superiores que todas as religiões trazem?

Este livro é sobre o uso de drogas, mas enquanto nós não reconstruirmos a droga de estrutura do nosso mundo, pouco resultado teremos na intenção de eliminar o seu uso pela humanidade. No dia em que o nosso mundo não for mais uma droga, as pessoas não mais usarão drogas, e isso tem de começar por cada um, por cada família, em cada residência, nos hábitos diários, percebendo que tudo é uma coisa só. Enquanto isso, continuemos com as nossas campanhas antidrogas, todas fadadas ao fracasso por não poderem competir com a maior droga de todas: a mensagem pró-droga de todos nós, em nossas atitude e postura diárias.

A BEBIDA ALCOÓLICA

A porta inicial de entrada para as demais drogas. Por que começamos a beber alcoólicos? Não beba na frente das crianças! Como libertar-se do marketing incentivador do alcoolismo.

O consumo de álcool é um hábito antigo que, dentro de 100 ou 200 anos, vai desaparecer da face da Terra. E aí a bebida alcoólica receberá o mesmo status das drogas hoje consideradas ilícitas, será ilegal. Todas as bebidas alcoólicas, o vinho, a cerveja, o uísque, a vodca, a cachaça, todas as bebidas alcoólicas só têm um objetivo: embebedar as pessoas. Ela é a porta de entrada para as demais drogas, é a porta inicial para o uso das drogas chamadas ilícitas, junto com o cigarro. Depois dela e do cigarro, geralmente vem a maconha, depois a cocaína, e por aí vai. Todos nós fomos e somos criados em uma sociedade em que o seu uso é, além de permitido, incentivado e estimulado. Alguém recorda alguma festa em sua casa em que não seja utilizada a bebida alcoólica? A maioria das pessoas acredita que o uso da bebida alcoólica é algo normal e passa essa ideia para os seus filhos e para os seus netos. Agregando isso ao incentivo maciço da mídia para o uso de bebida, nós crescemos sendo viciados e vamos viciando as novas gerações.

As bebidas alcoólicas, inicialmente, tinham um conteúdo alcoólico relativamente baixo, como, por exemplo, o vinho e a cerveja, já que dependiam exclusivamente do processo de fermentação. Com o advento do processo de destilação, introduzido na Europa pelos árabes, na Idade Média, surgiram novos tipos de bebidas alcoólicas, que passaram a ser utilizadas na sua forma destilada. A partir da Revolução Industrial, registrou-se um grande aumento na oferta deste tipo de bebida, contribuindo para um maior consumo e, consequentemente, gerando um aumento no número de pessoas que passaram a apresentar problemas físicos, psicológicos, mentais e espirituais, devido ao uso contínuo e frequente de álcool.

No Brasil, a cerveja é a bebida alcoólica mais consumida devido a uma estratégia de marketing extremamente rica e poderosa. Mais de 70% de todo o volume de álcool consumido no país é em forma de cerveja. Ela é a principal bebida que os jovens começam a consumir, mostrando o poder da propaganda enganosa sobre as pessoas, quando contínua, persistente e ininterrupta, comprovando o antigo refrão que diz que "É possível enganar muitas pessoas com uma mentira quando ela é afirmada constantemente como se uma verdade fosse". A mentira vem na forma de associar o uso da cerveja com conquistas. As manobras de divulgação e de venda utilizadas pelo marketing, cuidadosamente planejadas, são baseadas no conhecimento de que, quanto mais precoce é o consumo entre os jovens, maior é a possibilidade de cativá-los e de viciá-los, por isso a publicidade é feita prioritariamente sobre os pré-adolescentes, sobre os adolescentes e sobre os adultos jovens, associando o ato de beber ao sucesso nos esportes, às conquistas afetivas e ao progresso financeiro, quando o que ocorre é o oposto, ou seja, quem bebe vai mal nos esportes, mal na vida afetiva e mal na vida profissional. Como os fabricantes de bebida alcoólica e algumas agências de publicidade conseguem convencer uma grande parcela de jovens e de adultos de que beber faz bem e traz sucesso é difícil de entender.

O álcool é uma droga psicotrópica, pois atua no sistema nervoso central, provocando uma mudança no comportamento de quem o consome, além de ter um grande potencial para desenvolver dependência. O álcool é a única droga psicotrópica que tem seu consumo admitido e incentivado pela sociedade. Apesar de sua ampla aceitação social, que considera "beber moderadamente" como algo normal, o consumo diário de bebidas alcoólicas é considerado alcoolismo, pois alcoolismo não é viver bêbado, é beber todos os dias, mesmo que seja apenas uma cervejinha, uma taça de vinho, uma dose de uísque, uma caipirinha etc. O ato de beber todos os dias caracteriza o vício no álcool. Uma grande parcela dos pais foi viciada pelos seus pais e vicia os seus filhos, num ciclo contínuo, estimulado pela nossa sociedade atual, que chama o que a maioria faz de "normal" e confunde o correto com o "habitual". Como em todos os vícios, o viciado necessita de companhia para não se sentir só, e as pessoas que bebem em casa precisam que seus familiares, seus amigos e seus parentes o acompanhem no vício, nem que sejam seus próprios filhos. O mesmo para quem bebe nos bares, nos clubes, em todos os lugares, nenhum viciado quer ficar só e raros viciados dizem que o são, principalmente os viciados numa droga legalizada como a bebida alcoólica.

Por causa do alcoolismo criado e incentivado nas nossas residências, a incidência do alcoolismo é mais ampla entre os mais jovens, especialmente na faixa etária dos 14 aos 29 anos, por isso o marketing concentra aí a sua ação de convencimento e atração. O álcool é responsável por cerca de 60% dos acidentes de trânsito e aparece em 70% dos laudos cadavéricos das mortes violentas. O Brasil detém o primeiro lugar do mundo no consumo de destilados de cachaça e é o quinto maior produtor de cerveja, da qual só a Ambev (Companhia de Bebidas das Américas) produz 35 milhões de garrafas por dia! Ela é resultado da fusão da Brahma com a Antarctica, que, segundo o seu site, "...em 1999, decidiram juntar esforços, o que impulsionou o setor de bebidas brasileiro, possibilitou a entrada no mercado de novas marcas tanto da Ambev como da concorrência, ampliou o leque de produtos de qualidade a preços acessíveis, incentivou o lançamento de inovações...".

Como eu sou um utópico que sonha com o fim da fabricação das bebidas alcoólicas em nosso planeta, começando pelo Brasil, para que as pessoas parem de se embebedar, de ficarem doentes, de matarem e de morrerem por causa disso, e essa empresa é um representante do oposto disso, utilizarei o seu exemplo, o que está no seu site, para mostrar o que penso a respeito desse vício de milhões de pessoas, um vício "normal", legalizado, que passa de geração para geração, ocasionando centenas de malefícios, do ponto de vista físico, emocional, moral e espiritual, e nenhum benefício!

No site oficial da Ambev, encontram-se as suas "conquistas", as suas "vitórias" e os seus prêmios recebidos, por conseguirem embebedar tantas pessoas pelo Brasil afora, provocando doenças, acidentes, mortes e assassinatos em milhares de brasileiros. Vejamos o motivo de tanto orgulho da Ambev, em destaque no seu site:

Patrocinamos mais de mil eventos por ano em todo o país!

Shows, feiras, festivais, circuitos: a Ambev patrocina o entretenimento em todo o país. São mais de 1.000 eventos anuais realizados com o patrocínio ou o apoio das nossas marcas, sempre buscando o contato mais próximo com os diferentes públicos das mais diversas plataformas: Country, Eletrônico, Folia, Junina, Músicas Tradicionais, Premium, Sertanejo, Universitário, Surf, Forró, Samba e Vaquejada, entre outros.

Contribuímos na viabilização de eventos em todas as regiões brasileiras. Do Rio Grande do Sul, onde Stella Artois foi a marca patrocinadora oficial do Festival de Cinema de Gramado, ao Rio Grande do Norte, onde a Skol patrocina o Carnatal. As nossas marcas estão ao lado da cultura e do entretenimento. No Nordeste, Brahma Fresh patrocina o Circuito de Vaquejadas, que passa por Fortaleza, Natal e outros cinco municípios do Nordeste. Na mesma região, aproximadamente dez milhões de pessoas participam de mais de 300 festas juninas patrocinadas por Skol, como o tradicional São João de Caruaru (PE) e o São João de Campina Grande. A marca está presente ainda nos Carnavais de Recife e Olinda, como patrocinadora oficial das festas há mais de três anos.

Por meio das plataformas Skol Folia e Skol Festança, a Skol leva sua marca aos principais eventos de música baiana do país e aos shows sertanejos, buscando estar ainda mais próxima do consumidor por meio da música. A Brahma investe na plataforma country há mais de 30 anos. A marca apoia a realização de mais de 200 eventos de rodeio pelo país, como os de Barretos, Limeira, Americana e Jaguariúna. Já a Antarctica aposta no samba e no forró, apoiando as principais festas regionais. Bohemia, a primeira cerveja do país, é a marca da harmonização gastronômica. Seus eventos promovem a combinação da família de cervejas premium aos prazeres da boa mesa em lugares como o bairro da Vila Madalena, em São Paulo, a cidade de Tiradentes (MG), entre outros.

O que não encontrei no site da Ambev é uma lista das doenças e das consequências produzidas pelos seus "produtos". Talvez esteja, mas não encontrei. Lá só vi vitórias financeiras, quanto dinheiro ganharam embebedando, adoecendo e matando pessoas, conquistando público, associando coisas opostas, como cerveja e cultura, cerveja e esporte, reforçando o vínculo obrigatório do conceito de festa com ficar bêbado, de alegria com ficar doidão, mas não encontrei uma lista das doenças e dos transtornos provocadas pelos seus "produtos". Então, já que não achei no site, vou colocar aqui essa listagem.

Algumas das consequências físicas do uso contínuo e frequente das bebidas alcoólicas:

– Alterações no sangue: hemorragias, lipemia (gordura no sangue).

– Ossos e articulações: ácido úrico elevado, degeneração dos ossos com aumento do risco de fraturas e de osteoporose.

– Cérebro: epilepsia, síndrome de Wernicke-Korsakoff, degeneração cerebelar, ambliopia.

– Câncer: na boca, no esôfago, no estômago, no fígado e em outros órgãos.

– Pulmão: pneumonia, tuberculose e outros males.

– Coração: arritmias, miopatia (inflamação do músculo cardíaco), cardiopatia, hipertensão, doença coronariana e maior risco de angina no peito.

– Fígado: cirrose hepática, cálculo biliar, hepatite A e outras doenças.

– Pâncreas: pancreatite (inflamação do pâncreas), aumento da incidência de diabetes e câncer.

– Sistema nervoso periférico: neuropatia periférica (inflamação e degeneração dos nervos), atrofia dos membros, principalmente dos inferiores.

– Sexo: disfunção testicular e impotência.

– Esôfago e estômago: gastrite, úlcera péptica, esofagite e câncer (pelos efeitos corrosivos diretos do álcool sobre estes órgãos).

– Maior incidência de doença de Alzheimer e outras doenças senis.

– Intestino: aumento da incidência de úlcera duodenal.

– Rins: aumento da incidência de cálculo renal (pedras nos rins).

– Articulações: aumento da incidência de artrite reumática.

– Psiquiatria: cerca de 90% das internações em hospitais psiquiátricos por dependência de drogas acontecem devido ao álcool. Aumento da incidência de esquizofrenia, de paranoia e de outras doenças psiquiátricas. Suicídios.

– Policial: grande número dos casos de homicídio foram cometidos por pessoas embriagadas.

– Acidentes fatais nas estradas: motoristas alcoolizados são responsáveis por 65% desses acidentes.

– O alcoolismo é a terceira doença que mais mata no mundo.

– O alcoolismo é causa de cerca de 350 doenças (físicas e psiquiátricas).

– O uso frequente de bebida alcoólica torna dependentes um de cada dez usuários.

Mas não sejamos injustos. No site da Ambev tem um link com orientações aos pais sobre como falar com seus filhos sobre o consumo de bebida alcoólica. Ou seja, a Ambev patrocina mais de 1.000 eventos culturais no Brasil anualmente, onde estão crianças e jovens, visando incentivar o consumo de bebida alcoólica o mais precocemente possível em nossos filhos para viciá-los, e nos orienta como falar com os nossos filhos para não beberem ou para beberem moderadamente...

Vejamos o que a Ambev nos diz:

Cartilha: Como conversar sobre bebida alcoólica com seu filho de acordo com a sua faixa etária

"Tratar de certos assuntos com os filhos nem sempre é simples. E o consumo do álcool é uma dessas situações. O que falar? Como se comportar?"

Não seria melhor não estimular as pessoas a se embebedarem?

"Não existe nenhum curso que ensine como evitar que seu filho beba. Mas há modos de se comunicar com crianças e com adolescentes sobre o tema. O melhor caminho é se preparar."

O melhor caminho não seria parar de fabricar?

"Para isso, fizemos aqui um resumo do guia Como falar sobre o uso de álcool com seus filhos, obra lançada em 2005 pelo Centro de Informações sobre Saúde e Álcool (Cisa) com o apoio da Ambev. O guia está longe de ter a pretensão de resolver o problema."

Beber é um problema? Bem, se já sabem isso, só falta agora parar de fabricar.

"O Guia é apenas uma ferramenta de apoio para orientar pais e educadores. Veja logo abaixo nosso resumo do livreto, com orientações por faixa etária dos filhos. As informações estão baseadas na cartilha "Be prepared to talk to your children about alcohol", da ONG canadense Éduc'alcool. A íntegra do material está disponível para download no Slide Share da Ambev. Veja o vídeo 'Como falar sobre uso de álcool com seus filhos', apresentado pelo ator Dan Stulbach e pelo presidente executivo do Cisa, Dr. Arthur Guerra de Andrade. O filme mostra os efeitos nocivos do álcool na adolescência e orienta como os pais devem reagir ao problema."

Se o álcool é reconhecido como nocivo na adolescência, por que a maior parte da propaganda é direcionada para essa faixa etária?

O Guia é dirigido para as diversas faixas etárias. Vamos a elas:

Filhos de 8 a 11 anos: *"Ao contrário do que muitos imaginam, crianças entre 8 e 11 anos são capazes de ter curiosidade de consumir bebidas alcoólicas."*

Não é difícil de imaginar isso, se as crianças veem seus pais, irmãos mais velhos, tios, avós, bebendo em todas as festas. Inimaginável seria elas não terem essa curiosidade...

"E existem ocasiões que facilitam o acesso às bebidas, caso das festas familiares, por exemplo."

O correto é: em todas as festas familiares.

"É possível que seu filho peça um gole da bebida, para você ou para outra pessoa."

Os meus filhos não pedem para mim, eu não bebo, e na minha casa não entra bebida alcoólica.

"E não há uma única maneira para lidar com essa situação. Há quem deixe os filhos "molhar os lábios" para sentir o gosto da bebida. Outros proíbem e alertam ainda ser muito cedo."

Proibir os filhos de beber, bebendo, não me parece ser uma mensagem coerente... E alertar ser ainda muito cedo, também não. E "molhar os lábios" não parece um estímulo para eles beberem?"

"A decisão é dos pais. Mas não se esqueça que a venda de álcool é proibida para menores de 18 anos. E que o consumo desse tipo de bebida, ainda que em doses pequenas, pode trazer prejuízos para o desenvolvimento da criança. Por isso, é importante que os pais tomem uma posição conjunta e se mantenham fiéis a ela. Nunca deixe seus filhos sozinhos por muito tempo sem supervisão adulta."

Não seria mais seguro não existir bebida alcoólica em casa, ou, pelo menos, ninguém beber na frente das crianças?

"É importante lembrar ainda de ocasiões como festas infantis em que você não estará presente. Certifique-se de que existam atividades de entretenimento, de que haja bebidas não alcoólicas (sucos, refrigerantes) e de que o evento tenha a supervisão de um ou mais adultos. Eles não precisam ficar de olho a cada segundo, mas devem estar presentes."

Quem sabe uma festa sem bebida alcoólica?

Filhos de 12 a 14 anos: "*Pesquisa realizada em 35 países constatou que a idade média em que os jovens ficaram bêbados pela primeira vez foi de 13,6 anos para meninos e de 13,9 anos para meninas*".

Bem, desde bem pequenininhos vendo os adultos bebendo, em todas as festas, até que 13,6 ou 13,9 anos não é tão cedo assim...

"*Essa é a idade em que os adolescentes começam a testar a autoridade dos pais. Portanto, a vigilância é fundamental. Lembre-se de que você mesmo, ou amigos seus, testaram os pais quando estavam nessa fase da vida. Não adianta entrar em pânico. Nem se desespere com a possibilidade de seus filhos beberem escondidos. Em vez de se preocupar, mas não fazer nada, converse com eles. Explique todos os riscos associados e os efeitos que a bebida provoca no corpo.*"

Explicar os riscos e os efeitos maléficos que a bebida provoca no corpo? E se o filho perguntar: "E por que você bebe?". Não encontrei no Guia resposta para essa provável pergunta...

"*Caso você resolva permitir o consumo, faça um acordo sobre quantidade, tipo e situações em que o consumo será tolerado. Estabeleça limites. E cobre o cumprimento. Lembre sempre ao seu filho que a lei proíbe a venda de bebidas para menores. E que, se ele tentar comprar, pode ter complicações com a polícia, o que envolverá os pais como responsáveis legais. Lembre-se: o álcool pode ser prejudicial ao seu filho mesmo se ingerido em pequenas quantidades. Cada corpo responde de uma forma diferente aos efeitos da bebida.*"

Puxa vida, o álcool pode ser prejudicial, mesmo se ingerido em pequenas quantidades... Então, por que patrocinam ou apoiam 1.000 eventos para incentivar o seu uso? E por que se regozijam com a venda dos seus "produtos", com os lucros cada vez maiores e com o aumento do número de "consumidores"?

Filhos de 15 a 16 anos: "*Lembra quando você dizia para seus pais a frase 'você não manda em mim'? É grande a possibilidade de seus filhos adolescentes repetirem o discurso. E hoje você sabe que é seu papel orientar e proteger os jovens.*"

Agora gostei. Também acho que devemos orientar e proteger os jovens. Mas orientar a não beber, bebendo... E também acho que devemos proteger. Proteger de quem?

"Jovens nessa faixa etária afirmam constantemente sua identidade. E sofrem pressão dos amigos para replicar comportamentos. O que, definitivamente, nem sempre é positivo. Em festas e em encontros, todos querem beber bastante. E muitos passam dos limites."

Em festas e em encontros, todos querem beber bastante. E muitos passam dos limites... Isso eu nem vou comentar!

"Lembre seus filhos sobre os limites demarcados. Eles devem respeitar os acordos feitos, mesmo agora, que estão mais crescidos. É essencial que você saiba sempre onde e com quem eles estão. Mostre interesse pelos assuntos deles. Dê apoio sempre que pedirem, quando for algo que você considere importante."

É essencial saber onde eles estão... Podemos permitir sua ida a um dos eventos patrocinados ou apoiados pela Ambev?

"Filhos, claro, sentem quando os pais estão ausentes. E procuram preencher essa lacuna de outros modos. Ser presente não significa ser controlador. Vale mais ouvir, entender os pontos de vista e perceber como eles encaram o mundo. Recorde-se: os pais que estabelecem limites e, ao mesmo tempo, são bons ouvintes, protegem os jovens dos riscos associados ao consumo de álcool, diferentemente daqueles que são apenas autoritários."

Eu protejo meus filhos dos riscos do álcool não bebendo e sendo contrário à sua fabricação.

Filhos de 17 a 18 anos: *"É comum que os jovens entre 17 e 18 anos não se preocupem com o que os pais pensam. Momentos de lazer e a necessidade de afirmação diante do grupo, entre outros fatores, podem ter influência na decisão de beber".*

Esse nosso trabalho contra a rebeldia fica difícil quando grande parte das propagandas de bebida alcoólica e de cigarro incentiva a rebeldia deles...

"*O importante é esclarecer. Converse com seu filho sobre as consequências de beber no trabalho, na escola, enquanto pratica esportes ou dirige. Lembre a ele que, se for dirigir, jamais deve beber. E de que a legislação brasileira não permite a venda de bebidas alcoólicas para menores de 18 anos.*"

Prefiro conversar com meus filhos sobre não beber nunca! Nem no trabalho, nem depois, nos chamados *happy hours* tão enfeitiçadores das propagandas de bebida alcoólica, com aqueles jovens lindos, saudáveis, vencedores, tão felizes bebendo, cantando, ensinando como comemorar a vida... E beber enquanto pratica esportes não é comum, mas antes ou depois é habitual, pois os jovens aprendem com seus pais que comemorar é sinônimo de beber, e com todos aqueles outdooors nos campos de futebol, comerciais na televisão de jogadores, treinadores, artistas, vendendo a sua alma por algumas moedas de ouro, fica difícil falar para nossos filhos não beberem sem ser chamado de "careta"...

A seguir, após essa demonstração de preocupação com os nossos filhos e de apoio desinteressado à cultura brasileira, apresento o Balanço do 3º trimestre de 2010, da Ambev, disponível em seu site:

Ambev divulga resultado do terceiro trimestre de 2010 (sumário)

"*Durante o terceiro trimestre, nosso EBITDA Normalizado consolidado totalizou R$ 2.655,60 milhões, um crescimento de 12,3%, enquanto o EBITDA acumulado até a data foi de R$ 7.885,00 milhões, representando um crescimento de 10,8% em relação ao mesmo período de 2009. O volume consolidado aumentou 8,1% no terceiro trimestre de 2010 e 8,5% acumulado até a data, principalmente devido ao forte crescimento de volume no Brasil.*"

Eu não sei o que é EBITDA Normalizado consolidado, mas sei o que é "milhões", o que é "crescimento", o que é "crescimento de volume", e isso significa que mais pessoas estão bebendo, mais pessoas estão ficando alcoolistas, mais pessoas estão ficando doentes, mais internações em hospitais psiquiátricos, mais acidentes de trânsito, mais assassinatos, mais suicídios, mais famílias destruídas... E se isso é motivo de satisfação, uma de duas: ou o mundo está louco ou enlouqueci eu.

"No Brasil os fundamentos macroeconômicos positivos continuam a dar suporte ao crescimento da indústria. Além disso, o sucesso das nossas inovações e ganhos de market share em comparação com 2009 continuaram alavancando o crescimento do volume de cerveja, que aumentou 12,5% no trimestre. Nosso EBITDA normalizado no Brasil apresentou crescimento de 15,4% no trimestre, com margens reduzindo 130 pontos-base. Conforme divulgamos anteriormente, nosso CPV e SG&A sofreram impacto negativo principalmente dos maiores custos das latas importadas, do açúcar e dos custos logísticos mais altos devido ao aumento do volume nas regiões NE/NO. 'Nosso desempenho no Brasil confirma que estávamos com a estratégia certa para aproveitar o momento forte da indústria e entregar novamente resultados sólidos para cerveja e refrigenanc neste trimestre', diz João Castro Neves, Diretor Geral da Ambev."

Nosso desempenho no Brasil... Nós estávamos com a estratégia certa... resultados sólidos... Replay da minha frase final do comentário anterior.

"Nossas operações da HILA-Ex apresentaram um crescimento de volume de 4,1% e EBITDA negativo de R$ 21 milhões no trimestre, impactado principalmente pelo desempenho na Venezuela. João Castro Neves comenta: 'HILA-Ex continua desafiadora, no entanto demos um passo importante para melhorar nossa performance, que foi a aliança estratégica na Venezuela com a Regional, com a qual estamos muito satisfeitos e que nos deixa ainda mais confiantes de que vamos entregar melhores resultado na região'. A combinação de negócios com a Cervecería Regional na Venezuela foi finalizada em 20 de outubro de 2010 e será refletida no demonstrativo de resultados do quarto trimestre de 2010."

Não sei o que é HILA-Ex, mas aprendi que ela é desafiadora. E que a indústria da pior droga existente no mundo deu um passo importante para melhorar a sua performance e que está muito satisfeita e confiante nos resultados, e que o 4º trimestre de 2010 será ainda melhor do que o 3º trimestre. Melhor, claro, em dinheiro ganho com doenças, com acidentes e com mortes.

"Nossas operações na América Latina Sul contribuíram com um EBITDA Normalizado de R$ 349,4 milhões no período, refletindo maiores volumes no negócio de cerveja como resultado do crescimento da indústria na região e de ganhos de market share, parcialmente compensados por volumes fracos da indústria de refrigenanc. 'Alcançamos um crescimento de 16,8% no EBITDA do trimestre devido ao desempenho sólido do nosso negócio de cerveja, mesmo com o contexto ainda desafiador na Argentina. Fomos muito eficientes em suportarmos nossas marcas mainstream focando em maximizar nossas receitas', diz Bernardo Paiva, presidente da Quinsa."

Novamente o EBITDA Normalizado... Continuo não sabendo o que é, mas "R$ 349,4 milhões" eu sei. E também "maiores volumes no negócio de cerveja", "desempenho sólido do nosso negócio de cerveja", "muito eficientes...", "maximizar nossas receitas...", isso eu sei o que é.

"No Canadá, entregamos um EBITDA Normalizado de R$ 445,1 milhões no trimestre, registrando um aumento de 7,6% e uma expansão da margem em 610 pontos-base. 'Estou confiante na nossa habilidade de entregar resultados positivos através de disciplina no gerenciamento dos custos enquanto trabalhamos na estabilização da equação entre market share e rentabilidade no Canadá', diz Bary Benun, presidente da Labatt."

Brasil, Venezuela, Argentina, Canadá... Deve ser um bom negócio.

"A geração de caixa operacional no 3T foi de R$ 2.574,2 milhões, levando o acumulado para R$ 7.542,7 milhões, um aumento de 11,5% em relação ao mesmo período de 2009, enquanto o capex acumulado está próximo dos R$ 1,5 bilhão. 'Estamos no caminho para concretizar o investimento de R$ 2 bilhões de capex até o final do ano no Brasil', diz Nelson Jamel, diretor Financeiro e de Relação com Investidores da Ambev. 'Estamos satisfeitos com os resultados alcançados neste trimestre, não apenas pelo forte desempenho no Brasil, mas também pela evolução observada em outros importantes mercados. Como sempre, todas essas

conquistas foram possíveis devido ao comprometimento da nossa gente, que é nosso maior ativo e que tem uma vontade permanente de se superar com uma execução extraordinária. Continuaremos focados em aumentar nossa receita e buscar eficiências que nos ajudem a transformar gastos evitados em investimentos no mercado para financiar nossa estratégia de cost-connect-win', diz João Castro Neves, diretor-geral da Ambev. Resultado do terceiro trimestre de 2010."

Eu não sei o que é capex, nem R$ 2 bilhões, mas é muito dinheiro. Os investidores da Ambev têm motivo para estarem satisfeitos. "O comprometimento da nossa gente...", "Vontade permanente de se superar...", "Execução extraordinária...", "Continuamos focados em aumentar nossa receita...", "Estratégia de cost-connect-win...". Se lembro do inglês no colégio, win tem a ver com vencer... O negócio é vencer, ganhar dinheiro, ficar rico, comprar carro importado, escritório com ar-condicionado, vinhos e uísques de boa safra, tem que aproveitar a vida, ela é curta.

O que faltou nesse resultado vitorioso do 3º trimestre de 2010 foram as consequências do crescimento das vendas de bebidas alcoólicas, como, por exemplo:

– Quantas doenças foram provocadas?

– Quantas cirurgias de emergência?

– Quantos transplantes de fígado?

– Qual o número de aulas faltadas pelos alunos na manhã seguinte?

– Qual o número de faltas ao trabalho?

– Qual o número de acidentes causados?

– Qual o número de famílias destruídas?

– Qual o número de internações psiquiátricas?

– Qual o número de assassinatos cometidos?

– Qual o número de suicídios?

– Quantos obsessores ficaram satisfeitos com os resultados obtidos?

– Como está sendo a festa no Umbral pelo aumento crescente da venda de bebida alcoólica, resultado de uma estratégia cuidadosamente planejada lá?

– O que Deus acha de seus filhos que se dizem cristãos e voltaram a ocupar o Templo?

No site, encontramos também momentos "engraçados", em relação às vitoriosas estratégias de marketing utilizadas para embebedar e para viciar as pessoas com essa droga. Vejamos:

"O ano de 2010 registrou guinadas na publicidade de algumas das principais marcas da Ambev. No final de julho, depois do Mundial de Futebol, a Brahma anunciou a nova cor da sua lata, antes branca, agora vermelha. A mudança é parte da estratégia do novo posicionamento da marca 'O sabor de sua Brahma agora na cor da Brahma'. Com o conceito, a Brahma, que ao longo dos três anos anteriores havia direcionado a comunicação nos valores de seu consumidor, passou a destacar as principais características do produto: a tradição e a singularidade de seu líquido e sabor. Criada pela agência África, a campanha começou com um teaser, que perguntava 'Por que a lata da Brahma é branca?'"

Alguém sabe por quê? Por favor, me informe.

"A Antarctica também estreou seu novo posicionamento em julho. A campanha 'Boa é Antarctica. A cerveja da Diretoria', criada pela agência AlmapBBDO, busca traduzir aprendizados de pesquisas, que indicam o perfil de quem consome Antarctica Pilsen: pessoas que valorizam relações pessoais estáveis baseadas em confiança e reciprocidade. São bons de papo e gostam de saborear a bebida com seus amigos de longa data e a família, tanto em bares como nos churrascos, nas feijoadas e nos encontros aos fins de semana."

Releiam a comovente Cartilha de como os pais devem falar com seus filhos sobre bebida alcoólica.

"A marca líder também surpreendeu. A Skol mudou sua comunicação em setembro, com a campanha 'Um por todos. Todos por uma', assinada pela F/Nazca, reforçando com bom-humor o posicionamento de sociabilidade e curtição com os amigos, principais características da marca."

Os três mosqueteiros devem estar se revirando no túmulo... Fazer tudo aquilo para virar propaganda da Skol. Ninguém merece.

"Para traduzir de forma irreverente o principal atributo da principal inovação da Ambev em 2010, a Skol 360°, uma cerveja que não estufa, a agência F/Nazca criou o conceito criativo do 'homem baiacu', que define de maneira divertida o grupo de pessoas que se sente estufado quando bebe cerveja. O produto foi lançado em São Paulo, depois do bom desempenho do projeto piloto em Brasília e em Goiás, no primeiro semestre deste ano."

Homens-baiacu, reajam!

"A criatividade dos anúncios de Skol foi reconhecida. Em novembro, a agência F/Nazca ganhou o prêmio da categoria Campanha, um dos principais do 32° Profissionais do Ano, pela série de filmes 'Redondo é Rir da Vida.'"

Entendi... o negócio é rir da vida, a vida é pra curtir, não levar nada a sério, pra que estudar?, trabalhar duro é pra otário... tem é que ganhar grana, beber, fumar um, cheirar umas carreirinhas... E com essa apologia do não trabalho, do não levar a vida a sério, do não amadurecer, ainda ganha prêmio? Por favor, chama Jesus.

Para não dizerem que estamos pegando pesado demais com essa empresa, que representa em sua filosofia todas as empresas que fabricam e que vendem produtos prejudiciais para a humanidade, sob um aspecto inocente de incentivadoras de aumento de empregos e de impostos, vamos colocar aqui esse atestado de cuidado que tem com as nossas crianças, que pelo Estatuto da Criança e do Adolescente é a pessoa até doze anos de idade incompletos:

Publicidade responsável para crianças

"A Ambev se compromete a não inserir anúncios publicitários de seus produtos em programas de televisão, de rádio, mídia impressa ou sites de internet, que tenham 50% ou mais da audiência constituída de crianças. Em conjunto com outras 23 empresas, líderes da área de ali-

mentos e bebidas, elaboramos e adotamos um *Compromisso Público de Publicidade Responsável*. O documento, em vigor desde 1º de janeiro de 2010, estabelece os seguintes compromissos:

"1) Não fazer, para crianças abaixo de 12 anos, publicidade de alimentos ou bebidas, com exceção de produto cujo perfil nutricional atenda a critérios específicos baseados em evidências científicas.

"1.1) Os critérios mencionados serão adotados específica e individualmente pelas empresas signatárias.

"1.2) Para efeito desse compromisso, as limitações são para inserções publicitárias em televisão, rádio, mídia impressa ou internet que tenham 50% ou mais de audiência constituída por crianças de menos de 12 anos.

"2) Nas escolas, não realizar, para crianças com menos de 12 anos, qualquer tipo de promoção com caráter comercial relacionada a alimentos ou bebidas que não atendam aos critérios descritos anteriormente, exceto quando acordado ou solicitado pela administração da escola para propósitos educacionais ou esportivos.

"3) Promover, no contexto de seu material publicitário, quando aplicável, práticas e hábitos saudáveis, tais como a adoção de alimentação balanceada e/ou a realização de atividades físicas."

O compromisso, certamente imposto pela Justiça, é de não inserção de publicidade de bebida alcoólica em programas, mídia, sites, constituídos de uma audiência de 50% ou mais de crianças até 12 anos incompletos. Lembremos que a idade média em que as crianças começam a beber é de 13-14 anos, imitando os adultos viciados. Venho aqui propor a ampliação desse limite para 21 anos, e mais adiante proibir completamente anúncios da droga em qualquer meio de comunicação.

Mas vejamos agora o Reconhecimento da Ambev pelos serviços prestados:

Veículos da imprensa como Exame, Você, Valor e Época reconhecem a atuação da Ambev.

"Nossa atuação é reconhecida externamente. Ao longo dos mais de dez anos de sua existência, diversas instituições vêm concedendo distinções à Ambev por iniciativas socioambientais e por seu desempenho econômico. Um dos prêmios mais expressivos, entre tantos já recebidos, veio no primeiro semestre deste ano de 2010, quando a Ambev foi eleita a melhor empresa da década pelo prêmio 'Destaque Agência Estado'. O ranking elege as empresas que tiveram o melhor desempenho do ponto de vista dos acionistas dos últimos dez anos, e é elaborado pela Agência Estado, do mesmo grupo que detém o jornal O Estado de S. Paulo, em parceria com a Consultoria Econommática."

A melhor empresa da década! Por qual critério? Ajudar a acabar com a miséria do povo? Acabar com a fome? Aparelhar os hospitais para atender dignamente o povo brasileiro? Tornar o ensino brasileiro um exemplo para o mundo? Não, do ponto de vista dos acionistas. Hum...

"Na área de gestão de pessoas, figuramos todos os anos na lista das melhores empresas do Brasil para se trabalhar de acordo com dois rankings: o das revistas Você S/A e Exame e o feito pela revista Época em parceria com o Great Place to Work. Na edição 2010 do Prêmio Você/Exame, a Ambev foi eleita a melhor empresa na categoria 'Gestão de Talentos'."

A melhor empresa em gestão de talentos. Talentos para o quê? Visitar velhinhos solitários, fazer companhia e tricô com velhinhas abandonadas em asilos? Distrair crianças órfãs em orfanatos? Levar comida para os mendigos nas ruas? Não, talento para vender bebida alcoólica. Chega a dar um cansaço...

"Recentemente, recebemos o Prêmio Transparência, que destaca as corporações cujos balanços contábeis se destacaram pela clareza e qualidade das informações. Ficamos em 1º lugar em ranking do Valor Carreira, anuário que elege as melhores em gestão de pessoas."

Prêmio Transparência. Isso é verdade, é tudo transparente, só não vê quem não quer.

Chega de Ambev. Sejamos transparentes também. Todos sabemos que a propaganda de cerveja no Brasil é extremamente agressiva, endereçada sutilmente às crianças e aos adolescentes, visando viciá-las o mais cedo possível. Se com isso forem mal no colégio, se ficarem doentes, se sofrerem acidentes, se destruírem as suas famílias, isso não importa, o que importa é ganhar dinheiro, festejar o aumento do consumo, abrir novas fábricas sempre com a presença da imprensa comemorando aquele evento e de muitos políticos discursando e aparecendo nos jornais e nas televisões sorridentes, por esse grande avanço do "progresso social". Afinal, são mais empregos, mais impostos, mas a que custo? Doença, acidentes, mortes. Mas isso não importa, o que importa é ganhar dinheiro.

Todos sabemos que os adolescentes que bebem com alguma ou com muita frequência, geralmente, têm pai, mãe e familiares que também ingerem álcool com alguma ou com bastante frequência. Todos sabemos que o consumo inicia vendo-os bebendo nas festas, porque fomos criados em uma sociedade que não consegue imaginar uma festa sem bebida, em casa à noite "para aguentar o tranco", nos fins de semana "para relaxar", para "comemorar" uma conquista profissional ou financeira, para "festejar a vitória do seu time" ou para "esquecer a derrota", para "brindar" nos aniversários, no Natal, no Ano-Novo, enfim, qualquer festa ou acontecimento é sempre associado ao ato de beber.

E quando um jovem torna-se viciado em bebida alcoólica, pelo mau exemplo dos adultos e por ação da propaganda nas rádios, nas televisões, nos jornais, simplesmente está reproduzindo, com a veemência dessa faixa etária, o mesmo comportamento de sua família e de quase todas as famílias, o que aprendeu desde criança vendo em sua casa e nas festas, o que lhe ensinaram e continuam lhe ensinando, o que lhe dizem seus ídolos do esporte, sempre sorrindo, sempre vencedores, com um copo ou uma latinha na mão, o que enxerga nos outdoors nos campos de futebol, nos carros de corrida. Enfim, nós viciamos os nossos filhos ou permitimos que os fabricantes de bebida alcoólica e algumas agências de publicidade o façam, com o beneplácito dos nossos governos, e depois os levamos aos psicoterapeutas para curar seu vício, criado, incentivado e permitido por nós mesmos, pela nossa irresponsabilidade e pela nossa omissão.

A mensagem que incutimos neles, desde crianças, e que alguns meios de comunicação se encarregam com extrema competência de confirmar, baseados no interesse de vender e ganhar dinheiro, é de que temos de relaxar com algo, temos de nos ativar com algo, temos de comemorar as vitórias com algo e esquecer com algo as derrotas, preparando o campo propício para, simplesmente, o jovem, curioso, um dia mudar o objeto do consumo e passar, então, para as chamadas drogas: a Cannabis, a cocaína, o crack e outras coisas. Mas quem viciou ou permitiu que viciassem os nossos jovens? Nós mesmos. Nós viciamos os nossos filhos nas drogas lícitas e depois infernizamos a nossa vida e muitas vezes acabamos com a vida deles, quando, simplesmente, agregam um "i" e passam a consumir as drogas ilícitas. A única diferença é um "i".

Uma criança que cresce vendo seus pais e seus familiares bebendo, comemorando vitórias, derrotas, aniversários e festas em geral, começa a apreender como é essa vida de adulto, o que os adultos fazem, como eles fazem, e acreditam, então, que isso é o certo. E, aliadas a esse exemplo que damos a eles, as estratégias de vendas da indústria de bebida, principalmente da cerveja, estimulam o seu consumo precoce entre crianças e adolescentes, para viciá-los. Seguindo o nosso próprio exemplo, a publicidade passa uma imagem de festa, de alegria e de diversão associada à cerveja e, esmerando-se ainda mais, atua na área da sexualidade e do sucesso afetivo e profissional. A aparência é de incentivo à cultura, de apoio às festas populares, de alegria, mas a finalidade é uma só: embebedar a todos e aumentar o número de usuários da droga. Ou seja, os governos permitem e nós concordamos, e muitas vezes participamos, de uma tática perversa de nos drogar e aos nossos filhos, sob os mais simpáticos e coloridos disfarces.

Os fabricantes de bebida alcoólica, indiferentes ao mal que provocam, sem nenhum amor ou consideração por nós, e pelos nossos filhos, visando apenas o lucro, incentivam eventos em que a promoção da bebida alcoólica é fortíssima, e transformam manifestações culturais em estratégia de venda. O importante não é o evento, não é a cultura, o importante é vender bebida e ganhar muito dinheiro. Se algum jovem, saindo dali, embriagado, bater o carro e ficar tetraplégico ou morrer, isso não importa, o que importa para o fabricante e para o pessoal do marketing é quantas caixas venderam, quanto dinheiro ganharam, isso é festejado por eles, em seus escritórios, entre risadas e comemorações, enquanto os jornais, as rádios e as televisões noticiam os acidentes, as mortes, os assassinatos, provocados pelo uso da bebida alcoólica, mas para aliviar a sua consciência também associam-se às campanhas antiálcool, às campanhas contra acidentes de trânsito, numa demonstração de como é possível adorar a dois Senhores.

Nenhuma campanha antidroga funcionará enquanto os pais não pararem de ensinar os seus filhos a beber, parando eles mesmos de usar essa droga, enquanto algumas agências de publicidade, parceiras dos fabricantes dessa droga, não pararem de colaborar com a venda delas e os meios de comunicação não se recusarem a veicular os seus anúncios malignamente enganadores. É uma grande hipocrisia afirmar que a maconha é a porta de entrada para as drogas: são a bebida alcoólica e o cigarro. Elas são as drogas que abrem a porta para as chamadas drogas, a maconha, a cocaína e outras. Qualquer pai ou mãe que beba, diariamente ou frequentemente, qualquer quantidade de bebida alcoólica e fume cigarro é dependente químico e não possui uma autorização interna para condenar o seu filho se ele também beber, fumar cigarro ou usar qualquer outra droga.

Algumas agências de publicidade, buscando anunciantes sem nenhum critério a não ser o de ganhar muito dinheiro, para ficarem famosas e disputarem o prêmio de Melhor Agência do Ano, divulgam qualquer coisa, ajudam a vender qualquer coisa, cigarro, bebida, produtos supérfluos, "alimentos" artificiais, vale tudo. As propagandas de bebida alcoólica mostram modelos ou cantoras seminuas, ganhando dinheiro e vendendo a sua alma, segurando garrafas geladas, com a espuma da cerveja transbordando dos copos e das canecas, numa celebração de festa, de sexualidade e de alegria. Alguns jogadores e treinadores de futebol transmitem a mesma mensagem, de que o importante é festa, sexualidade, alegria, e eles são vencedores, ganham salários milionários, qual jovem não gostaria de estar em seu lugar, ser famoso, ganhar muito dinheiro, ter todos os homens ou todas as mulheres aos seus pés, e eles conseguiram tudo isso porque bebem cerveja, são vencedores porque bebem, estão sempre sorrindo, eles são felizes, são realizados! Vários cantores e cantoras participam desse crime, fazendo propaganda de cerveja, sempre sorrindo, adoecendo e matando os jovens, arrasando as vidas de pais e de famílias, em troca de algumas moedas de ouro.

A mensagem que nossos jovens recebem desde criança em casa, nas festas familiares e na televisão, que nós permitimos que eles assistam livremente, é de que, onde houver festas e pessoas, é obrigatória a presença de bebidas alcoólicas. É inviável uma festa, uma comemoração, sem álcool. Nós embebedamos nossos filhos com nosso exemplo e conivência e depois choramos quando eles se tornam dependentes químicos.

As indústrias do álcool e da propaganda desempenha um papel extremamente cruel, daninho e irresponsável, eminentemente mercantilista, ao associar as bebidas alcoólicas a momentos gloriosos, à sexualidade e a ser brasileiro. O estímulo ao consumo de cerveja veiculado, maciçamente, através das propagandas na mídia em geral e através da promoção de eventos esportivos e culturais (shows de artistas populares, por exemplo), nos últimos anos, em nosso país, guarda relação direta com o aumento do consumo de cerveja, principalmente, pelos jovens.

Os fabricantes de cerveja no Brasil gastam cerca de R$ 1 bilhão de reais por ano em anúncios na mídia, e as inteligentes e criativas propagandas geralmente remetem ao público mais jovem, porque o maior consumidor de cerveja está na faixa etária dos 14 aos 29 anos. Não gastariam essa soma em publicidade se o retorno financeiro não fosse muito maior do que ele. Viciar os jovens? Não importa. Ficarem paraplégicos ou morrerem em acidente de carro? Não importa. Ferirem-se ou matarem-se nas bebedeiras? Não importa. Tornarem-se alcoolistas, necessitarem de tratamento psicológico ou médico ou internações? Não importa. Destruírem-se famílias, enveredarem pelo caminho das outras drogas, acabarem com a sua vida e a de outras pessoas? Não importa. Jovens talentosos para as artes, para os esportes e para outras habilidades não conseguirem realizar seus sonhos porque acreditavam que bebendo é que conseguiriam e, tarde demais, percebem que bebendo é que não conseguiram? Não importa. O que importa para os fabricantes de bebida alcoólica e para o seu pessoal do marketing é apenas dinheiro, a qualquer preço, de qualquer maneira, nem que seus próprios filhos viciem-se em álcool ou em outras drogas, nada é mais importante do que sua conta bancária, seu vinho ou seu uísque de boa safra, seus finais de semana em paraísos idílicos, suas casas luxuosas, seus carros importados. Isso é o importante, afinal de contas, bebe quem quer e quanto quer, e lá embaixo, bem pequeno, meio disfarçado, sempre está "Beba com moderação", que o governo, parceiro na hipocrisia, manda colocar.

Uma afirmação falsa é de que o vinho é benéfico à saúde, mas não é o vinho, que contém álcool, e sim a uva, que contém flavonoides. Então, em vez de vinho, basta tomar suco de uva ou comer uva.

As pessoas que utilizam bebidas alcoólicas, ao contrário do prometido sucesso pessoal, das vitórias nos esportes, nas relações afetivas e sexuais e na vida profissional, começam a desenvolver silenciosamente várias doenças, e começa a mudar a perspectiva, pois após alguns anos de festa e de diversão, de comemorações e de alegria, o sucesso e as conquistas mais frequentes são as doenças e as internações. As "festas", a "alegria", o "sucesso" e as "vitórias" passam a ser comemoradas nas clínicas especializadas em desintoxicação e nos hospitais psiquiátricos pelos ingênuos e infelizes usuários, enquanto os fabricantes, os publicitários envolvidos e pessoas dos meios de comunicação estão em casa comemorando o aumento espetacular das vendas, a não ser que estejam eles mesmos internados ou algum filho ou parente seu.

Mais um pouquinho de Ambev, para quem estava com saudade... No site da Ambev estão os Prêmios obtidos por ela em 2010:

1. Melhor empresa da década pelo prêmio "Destaque Agência Estado Empresas"

2. Valor Carreira 2010 – As Melhores na Gestão de Pessoa

3. Você S/A – Exame – "150 Melhores Empresas para Você Trabalhar"

4. Época – Great Place To Work

5. Carta Capital – "As Empresas mais Admiradas no Brasil"

6. Revista Globo Rural – "Melhores do Agronegócio 2010"

7. Troféu Transparência, 4º Prêmio Intangíveis Brasil

8. Prêmio Lide de Marketing Empresarial

9. 9º Prêmio "Empresa dos Sonhos dos Jovens"

10. Top of Mind Folha, Melhores da Dinheiro

11. 7º Prêmio Fiec de Desempenho Ambiental

12. Prêmio Topvale 2010, 27º Prêmio AGAS 2010

13. Prêmio Empreendedor José Paschoal Baggio

14. Além de vários prêmios internacionais.

Mas não quero ser injusto, a Ambev também realiza um trabalho de caridade, veja abaixo:

Reformas de bares e restaurantes

"Valorizar os pontos de venda dos nossos parceiros. Esse é o objetivo do 'Antes e Depois - Renovar é fácil. É só querer', o programa de reformas de bares e restaurantes da Ambev. Os resultados são surpreendentes. Em pouco tempo, os estabelecimentos são remodelados e passam por uma verdadeira operação plástica. Levemente inspirado num reality show da TV norte-americana, o programa promove intervenções nas instalações. As reformas atingem a fachada e o interior dos pontos de venda, que recebem pintura, luminosos, placas de parede e de banheiro, mosaico, cortina, pirulitos e adesivo de balcão, além de mesas e cadeiras com as marcas da Ambev: Brahma, Skol e Antarctica, entre outras. A nova roupagem dos bares atrai a atenção dos consumidores, incrementa o negócio e também

melhora a autoestima dos funcionários, que agora podem trabalhar em um local completamente renovado."

Isso é certamente uma "obra de caridade", mas se atrair a atenção dos consumidores, incrementar o negócio, melhorar a autoestima dos funcionários, e as pessoas beberem mais, ficarem pela rua, buscarem outras drogas, chegarem em casa bêbados (se chegarem...), agredirem os pais, ou a mulher e os filhos, no dia seguinte não conseguirem acordar, perderem aula, perderem o emprego, isso sim que vai ser um reality show de verdade!

Os fabricantes de cerveja são pessoas muito alegres e adoram oportunizar alegria para nós. Eles querem ver todo mundo feliz, adoram uma festa. Claro que se durante ou após a festa acontecerem acidentes ou incidentes, ou as milhares de crianças e de adolescentes presentes, assistindo e participando daquela festança toda, vendo seus irmãos mais velhos, seus pais e outros familiares bebendo e fumando, assistindo aos shows de artistas consagrados referendando aquilo tudo, as rádios irradiando tudo com muita alegria, as televisões presentes e transmitindo aquele belo acontecimento cultural, muitos políticos sorrindo, e, claro, também bebendo, resolverem que também irão beber e fumar, isso não é responsabilidade de quem fabricou, distribuiu, divulgou e incentivou a festa. Afinal de contas, tem a recomendação governamental bem pequenininha de "Beba com moderação", todo mundo sabe os prejuízos do excesso de bebida alcoólica, exagera quem quer, e tem as Cartilhas no site da Ambev de como os pais devem conversar com seus filhos sobre bebida alcoólica.

Vejam como o pessoal que fabrica e distribui bebidas fica alegre e contente com as festas, diga-se, com os resultados das vendas e com o aumento do alcoolismo:

Festas da cerveja. As celebrações das tradições alemãs no Brasil

"Os números de cada edição da Oktoberfest realizada em Munique são espetaculares! Quase 10 milhões de pessoas e um consumo de 7 milhões

de litros de cerveja! Mas não é preciso sair do Brasil para aproveitar uma festa tipicamente alemã. Inspirados no evento da Baviera, diversos municípios da Região Sul promovem festivais repletos de atrações folclóricas. E, claro, com muito chope e cerveja. A mais conhecida é a Oktoberfest de Blumenau, cidade catarinense colonizada há 160 anos por imigrantes germânicos. A primeira edição aconteceu em 1984. Hoje, a Oktober do Vale do Itajaí tem o status de segunda maior festa alemã do mundo, recebendo cerca de 700.000 visitantes atraídos pela cultura, culinária e muito chope.

Já a Oktoberfest de Santa Cruz do Sul, no Rio Grande do Sul, mobiliza cerca de 350 mil visitantes em dez dias.

Os dois eventos têm apoio do Chopp Brahma, que desenvolve uma série de ações para homenagear a cultura local. Entre elas, uma bela decoração temática e espaços exclusivos. Ações de incentivo ao consumo responsável também estão presentes."

Esses números são realmente espetaculares! Pena que não discriminam por faixa etária. Quantas crianças de 8 a 11 anos? E de 12 a 14 anos? De 15 e 16 anos? De 17 e 18 anos? Distribuem a Cartilha lá? Mas não sejamos excessivamente exigentes: o Chopp Brahma desenvolve uma série de ações para homenagear a cultura local e ações de incentivo ao consumo responsável, mas se essas pessoas beberem demais, certamente não ficarão tristes com isso... Eu preferia que nessas festas não houvesse bebida alcoólica à venda, mas eu sou um sonhador.

Bem, você que bebe, todos os dias ou quase, em todas as festas, aniversários, churrascos, comemorações, seus pais bebiam, seus filhos vão beber, seus netos vão beber, prepare-se:

1) Faça um bom Plano de Saúde e de Previdência Privada para quando seu corpo começar a mostrar as consequências disso ou se morrer antes em um acidente automobilístico ou por uma doença grave.

2) Prepare-se para a hipótese de seu filho exagerar na dose, enveredar por outras drogas, dizer que você também bebe, que não tem moral para mandá-lo parar, e talvez a Cartilha da Ambev então não consiga ajudá-lo.

Ou, então, faça como eu e milhares de pessoas no mundo que descobriram que foram induzidos a esse vício: não beba! É perfeitamente possível viver sem bebida alcoólica. Pare com a cerveja, pare com o vinho, pare com o uísque, pare com a cachaça, tome água, tome suco de frutas, respeite o seu Templo, feche sua boca, feche seus olhos, feche seus ouvidos, não se deixe enganar mais, dê o exemplo para seus filhos, para seus amigos e para seus parentes, certamente vários deles são alcoolistas e necessitam de um exemplo para parar e para salvar-se. Seja um verdadeiro espiritualista, cuide de si, cuide das outras pessoas, viva bastante tempo, não fique doente, não morra antes do tempo, não corra o risco de seu filho chorar por você ou você chorar por ele...

Onde está a sua capacidade de discernimento, a sua opinião própria, a sua liberdade de dizer "Sim!" ou "Não!", você é um cordeiro, uma marionete, um Maria-vai-com-as-outras ou uma pessoa de personalidade, de atitude, você é um perdedor ou um vencedor? Está cego, não está vendo o que estão fazendo conosco, rindo de nós, ganhando dinheiro com a nossa desgraça? Seja um indignado pacífico. Chega de ser manipulado, enganado.

Ou, então, continue, achando que tudo isso é bobagem, que estamos exagerando, esses naturalistas, querendo que todo mundo pare de beber, pare de fumar, continue viciado, viciando seus filhos, permitindo que os viciem, que ganhem dinheiro com a sua desgraça. Como aquele beija-flor na floresta incendiando, eu estou aqui, fazendo a minha parte. Você pode fazer a sua. E aí seremos dois. E vamos somando. Um dia a bebida alcoólica desaparece do nosso planeta. Enquanto isso, um brinde ao Amor, com água ou com suco de frutas.

O CIGARRO

Por que alguém começa a fumar. Como viciaram os homens e as mulheres: a mensagem do "charme" e do sucesso pessoal no cinema norte-americano na década de 30. Como são viciados as crianças e os jovens atualmente. A nova estratégia: viciar as pessoas da melhor idade.

Até o final do século XIX, fumar cigarro era raridade. Em 1880, o norte-americano James A. Bonsack inventou uma máquina capaz de enrolar 200 cigarros por minuto, o que criou condições para o aparecimento da indústria. Então veio a distribuição de cigarros aos soldados nas trincheiras, durante a Primeira Guerra, e seu uso, que se achava restrito às camadas marginais das sociedades norte-americana e europeia, disseminou-se. Em 1900, o consumo anual norte-americano era de cerca de 2 bilhões de cigarros, em 1930, chegou a 200 bilhões!

Uma das principais razões para esse "sucesso do cigarro", uma das duas drogas legalizadas, e para o tabagismo ser atualmente uma das mais importantes doenças no mundo deve-se ao fato de existirem grupos poderosos interessados em produzir e em vender tabaco. E, para isso, contam com o prestimoso auxílio de excelentes publicitários, sempre, e cada vez mais, criativos. Como no caso da bebida alcoólica, conseguiram convencer uma grande parcela da humanidade de que fumar é uma coisa normal e os governos, para "não se incomodarem", mantêm a legalização dessa droga. E como no caso da bebida alcoólica, conseguiram viciar várias gerações de pessoas, no caso do cigarro, numa estratégia conjunta com a indústria cinematográfica norte-americana.

No século XX, com o surgimento do cinema como meio de comunicação de massas no planeta, os estúdios foram alvo das campanhas de marketing da indústria tabagista e criaram a "glamourização do tabaco". Muitos galãs de Hollywood, a peso de ouro, venderam-se para enviar uma imagem parecida com a que ainda hoje é utilizada: eram belos, heroicos e fumavam! Alguém consegue imaginar o mito Humphrey Bogart sem o seu companheiro de solidão, o cigarro? Ao longo do clássico Casablanca, ele raramente é visto sem um cigarro. A indústria tabagista utilizou o cigarro como um "acessório" de imagem bem-sucedida e criou em seus anúncios um estilo de vida que reflete o sucesso, a beleza e o poder. Este estigma persiste ainda hoje, no século XXI, e faz parte desta indústria da morte. Hoje em dia, em cada país, a publicidade adapta-se ao que pode convencer as pessoas de que fumar traz benefícios, e no Brasil são o futebol e as corridas de automóvel.

Os estúdios de cinema e os galãs de Hollywood das décadas de 30 e 40, como Cary Grant, Gary Cooper, John Wayne e Clark Gable, recebiam dinheiro dos fabricantes de cigarro para promover o produto. John Wayne, Gary Cooper e Humphrey Bogart morreram de câncer. De lá para cá, fumar tornou-se símbolo de "galã" (conquistador) e todos os homens queriam fumar e as mulheres queriam homens que fumassem para que fossem parecidos com os galãs do cinema norte-americano (até hoje, menos evidente, mais disfarçado, vemos nos cantinhos das telas, num relance, propagandas de cigarro e de bebida alcoólica).

Depois que a indústria cinematográfica viciou os homens, a estratégia da indústria tabagista foi de viciar as mulheres e começar a comprar as atrizes norte-americanas, que começaram então a fumar nos seus filmes e, com isso, conseguiram viciar também as mulheres, que queriam ser parecidas com elas, pois os homens queriam que elas fossem "sexy" como as atrizes, e essas fumavam (qualquer semelhança até hoje em vender coisas que as atrizes usam não é mera coincidência...).

A indústria tabagista conseguiu viciar os homens e as mulheres, como ainda faz hoje, mas, atualmente, faz isso de uma maneira ainda mais cruel, visando principalmente aos adolescentes, com estratégias tipo "Eu faço o que quero!", "Ninguém manda em mim!", com mensagens de masculinidade, de rebeldia, associando fumar ao sucesso e à liberdade, quando na verdade os nossos jovens deveriam é revoltar-se contra esse tipo de sacanagem e libertarem-se dessa caretice de segurar um símbolo fálico e levarem-no à boca, a não ser quem precise disso, mas aí é com Freud.

A indústria do cigarro é a responsável pelas propagandas mais malignas e cruéis jamais elaboradas, influenciando diretamente no nosso comportamento. Uma triste marca para a humanidade, ser tão influenciada por uma indústria que vende um produto que vicia e que mata lentamente os seus consumidores. Mas isso, como no caso dos fabricantes da bebida alcoólica, não causa nenhum problema de consciência nos produtores de fumo, nos distribuidores, nos divulgadores, nos promotores e nas pessoas que vendem a droga, pois, como no negócio da bebida alcoólica, o negócio do cigarro é ganhar dinheiro, com as mais diversas desculpas e mecanismos psicológicos de negação para poder conciliar fazer essa maldade com milhões de pessoas e conseguir ser pai/mãe de família, ser frequentador de alguma religião, considerar-se uma pessoa de bem.

Nos anos 80, a propaganda de cigarros já sofria restrições na Europa e em países de outros continentes, sendo obrigatório que o produto trouxesse em sua embalagem um selo de alerta de que aquele produto causava danos irreversíveis à saúde (como é atualmente também no Brasil), mas como, naquela época, ainda não existia esta imposição aqui, os fabricantes da droga sabiam dos danos e os governos também, mas o cigarro continuava a ser comercializado livremente, sem advertências, e promovido por campanhas publicitárias que fascinavam uma geração, que, embriagada pelo marketing, sonhava com a virilidade selvagem do cowboy da Marlboro ou com os modelos elegantes e bem-sucedidos das campanhas da marca Hollywood. Os fabricantes de cigarro fazerem isso, aceita-se, afinal produzir e vender esse veneno é o seu negócio, mas e os nossos "governantes"?

Vejamos algumas das estratégias que vêm sendo utilizadas para nos enganar. A Marlboro criou, em 1954, o Marlboro Man, personagem que fez parte das suas campanhas publicitárias até 1999. O personagem foi criado por John Landry, da agência Leo Burnett, como parte de uma campanha (Delivers the Goods on Flavor) de redirecionamento da marca, que na época era direcionada para o público feminino. O brilhantismo da campanha foi tanto que o cigarro Marlboro se tornou um ícone do mundo masculino. Os anúncios destacavam o homem em situações de impetuosa virilidade, explícita ou velada, domando cavalos belíssimos, atingindo o clímax e a volúpia final com a frase: "Terra de Marlboro, onde os homens se reúnem!", criando no mundo masculino a insinuação de que o homem que fumasse o cigarro seria macho e viril! Claro que os anúncios não mostravam as estatísticas médicas de que fumar pode provocar impotência sexual e câncer de próstata, além de outras centenas de doenças graves, mas isso deve ter sido um esquecimento dos publicitários ou os fabricantes da droga não lhes informaram esses pequenos detalhes.

Dois dos modelos que representaram a figura apoteótica do cowboy da Marlboro, Wayne McLaren e David McLean, morreram de câncer devido ao uso contínuo do cigarro. Wayne McLaren no leito de morte, em 1992, aos 49 anos, pronunciou as suas últimas palavras: "Eu sou a prova morta de que o cigarro vai matar vocês!". As imagens do ex-cowboy agonizando foram vinculadas nas campanhas internacionais antitabagistas e em nada lembravam a virilidade do homem sobre o seu cavalo indomável...

No Brasil, a presença das marcas de cigarros na mídia criaram termos e expressões populares, como "A Lei de Gerson", termo criado para designar a malandragem em contraponto ao trabalho honesto e dedicado. Poucas pessoas lembram que essa expressão surgiu com o comercial do cigarro Vila Rica, onde um famoso jogador de então, em troca de muito dinheiro, ao acender e tragar um cigarro dessa marca, soltava o famoso bordão: "Gosto de levar vantagem em tudo, certo?". A indústria de bebida alcoólica ainda utiliza essa imagem de "levar vantagem" em seus comerciais daquela droga, insinuando que quem bebe é malandro, ganha as mulheres, faz sucesso...

Outros bordões de cigarros tornaram-se ícones do cenário nacional da propaganda, como o da campanha dos cigarros LS, nos anos 70, feita por um rapaz muito bonito, que era modelo: "O fino que satisfaz". Aliás, os publicitários que ajudam a vender essa droga gostam muito de utilizar jovens bonitos nas propagandas, de preferência famosos e vencedores, levando os demais a invejá-los e quererem ser como eles. Muitas pessoas na época acreditavam que essa alusão ao "fino" era uma insinuação em relação a um baseado (cigarro de maconha), que na época da contracultura começava a adentrar na cultura jovem, rebelde e "livre". Não sei, mas de algumas pessoas da publicidade que vendem a sua alma por dinheiro pode-se esperar tudo.

E as propagandas de "cigarro para mulheres" daquela época, quando elas já tinham sido viciadas? Eram comerciais mais sensíveis, de forte apelo emotivo do universo feminino, como os do Charm: "O importante é ter charme" e os do cigarro Ella: "Ela sou eu!". O "charme" começou, lembram, com o cinema norte-americano aliado às companhias fabricantes de cigarro vendendo essa imagem de que fumar é "elegante", é "sexy", é um sinal de "liberdade", e isso continua até hoje.

Mais que uma influência, os anúncios da marca Hollywood ditaram um estilo de vida que atingiu a juventude dos anos 80. Durante vários anos, as propagandas desta marca de cigarro foram todas voltadas para o esporte radical. Trazia clipes que se tornaram cult de toda uma geração que viveu intensamente os anos 80. Os adolescentes de então sonhavam em ser como os homens das propagandas dos cigarros Hollywood, e fumar, trazer na mão um cigarro, para estar na moda, para ser um homem vencedor.

Era comum ver as celebridades fumando durante entrevistas, atores das telenovelas nas novelas da Globo fumando em pleno horário nobre. As campanhas publicitárias de cigarro foram banidas da televisão, mas, mesmo depois de banidas da mídia através de uma lei federal, as marcas de cigarros continuaram a vincular o seu produto camufladamente na produção de espetáculos culturais como o Free Jazz Festival e nas corridas de Fórmula 1, com propagandas nos carros, nos capacetes e nas roupas dos pilotos.

Acho interessante, para não dizer inacreditável, que a indústria tabageira seja considerada e tratada como uma indústria de um produto qualquer, quando é uma indústria que produz um veneno que adoece e mata milhões de pessoas! Se eu fosse político, nunca participaria de nenhum evento de "comemoração" da inauguração de mais uma fábrica de cigarro ou patrocinado por essa indústria, mas vemos nos jornais e nas televisões, de vez em quando, uma verdadeira festa comemorativa quando abrem mais uma fábrica de cigarro em uma certa cidade ou estado, com políticos, com artistas, com pessoas famosas, comemorando. Mas estão comemorando o quê? O aumento da matança?

Nesse ano de 2011, a indústria tabageira está preocupada com a perda da competitividade do tabaco brasileiro no mercado externo, e a mídia comenta isso, aborda esse assunto, como se estivessem falando de arroz, de feijão, de milho, de trigo, enfim, de alimentos, ou de produtos benéficos para as pessoas, coisas que vão enriquecer nossa vida, nos trazer prazer, saúde, crescimento, mas estão preocupados com a competitividade do tabaco, que produz cigarros, que todos os governos alertam que é droga, que proíbem fumar na frente de crianças, fumar em lugares fechados, cada vez menos permitido fumar em qualquer lugar, algo que já deveria ter sido erradicado da face da Terra, mas que continua sendo produzido e vendido, para nossa vergonha e incredulidade!

Um diretor regional financeiro, ou seja, de números, da Alliance One Brasil, afirma: "À medida que a moeda local se valoriza, a empresa se torna menos competitiva e isso reflete negativamente nas exportações". Que horror, a empresa está sendo prejudicada... Uma empresa que lida com uma droga, um "produto" que apenas prejudica, está sendo prejudicada... Mas já deveria ter sido fechada há muito tempo, como todas as outras que fabricam, que comercializam e que vendem cigarros, se houvesse um mínimo de coerência nos nossos governos, todos eles, de todos os partidos.

Um diretor da Souza Cruz está preocupado: "...e todo um trabalho de qualidade desenvolvido vai por água abaixo face a uma taxa cambial desfavorável...". Trabalho de qualidade? Mas que qualidade? Melhores cigarros? Embalagens mais atrativas? Publicidades mais enganosas?

E um outro diretor afirma: "A situação é muito difícil. O Brasil conseguiu chegar ao posto de maior exportador mundial porque tinha, além de qualidade e de volume, preço competitivo, mas atualmente...". Meu Deus, isso deve ser um pecado!

Outra preocupação do setor tabagista brasileiro é que outros países estão – que horror! – aumentando a sua produção de cigarros! Dizem que temos de fazer alguma coisa, pois o continente africano está nos alcançando, o Zimbabwe ampliou em 108,5% a sua produção, passando de 59.000 toneladas para 123.000 toneladas de tabaco, a Tanzânia aumentou em 54,2%... Em breve poderemos ser alcançados e ultrapassados por esses países africanos, que vergonha! E outro diretor está muito preocupado: "...e o Brasil começou a importar fumo".

A Souza Cruz tem 38.000 agricultores produzindo tabaco, sendo 19.000 no meu estado, o Rio Grande do Sul, meu Deus! Pessoas boas, honestas, pais e mães de família, católicos, evangélicos, espíritas e de outras religiões, que rezam, que acreditam em Jesus, que vão a suas igrejas, aos seus templos, que se ajoelham, que reverenciam a Deus, que saem de manhã de suas casas para plantar e para cuidar de tabaco! Plantam, cuidam, protegem, zelam por uma planta que vai ser usada para adoecer e para matar seus irmãos e irmãs, senão a si mesmo, seus familiares, seus filhos, seus netos. Por que não dizem "Não!"? Por que não plantam alimentos?

O Brasil é o segundo maior produtor de tabaco no mundo, com 778.822 toneladas anualmente, atrás apenas da China, e isso é motivo de orgulho ou de vergonha? Desde 1993, o Brasil é o líder mundial em exportação de tabaco. Cerca de 85% do tabaco brasileiro tem como destino o mercado mundial, ou seja, somos exportadores da morte. Um jornalista escreve: "E, simpatizemos ou não com esse produto (cigarro), o fechamento de fumageiras acarretaria a extinção de milhares de empregos e um problemão para milhares de famílias de pequenos agricultores que vivem da planta. Para esses, o governo, que apoia formalmente a redução do consumo de tabaco nas convenções internacionais, ainda não oferece uma alternativa de cultivo economicamente mais vantajosa".

Na verdade, nenhum governo ainda teve a coragem de fazer o que já deveria ter sido feito há muito tempo: proibir a plantação de tabaco, mesmo para exportação, e a fabricação de cigarro, e a implementação de uma ação no sentido dos produtores de tabaco começarem a plantar alimentos e das fábricas de cigarro produzirem produtos benéficos.

O poder da indústria tabagista (o poder do dinheiro) domina grande parte do planeta. É uma indústria enraizada em todos os meios de comunicação, diretamente ou de forma implícita. Através do glamour das suas propagandas, divulga um produto que causa câncer e traz a morte. Em 1997, os sindicatos de atores, de diretores e de produtores de cinema de Hollywood entraram na Justiça contra as indústrias de cigarro, pedindo indenização pelos prejuízos causados a todos os trabalhadores da poderosa indústria cinematográfica norte-americana. A utilização do cinema, como influência para a juventude começar a fumar, pode ser constatada por uma revelação recente de que o ator Sylvester Stallone recebera, em 1983, 500 mil dólares da indústria de cigarro Brown & Williamson, para fumar cigarros da empresa em, pelo menos, cinco de seus filmes. Vejam só, o Rambo, sempre combatendo o mal, aderiu a ele.

Os anúncios de cigarro são "aulas de marketing". Vejamos: os homens, em sua tradicional vocação para acasalar, precisam de uma companhia feminina para esta tarefa, de preferência, muito linda. O que as imagens das propagandas de cigarro passaram, então, por décadas: "Fumem o nosso cigarrinho e vocês ficam poderosos!". Como faziam isso? Colocavam uma mulher linda acendendo o cigarro de um homem, de preferência, fazendo beicinho. As campanhas publicitárias sempre têm como base o desejo. As mensagens são com algo que gostaríamos de ter ou de ser e os publicitários tentam fazer com que o produto que eles queiram vender dê a impressão de que, uma vez possuindo-o, o sonho se tornará realidade.

No início do século XX, o objetivo da indústria tabagista era vender cigarros apenas para o homem. Portanto, a imagem da mulher era utilizada por ser o maior objeto do desejo masculino. Naquela época não havia televisão, nem outdoors. Então, além de algumas poucas revistas e jornais, os próprios maços de cigarro eram o grande chamariz. Eis aqui alguns exemplos da criatividade do marketing do início do século passado. Ainda na fase "Cigarro é coisa de homem", havia os cigarros Columbia, os primeiros maços embalados em papel celofane e os mais caros do mercado da época. O desenho no maço era um navio de guerra com canhões singrando num mar revolto (guerra = vitória, canhões = pênis, mar revolto = aventura). Havia também os cigarros Jockey Club e Turfe Club, explorando a paixão que muitos tinham pelas corridas de cavalo. Já os maços de cigarros Fulgor tinham até cheques de cinquenta mil réis dentro de maços, para alguns "felizardos". Existiam uns maços artesanais que podiam vir com o nome do fumante estilizado, eram maços personalizados. Esta forma de atrair os incautos, usando estas imagens femininas e outras que atraíam o universo masculino, foi pouco a pouco se modificando.

A partir de determinado momento, especialmente no pós Segunda Guerra Mundial, no início dos anos 50, com os homens já viciados, as mulheres passaram a interessar às indústrias do fumo, não mais apenas como inspiração para as vendas, mas como consumidoras. A partir dessa época, então, começaram a chegar ao Brasil os cigarros importados, sendo o primeiro deles o Camel (com a figura do camelo), vindo logo após o Chesterfield e o Pall Mall. O mercado de cigarros brasileiro foi perdendo a sua identificação com a nossa língua natal, passando a adotar a da nação dominante, os Estados Unidos. Certamente, passaram a achar ridícula a possibilidade de manter-se denominações tão terceiro-mundistas como Favoritos, Elite, Salomé ou Veado. Surgiram: Charm, Carlton, Free, Hollywood, Ritz, Hilton, Plaza, Derby, Minister, Belmont, Chanceller, Galaxy, Parliament, Dallas, Capri, Palace, Lark, Mustang etc. Nos dias atuais, a dominação norte-americana está cada vez mais sofisticada: slims, ultralights, box, flip top etc.

Então, depois que viciaram os homens, para viciar as mulheres, o marketing do cigarro iniciou uma nova fase: "Cigarro é coisa para homem e para mulher". Aí os anúncios passaram a destacar um tipo de mensagem que atingia o Inconsciente tanto masculino quanto feminino. Os homens continuando se ligando no macho, identificando-se nele, querendo ser como ele, e as mulheres desejando esse tipo de masculinidade, para protegê-las e para gerarem filhos fortes e saudáveis. No imaginário dos homens daquela época, quem fumasse tal marca se tornaria um herói belo e corajoso, e, no caso das mulheres, fumar aquela marca certamente lhe garantiria um companheiro com aquelas características.

A evolução dos tempos, com as correspondentes mudanças nos mais variados campos do conhecimento humano, foram sofisticando a agudeza da publicidade em estar em sintonia perfeita com os desejos, ocultos ou não, da massa das pessoas. Apesar do correr do século, os desejos não se alteraram muito, carros bonitos, mulheres bonitas (já agora acompanhadas de homens igualmente bonitos), ambientes luxuosos etc. Os anos 70 trouxeram uma tendência mais clara no Brasil, a de atingir-se um público mais jovem, com campanhas de grande apelo para a audácia, para a coragem e para as vitórias esportivas.

Nessa época, os carros da Lotus eram de cor preta – a cor do maço dos cigarros John Player Special –, depois, a Lotus mudou seus carros para a cor amarela, já que o patrocinador mudara, passara a ser o cigarro Camel. Para a escuderia Lotus, pouco importava ter uma tradição na cor de seus carros, quem mandava era a indústria de cigarro. Este filão das provas de velocidade continua sendo explorado até os dias atuais. A Fórmula 1 tem nos fabricantes de cigarros o seu principal patrocinador.

No final da década de 90, Max Mosley, presidente da Federação Internacional de Automobilismo (FIA), declarou à imprensa internacional que, se a pressão da União Europeia continuasse tentando impedir a propaganda de cigarros, e como a indústria do cigarro é a maior patrocinadora da Fórmula 1, ele transferiria as provas europeias para a Ásia. Não importa envenenar pessoas, adoecê-las, fazê-las ter câncer, ter infarto, matá-las, o que importa é o patrocínio das companhias de cigarro. E os pilotos de corrida? Considerados heróis, levam nos seus macacões e nos seus carros as marcas desses venenos. E o povo? Acorda de madrugada para ver as corridas e comemorar as vitórias, fumando e adoecendo e morrendo pelo cigarro. E dando esse exemplo para seus filhos. É uma demonstração de como os fabricantes de drogas e algumas agências de publicidade conseguem enganar tantas pessoas por tanto tempo. Mas, aos poucos, estamos acordando desse pesadelo e enxergando melhor o que se esconde por trás disso tudo.

Uma das finalidades deste livro é deixar os fumantes tão, mas tão indignados, que parem de fumar. Você que é fumante já está superindignado e vai parar de fumar? Sim? Parabéns, agora você é "Free" (livre). Ainda não? Continuemos, eu não desisto de tentar convencê-lo. E os agricultores cristãos, vão continuar sendo os mercadores do Templo? Lembram que Jesus expulsou os mercadores porque vendiam produtos em um local sagrado? Conhecem algum local mais sagrado do que a Terra, do que o nosso corpo? Como se sentirão quando morrerem e forem conversar com Deus e Ele lhes perguntar por que plantavam veneno para matar Seus filhos? Acreditam que Ele se comoverá com a explicação de que era mais rentável? Perguntará se não sabiam o que estavam fazendo... O que dirão? Que não sabiam?

Enquanto muitas pessoas já conseguem enxergar isso e dizem "Não!" para esse crime, pesquisas realizadas na Europa mostram uma incidência significativamente maior de adolescentes fumantes entre adeptos da Fórmula 1 do que entre os que não acompanham as corridas. Por que a indústria de cigarros aplicaria 500 milhões de dólares por ano em publicidade, se este esforço não tivesse um retorno garantido? Esta indústria não está pensando no esporte, ela usa estes palcos apenas para ganhar dinheiro. E os jornais divulgam, as televisões transmitem, afirmam ser contra o cigarro e contra a propaganda de cigarro, mas compactuam com isso. É o dinheiro.

A inteligência (não a moral) dos publicitários envolvidos nessas atitudes criminosas é grande, e eles sabem que um dos principais desejos da humanidade é o poder, e este é representado pela potência e pela virilidade. A capacidade de gerar filhos, de engravidar a fêmea, seria uma destas potencialidades. O doutor em comunicação pela Universidade de São Paulo, Flávio Calazans, autor do livro Propaganda subliminar multimídia, chama a atenção para o fato de, no maço de Camel, haver a imagem de um dromedário e não de um camelo. Seria absolutamente impossível que os responsáveis pelo desenho do Camel desconhecessem que um camelo tem duas corcovas. Já a imagem utilizada daria a entender uma camela grávida, portanto, sendo uma imagem diretamente direcionada para os nossos inconscientes: "Fume Camel e torne-se potente!". Quando lançado, o público-alvo do Camel eram os homens de 50 anos. Que interessante...

O que os Mentores Espirituais desses publicitários pensam deles? E como eles lidarão com a sua Consciência quando, desencarnados, chegarem ao Plano Astral, e forem informados que sua inteligência serviu para adoecer e para matar milhares de pessoas, mais do que várias guerras? Como estará seu Karma?

Esse especialista em comunicação questiona também por que as letras L e B, do maço de Marlboro, apesar de minúsculas, são maiores do que o M, maiúsculo? Será que os idealizadores de uma das logomarcas mais famosas do mundo não saberiam escrever? É mais uma artimanha, pois juntas, as letras L e B evocam a imagem de um pênis. O falo (pênis) funciona como um símbolo de poder, tal como uma espada. (Vou fazer um pouco de Yoga, meditar, e já volto...)

No Brasil a marca que mais buscou a identificação com o público jovem foi a Hollywood. Para manter uma liderança e uma penetração entre os jovens, emergiu como a grande benfeitora do Rock, patrocinando por longos anos o maior evento nacional regular de Rock, o Hollywood Rock, além de manter um patrocínio semanal na televisão, que também levava o nome de Hollywood Rock. A marca no início prometia o sucesso, depois, com a profusão de informações a respeito dos males do fumo, passou a não dizer mais nada. Seus anúncios passaram a ter apenas impacto visual, sem nenhuma mensagem verbal, exceto em músicas, porém, como a maioria não entendia as palavras que estavam sendo cantadas, o que valia mesmo era o ambiente criado. À beleza das imagens, produzidas na maioria das vezes no exterior, associavam-se sempre os esportes. Com uma característica básica: vanguardismos. Quando ainda não se conhecia asa-delta por estas paragens, já usavam lindas imagens de voos de asa-delta, e assim foi com parapentes, jet-skis, grandes corridas de bugres no deserto, windsurf, patins etc.

A poluição visual das cidades brasileiras pela marca Hollywood foi impressionante, principalmente se levarmos em conta que o que estava sendo anunciado era um produto que causa milhares de doenças, mortes e dependência física e psíquica! Inicialmente, eram outdoors simples, mas depois passou-se, com o avanço tecnológico, a usar outdoors iluminados, novamente sem qualquer mensagem escrita, apenas a visual. A marca passou a ser perfeitamente identificada por onde passássemos, a qualquer hora do dia e da noite. Era comum chegar-se em um clube ou em um condomínio e encontrar-se, em todas as barracas que rodeavam as piscinas, a marca Hollywood. Era um marketing agressivo, pesado mesmo, porém os lucros justificam os gastos.

Em 1998, a Souza Cruz (leia-se Hollywood) produzia a campanha de publicidade mais cara já feita no Brasil, com imagens nas geleiras da Antártica, em dunas na Namíbia e no Grand Canyon no estado do Arizona (EUA). Tudo isso fazia parte de uma campanha que ajudaria a vender algo que, em duas décadas, estaria matando 10 milhões de pessoas por ano no mundo!

O marketing que antes propunha o "Sucesso", para seduzir ainda mais os futuros fumantes passou a dizer "No Limits", ou seja, enquanto os movimentos antitabagismo alertavam para as doenças e para as mortes precoces provocadas pelo tabaco, a campanha do Hollywood passou a seduzir os jovens com a ideia falsa de liberdade, de potência e de conquistas sem limites. Na verdade, o tabagismo traz imensos limites: limites à capacidade respiratória, limites à potência sexual, limites ao tempo de vida, limites ao funcionamento do coração e de outros músculos, limites ao paladar e ao olfato, limites à gravidez, limites à inteligência, enfim, limites é que não faltam em relação ao tabagismo. A dependência provocada pela nicotina, para a maioria dos que entram em contato com a droga, é que, infelizmente, costuma não ter limite.

Outras marcas preferem atuar junto a outros públicos, por exemplo, há aquela que apregoa "ter algo em comum conosco...". São os cigarros Free, que vendem a ilusão de que se trata de um fumo saudável. Como faz um discurso supostamente mais inteligente, criou para veiculação da sua marca o patrocínio de um festival, o Free Jazz, um festival de jazz, entendendo este gênero musical como sendo mais elaborado.

Os cigarros Free sempre têm mensagem de duplo sentido: o importante é termos algo em comum, cada um na sua, cada um com seu estilo etc. Uma empresa produz um produto que faz mal e depois lança outro que faria menos mal, porém continua vendendo o primeiro... Cada um com seu estilo quer dizer que alguém pode preferir fumar um "baixo teor", enquanto outro pode escolher um "alto teor". A indústria passa a mensagem de que intolerantes são aqueles que não aceitam a existência dos fumantes... Se um sexto dos terráqueos fuma, para a indústria não há qualquer problema no fato de que existam aqueles que não fumem. Manter esta taxa já seria algo bastante promissor. Mas aumentá-la é a meta, esse é o "sucesso". Um grande número de artistas se recusa a vir ao Brasil quando sabe que seu show seria patrocinado pela indústria do cigarro. Muitos vêm, entretanto, para um Free Jazz, sem saberem que quem patrocina o evento é uma empresa de cigarros.

Mas não para por aí a presença das fábricas de cigarros na vida cultural brasileira. Por exemplo, um dos raros festivais de dança do país era patrocinado pelos cigarros Carlton: o Carlton Dance Festival. O que a dança tem a ver com cigarro? Dança é alegria, é leveza, é saúde. Cigarro é droga, é doença, é morte. Estes mesmos cigarros patrocinam num dos horários nobres da televisão, o Carlton Cine, um programa semanal de exibição de filmes. Como os cigarros Carlton são uns dos mais caros do país, não têm os adolescentes como principais alvos, eles visam um público mais abonado, e, então, as suas campanhas publicitárias são mais sutis e exibem mensagens extremamente elaboradas, que buscam alcançar uma comunicação com esse público-alvo.

Os empresários do fumo, que contribuem para a morte de 5 milhões de pessoas por ano, há muitos anos eram obrigados a mostrar imagens de doenças nos maços de cigarros em vários países, mas aqui no Brasil, em que isso ainda não era exigido, lançavam maços de cigarro sem nenhuma advertência, num deboche completo. Apenas quando isso foi exigido passaram a colocar. Sabem que o cigarro é um veneno, e produzem, e vendem, e não estão nem aí. O que importa é o dinheiro.

Para fazer uma comparação: o ataque que atingiu as torres do World Trade Center, em Nova York, matou 2.939 pessoas, enquanto que o fumo naquele país mata o mesmo número de pessoas que morreram nesse atentado a cada dois dias há décadas! E enquanto o presidente norte-americano George W. Bush convocava uma guerra sem tréguas ao "terrorismo", como resposta ao ataque, assim que foi eleito presidente trouxe como um de seus assessores de maior confiança o principal lobista da indústria do tabaco!

Aliás, o ataque às Torres Gêmeas foi o único ataque que os Estados Unidos sofreu, depois de décadas de ataques seus a inúmeros países, de inúmeras "torres" destruídas, o número de pessoas que morreram nesse ataque "terrorista" é infinitamente menor do que o número de pessoas mortas pelos milhares de ataques norte-americanos a inúmeros países há décadas, mas aí não são ataques terroristas, são para derrubar ditadores, implantar a democracia... E existe uma grande suspeita de que isso tenha sido arquitetado pela própria CIA para justificar a invasão do Iraque. O dia 11 de setembro deveria ser o Dia para acabar com a hipocrisia, mas é o Dia para lamentar um ataque "terrorista". Bem, esse é outro assunto, voltemos à droga lícita: o cigarro.

Voltando no tempo. A partir da década de 30, a expansão do cinema norte-americano e a sua estratégia para viciar em cigarro inicialmente os homens e depois as mulheres criaram as condições para que a epidemia do fumo se espalhasse pelo mundo, e, se antes as mulheres não fumavam, apenas os homens haviam sido viciados, graças a essa brilhante estratégia, hoje em dia há mais de 250 milhões de mulheres fumantes no mundo! Ou seja, viciaram os homens, viciaram as mulheres, estão cada vez mais viciando os jovens e as crianças, e os governos permitem a sua fabricação, a sua divulgação e a sua venda, usando tímidas advertências de que "Fumar é perigoso...", "Não fume na presença de crianças...", "Cigarro é droga..." etc. Se é perigoso, se é droga, se provoca doenças, se mata, por que permitem a sua fabricação e a sua venda?

O resultado disso tudo é que o tabagismo é apontado como a principal causa de morte evitável em todo o mundo, e só no Brasil são cerca de 200 mil óbitos por ano em consequência de doenças relacionadas ao tabaco! Quase mil pessoas por dia!

Poucas pessoas sabem que a fumaça do cigarro tem 4.700 substâncias químicas, sendo que cerca de 60 delas são cancerígenas, logo, é fácil explicar a incidência 20 vezes maior de câncer de pulmão em fumantes do que em não fumantes. E o tabaco também é um dos principais responsáveis por outros tipos de câncer como o de boca, de laringe, de bexiga e de mama. O fumante também tende a desenvolver doença pulmonar obstrutiva crônica (DPOC), que é um misto de bronquite crônica com enfisema pulmonar. A pessoa que sofre desse mal tem constante falta de ar, aquela tossezinha crônica, catarro frequente de cor amarelada ou esverdeada e dificuldade para falar. Tudo isso é ocasionado porque o indivíduo não consegue captar oxigênio em quantidade suficiente, já que seus pulmões foram corroídos pela fumaça do cigarro. Em estágio avançado, o paciente pode necessitar ficar conectado a um balão de oxigênio para efetuar as atividades cotidianas.

No sistema cardiovascular, os efeitos do cigarro podem ser ainda mais devastadores. Pesquisas mostram que o fumo acelera o processo de envelhecimento dos vasos arteriais, contribuindo para o seu endurecimento e entupimento. A consequência é a diminuição da passagem de sangue para os tecidos e para as células de todo o organismo. Para piorar o quadro, a nicotina, a substância no cigarro que causa dependência, age como um vasoconstritor, ou seja, fecha os vasos, reduzindo a oferta de oxigênio para as células. Com isso, a pessoa fica mais predisposta a um infarto ou a um derrame cerebral.

Já as mulheres fumantes precisam ficar atentas a mais um fator agravante. O fumo, durante a gestação, aumenta as chances de descolamento da placenta, de aborto espontâneo, de baixo peso do recém-nascido, de prematuridade e de risco de morte do feto durante o parto ou após o nascimento. Além da saúde, o fumo também compromete a beleza. Em virtude da queda no suprimento sanguíneo para a pele, acontecem alterações nos tecidos cutâneos que ocasionam rugas mais profundas e intensas do que as causadas pelo sol. Isso sem falar que a tez fica áspera e seca. Ou seja, a pessoa pode aparentar ter muitos anos a mais do que sua idade real. Os fumantes também produzem menos colágeno e elastina, acentuando a flacidez. O biquinho que a pessoa faz para tragar favorece o aparecimento de rugas em torno dos lábios. Para completar, o cigarro pode causar manchas escuras nos dentes, problemas nas gengivas e mau hálito (uma moça um dia me disse que não gostava de beijar seu namorado porque ele tinha cheiro de cinzeiro na boca...).

Graças às campanhas de publicidade do cigarro, cada vez mais sutis, mais disfarçadas, sob o beneplácito dos governos, o número de jovens que experimentam o cigarro vem crescendo e, de acordo com um trabalho realizado de 1993 a 1997 pelo Centro Brasileiro de Informações sobre Drogas Psicotrópicas, da Universidade Federal de São Paulo, o percentual de adolescentes de 13 a 15 anos que já haviam fumado algum cigarro na vida subiu de 24% para 32%. As respostas encontradas nos questionários mostram que o cigarro está associado ao processo de formação da identidade desses jovens. Alguns fumam por curiosidade, outros por acreditar que o tabaco não pode fazer tanto mal assim. Em qualquer um dos casos é um ritual de entrada na adolescência, um ritual, claro, criado e incentivado. Adolescentes fumantes dão as primeiras tragadas com amigos, passam a fumar à noite, durante festas, e em poucos meses estão comprando um maço na padaria ou no bar. Sempre acreditando que fumar é um ato de rebeldia, de independência, de mostrar que manda em si, quando na verdade é um ato de submissão, de colocar-se sob o comando da indústria tabagista e de suas agências de publicidade.

De vez em quando, vemos mulheres grávidas fumando, sinto pena delas e dos Espíritos reencarnantes que estão dentro delas. Fumar durante a gravidez traz sérios riscos e elas sabem disso: abortos espontâneos, nascimentos prematuros, bebês de baixo peso, mortes fetais, mortes súbitas em recém-nascidos, complicações placentárias, hemorragias, são ocorrências mais frequentes em grávida fumantes. Os fabricantes de cigarro sabem disso. A gestante que fuma apresenta mais complicações durante o parto e tem o dobro de chances de ter um bebê de menor peso e de menor comprimento, comparando-se com a grávida que não fuma. Tais agravos são devidos, principalmente, aos efeitos do monóxido de carbono e da nicotina exercidos sobre o feto, após a absorção pelo organismo materno. Um único cigarro fumado por uma gestante é capaz de acelerar, em poucos minutos, os batimentos cardíacos do feto, devido ao efeito da nicotina sobre o seu aparelho cardiovascular. Assim, é fácil imaginar a extensão dos danos causados ao feto, com o uso regular de cigarros pela gestante. E os nossos "governantes" sabem disso.

Algumas mães fumam durante a amamentação. Elas não sabem que a nicotina passa pelo leite e é absorvida pela criança? O nenê sofre imediatamente os efeitos do cigarro, havendo registro de intoxicações em filhos de mães fumantes de 20 ou mais cigarros por dia atribuíveis à nicotina: agitação, taquicardia, vômitos e diarreia. Em recém-nascidos filhos de mães fumantes de 40 a 60 cigarros por dia observaram-se acidentes mais graves, como palidez, cianose, taquicardia e crises de parada respiratória, logo após a mamada.

Estudos mostram que crianças filhos de mães que fumaram dez ou mais cigarros por dia durante a gestação apresentam atraso no aprendizado quando comparadas a outras crianças, atraso para a habilidade geral, para a leitura e para a matemática. Isso não é um crime?

E os fabricantes sabem, os nossos "governantes" sabem! Vou levantar, dar uma voltinha, tomar uma água e já volto.

Continuando... Meu Deus, nem precisaria estar aqui escrevendo essas coisas, bastava não existirem mais fábricas de cigarro. Bem, mas existem. Então, pais e mães que fumam, sabiam que há uma maior prevalência de problemas respiratórios (bronquite, pneumonia, bronquiolite) em crianças de zero a um ano de idade que vivem com fumantes em relação àquelas cujos familiares não fumam? Observa-se que, quanto maior o número de fumantes no domicílio, maior o percentual de infecções respiratórias, chegando a 50% nas crianças que vivem com mais de dois fumantes em casa. É, portanto, fundamental que os adultos não fumem em locais onde haja crianças, para que não as transformem em fumantes passivos.

Você está grávida e fuma? Coloque-se no lugar do seu nenezinho lá dentro de você. Imagine seus pulmõezinhos, a cara de nojo que ele faz quando você fuma, o exemplo que está dando a ele e que ficará dentro do seu Inconsciente. Um dia ele poderá fumar, usar drogas... Já pensou nisso? E você está amamentando e fuma? Seu nenê está fumando e sendo viciado, como a viciaram. Você quer isso? E você, o pai do nenê, pensa que ele não o está vendo? Sabia que o Espírito do nenê dentro da barriga da mãe sai do corpo, circula pela casa, vê e sente o que estão fazendo, lê os nossos pensamentos, e tudo isso fica dentro do seu Inconsciente, e um dia virá à tona, como imitação, como rebeldia, como cobrança? Imagine seu filho que está dentro do útero ou que já nasceu vendo você fumar – Você é o herói dele! – e todos nós costumamos imitar nossos heróis. Um dia ele dirá: "Coitado do papai..." ou "Quero ser como o papai!". Qual das duas hipóteses acima você prefere? Nenhuma? Então diga "Não!".

O que podemos dizer é que os fabricantes de cigarro, o cinema norte-americano, alguns setores da mídia e algumas agências de publicidade aparentemente venceram: existe 1,1 bilhão de fumantes no mundo consumindo cerca de 6 trilhões de cigarros por ano. Mas nós não vamos nos entregar, isso um dia vai acabar!

No Brasil existem 30 milhões de fumantes. Cerca de 3 milhões de pessoas morrem a cada ano em todo o mundo em decorrência de doenças associadas ao fumo! No Brasil morrem 200 mil pessoas por ano de doenças relacionadas diretamente ao fumo. São dezenas de pessoas por hora! Dos 35 aos 69 anos, um terço das mortes no mundo é relacionado ao fumo, que rouba em média de sete a dez anos de vida dos fumantes. Cerca de 90% dos casos de câncer do pulmão estão associados ao fumo. Cerca de 85% das doenças pulmonares obstrutivas (enfisema e bronquite) são devidos ao cigarro. Cerca de 50% das doenças cardiovasculares devem-se ao uso dessa droga. A probabilidade dos fumantes se tornarem sexualmente impotentes é duas vezes maior do que nos homens que não fumam. Que sucesso... Cada um na sua... Eu sou livre, faço o que quero, ninguém manda em mim... Ninguém?

Das 4.720 substâncias contidas no cigarro, cerca de 60 a 70 são cancerígenas! O fumante passivo tem um risco 30% maior de morrer por doença cardiovascular ou câncer de pulmão do que quem não está exposto diariamente à fumaça dos cigarros. Nas fumantes a menopausa se antecipa cerca de cinco anos. A quantidade de nicotina de apenas um cigarro é suficiente para matar uma pessoa se for injetada na veia! Os teores de nicotina nos cigarros brasileiros são de duas a três vezes mais do que o necessário para gerar dependência...

Vai parar de fumar? Ainda não? Que teimosia... Continuemos. Os números internacionais informam que o consumo do cigarro está caindo nos países do hemisfério norte, a uma proporção de 1,5% ao ano, e subindo, na mesma proporção no hemisfério sul, para onde então está sendo intensificada a propaganda. Ou seja, se lá as pessoas estão parando de fumar, o negócio é intensificar a propaganda aqui. O total de mortes devido ao uso do tabaco já atingiu a cifra de 5 milhões de mortes anuais, o que corresponde a mais de 10 mil mortes por dia! A Organização Mundial de Saúde estima que em 2020 morrerão 10 milhões de pessoas devido ao uso do cigarro! O tabagismo é considerado pela Organização Mundial da Saúde a segunda maior causa de mortes no mundo!

Os fabricantes de cigarros dos Estados Unidos reconheceram recentemente os riscos causados pelo fumo à saúde, para escapar de uma ação de US$ 280 bilhões movida contra a indústria do tabaco pelo governo norte-americano. Os produtores são acusados de formação de quadrilha, de terem escondido durante anos as provas sobre os riscos inerentes ao fumo, de terem seduzidos deliberadamente jovens e crianças com anúncios para transformá-los em viciados e de sempre terem mentido, sugerindo que os cigarros light são menos nocivos.

Simbolicamente, fumar é uma cegueira, mas, literalmente, as chances de um fumante ficar cego com a idade são quatro vezes maiores do que as de pessoas que não fumam, de acordo com estudo de pesquisadores da Universidade de Manchester. Em artigo publicado no British Medical Journal, os cientistas afirmam que os cigarros aumentam as chances de desenvolvimento da degeneração macular relacionada à idade. Atualmente, os maços de cigarro já são vendidos com diversas advertências sobre os possíveis efeitos nocivos do fumo e, agora, os pesquisadores da Universidade de Manchester querem que o risco de cegueira seja incluído na lista de doenças relacionadas ao consumo de cigarros.

As propagandas associam fumar com potência, com conquistas heroicas, mas um relatório da Associação Médica Britânica informa que fumar é uma das maiores causas da impotência masculina! E para as mulheres que fumam, o fumo é uma das grandes causas de aborto, é responsável por redução da fertilização e por uma grande porcentagem dos casos de câncer uterino.

Embora a preocupação da Ambev com as nossas crianças e com os nossos adolescentes, uma pesquisa mostrou que 79% dos jovens veem cigarros quando vão à padaria, 70% dos jovens veem cigarro quando vão ao supermercado, 37% dos jovens veem cigarro quando vão à banca de jornal, 58% dos jovens que frequentam bares veem cigarros sendo vendidos nesses locais, 38% dos que frequentam lojas de conveniência veem cigarros à venda e 71% dos jovens concorda que essa exposição influencia o consumo, e acreditam que pessoas de sua idade podem sentir vontade de fumar ao ver os cigarros expostos em locais de venda. O que elas não sabiam é que a maioria das pessoas viciadas começou a fumar nessa idade, e uma grande porcentagem delas ficou doente ou morreu por causa disso.

Alguns fumantes queixam-se do cerceamento à sua liberdade para fumar. Ocorre que as pessoas que convivem com fumantes, os fumantes passivos, dependendo da ventilação do local e da concentração de fumaça de cigarros, em algumas horas podem aspirar o equivalente a vários cigarros fumados. As crianças são as mais atingidas, apresentando maior frequência de problemas respiratórios agudos, resfriados constantes, rinite, asma, pneumonia etc. E também foi demonstrado que filhos de pais que fumam têm um risco aumentado de apresentar algum tipo de câncer associado ao uso do cigarro quando ficar adulto.

Crianças passam a conhecer o cigarro desde cedo, porque veem os adultos fumando, e pelas estatísticas brasileiras é comum experimentar o cigarro desde o 1o grau, o que vai se tornando uso frequente em um número significativo de estudantes do 2o grau. Hoje em dia, meninas fumam mais que meninos e filhos e filhas de pais fumantes fumam mais do que os de pais não fumantes. Fatores que propiciam o hábito de fumar são o mau exemplo por parte de adultos e a publicidade sob a forma de patrocínios de eventos esportivos e culturais.

Existem leis a respeito do cigarro, entre elas: é proibido fumar em locais públicos, nas escolas, nos cinemas, nos teatros, nos museus, nas bibliotecas e em locais fechados destinados a esportes, é obrigatório haver uma advertência sobre os perigos para a saúde nas carteiras de cigarro e nas publicidades, deve haver regulamentos sobre o uso de cigarro em instituições de saúde, em voos aéreos e em transportes públicos, é proibida a venda para menores de 18 anos, e são proibidas propagandas de cigarro dirigidas a crianças. Só falta fazer o que tem de ser feito: proibir a fabricação!

Os fabricantes de cigarros, visando apenas lucro, dinheiro, casas bonitas, carros importados, têm total conhecimento de que a nicotina gera dependência orgânica e então dirigem a publicidade principalmente para os jovens, pois sabem os resultados das pesquisas, que revelam que, se uma pessoa não começar a fumar durante a adolescência, tem poucas chances de tornar-se um fumante na vida adulta. O negócio é então viciar logo, antes que cresçam, e fumar é apresentado como um passaporte para o mundo adulto, para o sucesso, para o glamour, para a sensualidade e para a liberdade.

É necessário manter o contingente de viciados, os homens já foram, as mulheres já foram, os jovens vão sendo... São gastos, anualmente, bilhões de dólares em promoções especificamente dirigidas ao público jovem feminino, como as marcas "somente para mulheres", que associam imagens de mulheres bonitas fumando, com glamour e com sucesso. Como resultado dessas estratégias, em vários países o tabagismo é atualmente mais comum entre adolescentes do sexo feminino do que masculino.

Vejamos algumas estratégias de marketing para viciar as pessoas em cigarro:

– Me ame ou me odeie. Mais ou menos é que incomoda. Cada um na sua." Propaganda dos cigarros Free

– "Um raro prazer." Propaganda dos cigarros Carlton

– "Feliz Natal no Mundo de Marlboro." Propaganda dos cigarros Marlboro

– "O importante é ter Charm". Propaganda dos cigarros Charm

– "Alguns homens fazem o que outros apenas sonham." Propaganda dos cigarros Marlboro

– "Eu coleciono amigos. O resto é descartável." Propaganda dos cigarros Free

– "Venha para onde está o sabor." Propaganda dos cigarros Marlboro

– "Se aparecer um sinal vermelho, não pare. É o sol se pondo." Propaganda dos cigarros Marlboro

– "Eu sou um animal absolutamente emocional." Propaganda dos cigarros Free

– "Eu sou a minha própria invenção." Propaganda dos cigarros Free

– "A montanha é de pedra. E você? Venha para este time, não é para qualquer um, mas você não é qualquer um." Propaganda dos cigarros Marlboro

– "Um lugar onde a fronteira é a linha do horizonte." Propaganda dos cigarros Marlboro

– "Não quero passar pela vida sem um arranhão. Quero deixar minha marca." Propaganda dos cigarros Free

– "Existe um lugar onde a vida tem mais sabor." Propaganda dos cigarros Marlboro

– "A melhor parte da minha vida é o improviso." Propaganda dos cigarros Free

– "Ninguém muda nada se não acreditar que pode." Propaganda dos cigarros Free

Num mundo onde cada vez mais as regras dizem que "é proibido fumar", o cigarro é mostrado como uma "transgressão às regras caretas", quem fuma se "afirma", quem fuma é "sexy".

Como está cada vez mais difícil ter onde divulgar, as empresas de cigarro continuam como e onde dá, por exemplo no patrocínio às equipes de Fórmula 1. Um relatório divulgado recentemente pela Organização Mundial de Saúde mostra que as empresas consideram esse tipo de marketing altamente "eficiente" e com grande "sucesso" para atingir a juventude. De acordo com uma pesquisa realizada pela empresa Philip Morris, um piloto de corridas pode ser visto como um caubói moderno, e acrescenta que "a Fórmula 1 é uma ferramenta de marketing indispensável e tem grande apelo com os consumidores-alvo em todos os mercados".

A RJ Reynolds explica, em memorando interno de 1989, o que leva as companhias de tabaco a investirem tanto no patrocínio de Fórmula 1:

"Nós estamos no negócio de cigarros. Não estamos no negócio de esportes. Usamos os esportes como uma estratégia para promover nossos produtos e para alcançar um aumento nas vendas."

Um diretor-executivo da Championship Sports Specialists Ltd., uma companhia de patrocínios de esportes, explica por que o patrocínio de corridas de Fórmula 1 é tão importante para as companhias de tabaco:

"É o esporte ideal para patrocínios. Tem glamour e uma cobertura mundial por televisão. É uma atividade que dura 10 meses ao ano envolvendo 16 corridas em 14 países com pilotos de 16 nacionalidades diferentes. Depois do futebol é o esporte multinacional Número Um. A corrida de Fórmula 1 consegue uma exposição e uma hospitalidade globais, uma completa cobertura pela mídia e 600 milhões de pessoas assistindo-a pela TV a cada duas semanas. Estamos lá para ganhar visibilidade. Estamos lá para vender cigarros."

A cada dia, no mundo, milhares de jovens começam a fumar. Em média, esse início se dá aos 13-14 anos de idade. Um dos fatores determinantes desse quadro tem sido a promoção do comportamento de fumar como um estilo de vida atraente a fim de garantir a manutenção do contingente de consumidores. O público-alvo dessas estratégias tem sido, nitidamente, crianças e adolescentes, como revela a própria indústria do tabaco em documentos confidenciais liberados ao público durante processo judicial nos Estados Unidos. Neles, a preocupação em dirigir publicidade para o jovem é expressa claramente, como mostra um documento da Phillip Morris, de 1981, que trata o adolescente como "o potencial fumante regular de amanhã". E fala da "necessidade de que 5.000 crianças e adolescentes comecem a fumar a cada dia para podermos manter o atual tamanho da população de fumantes".

VAMOS VER ALGUNS DOS COMPONENTES DO CIGARRO:
– Nicotina: é a causadora do vício.

– Benzopireno: substância que facilita a combustão existente no papel que envolve o fumo.

– Nitrosaminas.

– Substâncias radioativas, como o polônio 210 e o carbono 14.

– Agrotóxicos, entre eles, o DDT.

– Solventes, como o benzeno.

– Metais pesados, como o chumbo e o cádmio. Um cigarro contém de 1 a 2mg desses metais pesados, que se concentram no fígado, nos rins e nos pulmões, tendo uma meia-vida de 10 a 30 anos, o que leva à perda de capacidade ventilatória dos pulmões, além de causar dispneia, enfisema, fibrose pulmonar, hipertensão, câncer nos pulmões, próstata, rins e estômago.

– Níquel e arsênico: armazenam-se no fígado e nos rins, no coração, nos pulmões, nos ossos e nos dentes, resultando em gangrena dos pés, causando danos ao miocárdio etc.

– Cianeto hidrogenado.

– Amônia, que é um material utilizado em produtos limpadores de banheiro.

– Formol: substância utilizada para manter intactos os corpos dos cadáveres nos Institutos Médico-Legais e nas Faculdades de Medicina.

– Monóxido de carbono: é o mesmo gás que sai dos escapamentos de automóveis.

– E mais de 4.700 substâncias, com cerca de 700 delas comprovadamente cancerígenas.

Um "produto" desses tem sua fabricação e sua venda permitidas.

Vejam um memorandum de 1975, dirigido a C. A. Tucker, vice-presidente de marketing da A. J. Reynolds: "A marca Camel precisa aumentar a sua penetração na faixa 14-24 anos, que tem valores mais liberais e representa o marcado de cigarros amanhã".

E da Philips Morris, em 1969: "Para o principiante, fumar um cigarro é um ato simbólico. Eu não sou mais o filhinho da mamãe, eu sou durão, sou aventureiro, não sou quadrado... À medida que o simbolismo psicológico perde a força, o efeito farmacológico assume o comando, para manter o hábito...".

O cigarro provoca 200 mil mortes por ano no Brasil (23 pessoas por hora!), é a causa de 25% das mortes causadas por doença coronariana (angina e infarto do miocárdio), de 45% das mortes causadas por doença coronariana na faixa etária abaixo dos 60 anos, de 45% das mortes por infarto agudo do miocárdio na faixa etária abaixo de 65 anos, de 85% das mortes causadas por bronquite e por enfisema, de 90% dos casos de câncer no pulmão (entre os 10% restantes, um terço é de fumantes passivos), de 30% das mortes decorrentes de outros tipos de câncer (de boca, de laringe, de faringe, de esôfago, de pâncreas, de rim, de bexiga e de colo de útero), e de 25% das doenças vasculares (entre elas, o derrame cerebral).

Você vai continuar fumando? Ufa...

Os números do tabagismo no mundo: a Organização Mundial da Saúde (OMS) estima que, a cada dia, 100 mil crianças tornam-se fumantes em todo o planeta! Cerca de 5 milhões de pessoas morrem, por ano, vítimas do uso do tabaco! Caso as estimativas de aumento do consumo de produtos como cigarros, charutos e cachimbos se confirmem, esse número aumentará para 10 milhões de mortes anuais por volta de 2030!

Diz a revista Newsweek: "O fumo mata 420.000 norte-americanos por ano, que é mais de 10.000 por dia. Isso equivale a 50 vezes mais mortes do que as causadas pelas drogas ilegais". O ataque "terrorista" às Torres Gêmeas matou cerca de 2.000 pessoas...

No mundo todo, 3 milhões de pessoas por ano – seis por minuto! – morrem por causa do fumo, segundo o livro Mortality From Smoking in Developed Countries 1950-2000, publicado em conjunto pelo Fundo Imperial de Pesquisas do Câncer, da Grã-Bretanha, pela OMS(Organização mundial de Saúde) e pela Sociedade Norte-Americana do Câncer.

Essa análise das tendências mundiais com relação ao fumo, a mais abrangente até a presente data, engloba 45 países. Richard Peto, do Fundo Imperial de Pesquisas do Câncer, adverte: "Na maioria dos países, o pior ainda está por vir. Se persistirem os atuais padrões de tabagismo, quando os jovens fumantes de hoje chegarem à meia-idade ou à velhice, haverá cerca de 10 milhões de mortes por ano causadas pelo fumo, uma morte a cada três segundos!".

Certa empresa de cigarro nas Filipinas, país predominantemente católico, distribuiu calendários gratuitos em que logo abaixo da imagem da Virgem Maria aparecia o logotipo de uma marca de cigarro. A Dra. Rosmarie Erban, conselheira de saúde da OMS, na Ásia, afirmou: "Nunca tinha visto nada igual, estavam tentando relacionar esse ícone católico ao fumo, para que as mulheres filipinas não se sentissem culpadas diante da ideia de fumar. Isso é um escândalo!".

Escândalo? Escândalo não é a divulgação, é permitir a fabricação!

Na China, calcula-se que 61% dos homens adultos fumam, contra apenas 7% das mulheres. Os fabricantes ocidentais de cigarro estão de olho na "liberação" das mulheres orientais, milhões das quais por muito tempo foram privadas dos "prazeres" desfrutados pelas glamorosas ocidentais. Mas há uma pedra enorme no caminho: o fabricante estatal de cigarro supre o mercado com a maior parte do produto. As empresas ocidentais, porém, estão gradualmente conseguindo abrir as portas. Com oportunidades limitadas de publicidade, alguns fabricantes de cigarro procuram preparar o terreno para ganhar futuros clientes à surdina. A China importa filmes de Hong Kong, e em muitos deles os atores são pagos para fumar. Em vista do aumento das hostilidades em seu próprio país, a próspera indústria norte-americana do tabaco está estendendo seus tentáculos para aliciar novas vítimas. O mesmo golpe da década de 30...

O faturamento da indústria tabagista em todo o mundo é de 285 bilhões de dólares por ano! Há cerca de 1 bilhão de fumantes, número que aumenta cada vez mais, principalmente entre as crianças e os adolescentes.

No Brasil, o faturamento é de 4,5 bilhões de dólares por ano e o número de fumantes é de 35 milhões de brasileiros.

Vai parar de fumar? Já está severamente doente? Ainda não? Quer morrer? Daqui a alguns anos a fabricação será proibida no Brasil, você vai comprar cigarro contrabandeado? Para, filho de Deus! O que mais posso dizer? Na verdade, eu sinto compaixão pelos fabricantes de cigarro, pelos diretores e pelos funcionários dessas empresas, sinto compaixão pelas empresas que os transportam e distribuem, sinto compaixão pelas pessoas das agências de publicidade e pelas pessoas de certos segmentos da mídia que colaboram com esse crime, sinto compaixão pelas pessoas que vendem esse veneno em seu estabelecimento, sinto compaixão pelas pessoas que se deixaram e se deixam enganar por essa malignidade.

Na verdade, abrindo o meu coração para vocês, nesse momento eu estou chorando de dó deles todos. O que eu posso fazer é dar o exemplo para meus filhos e para quem me conhece, escrever livros, colaborar com as ONGs que atuam nesse sentido, me engajar cada vez nessa meta de um dia ser proibida a fabricação de cigarro em todos os países, enfim, vou fazer o que posso.

E, para finalizar, um conselho para os fumantes. Digam a si mesmos: "Me enganaram, me viciaram, me convenceram de que fumar é chique, que fumar traz sucesso, atores e atrizes de cinema e de televisão, jogadores de futebol, corredores de Fórmula 1, me mentiram, venderam a sua alma por dinheiro, me mentiram que fumar é rebeldia, que eu mandava em mim, quando eu era comandado pelas fábricas de cigarro e por seus agentes publicitários, mas não me enganam mais, não acredito mais neles, não vão continuar me viciando. Eu sou livre, eu mando em mim, não quero ser um doente, não quero ser viciado, não quero morrer de câncer, eu vou parar de fumar. E vou ajudar mais pessoas a se libertarem dessa maldade!"

Tática para ajudar a parar de fumar

Quero encerrar ensinando uma tática que ajuda a parar de fumar. Muitas pessoas não conseguem parar porque o ato de fumar implica uma série de rituais, que a pessoa se acostuma a realizar e sente falta deles, ao tentar parar. São: ir a algum lugar onde se vende cigarro e comprá-lo, colocar no bolso ou na bolsa, ter o cigarro perto de si, pegá-lo quando tiver vontade, acender, colocar na boca, aspirar a fumaça, encher o pulmão com ela, ficar um pouco com o pulmão expandido, expulsar a fumaça, colocar o cigarro em um cinzeiro ou mantê-lo na mão, praticar o ato de botar na boca, inspirar e expirar, várias vezes, apagar o cigarro no cinzeiro ou jogá-lo fora.

Quando uma pessoa decide parar de fumar, algumas vezes acha isso muito difícil, primeiro porque o seu organismo já está viciado (daí a importância dos adesivos e/ou chicletes de nicotina), segundo porque psicologicamente ainda necessita cometer esse ato (daí a importância de um tratamento psicológico), terceiro porque geralmente tem Espíritos obsessores ao seu lado de ex-fumantes (daí a importância de realizar um tratamento espiritual), quarto porque necessita do ritual (então vamos ver como mantê-lo, mas sem fumar).

Faça assim: vá onde sempre compra cigarro, compre, guarde-o onde sempre guarda, tenha perto de si, quando der vontade de fumar, pegue um cigarro, bote na boca, fume, mas não acenda! Faça como sempre fez, inale, encha o pulmão, retenha o ar lá dentro, expire lentamente, continue fumando o cigarro apagado, repita isso várias vezes, como se ele estivesse aceso, depois de um tempo, "apague-o" no cinzeiro ou jogue fora.

Mais tarde, quando der vontade de fumar de novo, porque está carente, agitado, ansioso, triste, atucanado, faça a mesma coisa, mas não acenda! Depois de umas quatro ou cinco vezes fazendo isso, o seu organismo começa a pressioná-lo, quer nicotina! Quer alcatrão! Quer o gosto horrível daquela fumaça que você aprendeu a gostar! Então, acenda, e dê três ou quatro tragadas, e, quando o cigarro estiver pela metade, apague-o no cinzeiro ou jogue-o fora.

Mais adiante no dia, continue fumando cigarros apagados, e, quando não aguentar mais, acenda, fume até a metade e jogue fora.

No decorrer do primeiro dia você terá fumado quatro ou cinco cigarros! E acabou a carteira, o cinzeiro está cheio (ou o pátio, ou o lixo), você vai no local de venda, compra uma carteira e recomeça tudo de novo.

Com isso, mais o adesivo ou os chicletes de nicotina, mais o tratamento psicológico, mais o tratamento espiritual, mais a indignação que espero ter introduzido em você aqui no livro, mais a sua força de vontade, mais a lembrança de que quando nasceu era um nenê com 3kg, bonitinho, saudável, tudo era rosadinho e cheiroso dentro de você, as mucosas dos seus brônquios, os alvéolos do pulmão, tudo limpinho, veio lá do Mundo Espiritual encarnar aqui na Terra com uma missão especial, foi convencido que fumar era normal, talvez seu pai e sua mãe fumassem, talvez tenha assistido a filmes em que os atores/atrizes fumavam, provavelmente gosta de música e de esporte e veja propaganda de cigarro associada a isso, enfim, até hoje você queria e dizia que não consegue, pois bem, chegou a hora de provar que você é um filho de Deus, um ser espiritual, que não quer mais ser enganado, que quer evoluir espiritualmente, que quer se purificar, e, principalmente, que vai se unir às pessoas e às organizações que lutam contra o cigarro, que querem acabar de vez com a propaganda e com a fabricação dessa malignidade!

Todos nós ansiamos por uma missão na vida. Pois bem, estou lhe oferecendo uma especial: seja um dos nossos! Nos ajude a salvar seus irmãos! Seja um soldado no exército de Deus nessa guerra santa! Use a sua energia para melhorar o mundo. Você é forte, você consegue, muitos conseguiram!

Consegui deixá-lo bem indignado? Vai parar de fumar? Está pensando? Tudo bem, mas lembre-se: não fume na presença de crianças e faça um bom Plano de Saúde. Nos vemos lá na UTI, você na cama, entubado, morrendo, seus filhos e seus familiares chorando e os seus Mentores Espirituais com dó de você. Quando morrer e subir, lá nos hospitais do Plano Astral sempre tem lugar para mais um. Os fabricantes, os divulgadores, os vendedores dessa droga não sei se subirão tão fácil, mas isso veremos depois, na hora. No Umbral também sempre tem lugar para mais um.

Deus nos abençoe nesta luta.

Sites recomendados
1. www.cancer.org.br
2. www.inca.gov.br
3. www.na.org.br
4. www.swissinfo.ch
5. www.greenpeace.org
6. www.avaaz.org
7. www.leiantifumo.org.br
8. www.antidrogas.com.br

A CANNABIS SATIVA (MACONHA)

O egoísmo do tempo mal aproveitado. A espiritualização inicial e a busca da transcendência X a postergação e o aumento da dificuldade de lidar com as "coisas chatas" da vida.

A Cannabis sativa é uma planta herbácea da família das Canabiáceas e o seu principal composto químico psicoativo é o delta-9-tetrahidrocanabinol, comumente conhecido como THC. Possui também outros canabinoides, como o Cannabidiol e o Cannabinol, todos eles responsáveis pelos seus efeitos no Sistema Nervoso Central. Entre esses efeitos, que atraem muitas pessoas, estão o relaxamento muscular, uma sensação de calma, uma certa sonolência, uma melhora do humor, um aumento do otimismo, um estímulo da criatividade e uma maior ou menor euforia.

Os efeitos do início do uso dessa planta provocam uma sensação agradável, muito apreciada pelos Egos (Ego/ismo, Ego/centrismo...) e cativa muitas pessoas, pois acalma, relaxa, interioriza, "os problemas desaparecem", "as incomodações perdem a gravidade", "nada é mais tão sério ou urgente", "tudo tem solução", e o uso dessa planta vai se tornando a solução para o estresse diário, para as frustrações, para a tristeza, para a irritação, para as coisas chatas da vida que têm de ser feitas, para voltar para si ao final do dia, para acalmar-se durante o dia, para quando não se tem nada para fazer, e o seu uso gradativamente começa a intensificar-se, porque seu efeito é tão bom que não se vê motivo para não usá-lo, afinal de contas, fica-se mais calmo, mais pacífico, mais alegre, por que não usar, então?

O que a maioria dos usuários não percebe é o que chamamos de "O egoísmo do tempo mal aproveitado", pois o nosso sistema capitalista não é muito adepto do uso do nosso tempo em prol de melhoria das situações criadas e provocadas pela sua ideologia. Prefere que as pessoas se distraiam, divirtam-se, e para isso é muito incentivado ver televisão, curtir um som, conversar pela internet, e outros lazeres, e não se vê o mesmo estímulo a ajudar os outros, a sair de casa para colaborar em Obras sociais, em Instituições de Caridade, e então a sutil mensagem de "aproveitar o tempo" é, na verdade, um estímulo ao egoísmo, ao egocentrismo, ao "passar o tempo", ao "aproveitar a juventude" e a "aproveitar a vida".

A maconha tem um efeito muito prejudicial aos seus usuários: ela tira o foco. Faz as pessoas terem altos e baixos de sua vontade, uma crescente instabilidade de seu direcionamento, quer muito uma coisa, almeja algo, fuma um baseado, a vontade passa... deixa pra depois... Tem um sonho, gostaria muito de alcançar uma meta, um objetivo, fuma um baseado, aquilo não é mais tão urgente, amanhã eu faço... Quer alcançar um patamar mais elevado em um talento, vê as pessoas que têm o mesmo talento produzindo, destacando-se, também quer ser isso, fuma um baseado, imagina que já é... mas não é... poderia ser, mas a maconha não deixa. E vai vindo uma frustração... poderia ser isso, poderia ser aquilo, mas perdeu as ferramentas necessárias para o sucesso: a persistência e a disciplina. E a maconha é o oposto disso, ela leva para o Astral, ela leva para o reino da fantasia, ela abre artificialmente os chakras superiores, enquanto que a disciplina, a persistência e o foco são atributos dos chakras terrenos.

E o uso da Cannabis, de eventual começa a rotineirizar-se, tornar-se um ato cotidiano, um hábito diário, e encontrou-se a panaceia para todos ao males. Mas o que o usuário não vê é que o agradável relaxamento vai virando preguiça, a calma vai se transformando em lassidão, a melhora do humor e do otimismo começa a virar postergação, a necessidade de fazer coisas chatas, coisas que não se gosta de fazer mas têm de fazer, vai deixando para mais tarde ("Depois eu faço...", "Amanhã eu faço..."), o aumento das ideias criativas vai se transformando em uma criatividade apenas teórica ("Tudo bem..."). E vai ficando cada vez mais Ego/ista, mais Ego/cêntrico, mais voltado para o "seu" prazer, o "seu" lazer, a "sua" felicidade, bem como o sistema gosta... Muitos usuários admiram pessoas que lideraram ou lideram movimentos contestatórios, mas essa admiração é teórica, pois o uso da maconha torna-os joguetes nas mãos do mesmo sistema que afirmam contestar.

Geralmente, o uso da maconha começa na pré-adolescência ou na adolescência, e isso faz com que a entrada no mundo adulto, que nada mais é do que se tornar uma pessoa séria, responsável, dinâmica, trabalhadora, engajada no mundo, verdadeiramente revolucionária no sentido de ajudar o mundo a melhorar, e então vitoriosa, comece a demorar para acontecer, e o jovem vai permanecendo jovem, e não amadurece, e os anos vão passando, e o jovem não amadurece, vai ficando sempre jovem, só que já não é mais tão jovem, mas a sua autoimagem é de um jovem, e aí começa o pior: vai ficando ridículo. Veste-se como um adolescente e já é um adulto, mas não se vê como adulto, sente-se ainda um jovem, mas não é mais... Os seus antigos amigos, "caretas", tornaram-se adultos, e ele não. Quem estudou, esforçou-se, acabou a Faculdade, está trabalhando, ganhando dinheiro, fazendo coisas, e ele? Ainda morando e dependendo financeiramente dos pais, que passam a ser, então, os culpados por sua situação. Ou, se não são os pais, é a sociedade, o mundo, os políticos...

O que aconteceu é que as suas metas e as suas ideias foram se transformando em apenas uma viagem mental, sem uma concretização prática das mesmas, pois o uso cotidiano dessa planta relaxa, acalma, interioriza, faz a pessoa sentir-se bem... Ego/ismo, Ego/centrismo... E podem ir ocorrendo duas coisas: uma tendência ao isolamento e à solidão, ou a um excesso de sociabilização, um excesso de intimidade, sem critérios, com uma perda da autocrítica.

Dependendo da personalidade do usuário, ele pode não perceber a ruína evolutiva do seu aspecto físico, ir perdendo o cuidado com a roupa, com o cabelo, com a sua postura e com as suas atitudes, a ponto das pessoas verem que ali está uma pessoa viciada em maconha, menos ela própria, pois vai a lugares com o odor característico da planta sem perceber isso, acha que colocar desodorante ou um perfume vai disfarçar o cheiro, mas não disfarça, ou então dá uma escapadinha, some, e depois volta com o sorriso infantiloide característico, falando bobagens, rindo à toa, ou escondendo-se pelo cantos.

A sua postura, a sua fala, a sua conduta, começam a revelar que ela está substituindo a sua saúde, a sua maturidade, a sua energia positiva, por uma atividade egoísta, egocêntrica, infantil, teórica, de quem não quer amadurecer, tornar-se adulto verdadeiramente, numa viagem mental por mundos pseudoespirituais que não irão beneficiar nem a ela nem às pessoas com quem convive, e nem pessoas que necessitariam de sua atenção e de seu cuidado, como os doentes, os pobres, os deficientes, num exercício de caridade, de cuidado, de carinho, que seu coração pede, mas que exigiria uma atitude ativa, madura, pró-ativa, e não passiva, adolescentoide, como o uso dessa planta cria e perpetua.

A felicidade que a pessoa sentia ao início do uso vai se tornando uma alegria infantiloide, porque o uso cotidiano dessa planta vai impedindo a pessoa de amadurecer, um jovem de 18 anos comporta-se como um de 14, ou menos, um adulto de 20 e poucos anos parece um adolescente, na linguagem, na maneira de vestir-se, na postura, e isso começa a refletir-se nos estudos, no trabalho, e o uso de uma substância proibida por lei pode ir criando sintomas paranoicos e esquizofrênicos, como uma ilusão de perseguição, podem surgir visões, aflorarem ideias espirituais estranhas, principalmente se o usuário começa a ser (mal) acompanhado por espíritos desencarnados, ex-usuários, que passam a influenciá-lo em seus pensamentos, em seus hábitos, até dominarem completamente a sua mente e a sua vontade.

A nossa sociedade, ainda materialista, e dominada pela indústria do passatempo e da futilidade, incentiva sutilmente o uso de substâncias que deixem os jovens e as pessoas em geral "alegres" e mais leves, como o álcool e a maconha. Nenhuma pessoa fuma um baseado e vai trabalhar em uma obra de caridade, vai ajudar alguém com dificuldade, ela vai curtir um som, divertir-se. O uso da maconha é um exercício egoísta, egocêntrico, que visa fazer o usuário sentir-se feliz, mesmo vendo tanta infelicidade à sua volta, mesmo sabendo que poderia estar utilizando melhor o seu tempo em prol de si mesmo, estudar mais, esforçar-se mais, trabalhar mais. No caso de jovens ou mesmo de adultos de classes sociais mais baixas, o seu uso serve para os consolar, para aguentar, para poder lidar melhor com essa condição, e ninguém pode ser contrário ao uso de alguma coisa que atenda essa necessidade. Mas o seu uso crônico, diário, transforma-se em acomodação, em momentos de "felicidade", de relaxamento, quando poderia utilizar o mesmo tempo para esforçar-se mais para sair dessa condição que a vida lhe proporcionou, para destacar-se na escola, no seu trabalho, para conseguir reverter uma situação adversa em algo muito melhor. Mas o uso da maconha, como também do álcool, do crack e de outras que vêm vindo, sempre com a mesma finalidade – "trazer alegria" –, faz com que o tempo, que poderia ser utilizado para progresso, para a busca do sucesso material, financeiro, seja direcionado para acalmar-se, para curtir.

No caso de jovens e de adultos de classe média ou alta, o uso da maconha, da bebida alcoólica, da cocaína ("droga de rico"), é um exercício de egoísmo, de atestado do mau uso do tempo, direcionado apenas para si mesmo, e não para os outros, para a sua "paz" e não para os mais necessitados, os carentes, os doentes, os infelizes que estão em hospitais, em creches, em asilos, pelas ruas.

Muitas pessoas usuárias dessa planta, afirmam que o seu uso, pela expansão da consciência que ela provoca, traz consigo uma abertura espiritual, uma nova visão a respeito da realidade, uma libertação da informação materialista da nossa sociedade egoica e capitalista, como se fosse um reencontro consigo mesmo, com a nossa identidade espiritual, e por isso ela é considerada como uma "planta sagrada" e o seu uso é defendido como se fosse um direito espiritual, até baseando-se na liberdade de culto e de opção religiosa.

Uma das alegações dos seus usuários é que essa planta é "pacífica" em sua mensagem, que ninguém sob seu efeito torna-se violento ou agressivo, que a pessoa fica mais espiritual, mais calma, mais tranquila, mais amorosa. E a comparação com a bebida alcoólica, que é legalizada e incentivada, e o seu efeito desrepressor, liberalizador de características escondidas, que muitas vezes degeneram em agressividade, em posturas auto e heterodestrutivas, é um dos argumentos dos usuários da Cannabis, e não se pode tirar deles totalmente a razão desse raciocínio. Alguns usuários chegam a argumentar que, se todas as pessoas usassem a Cannabis, terminaria a violência na Terra.

Pode ser... Então, fico pensando, quem sabe o uso sacramental, eventual, da Cannabis, poderia realmente ajudar a erradicarmos a nossa violência inata, a domesticar o ser humano, a amansar o nosso Ego, a nos espiritualizar? Uma utilização, digamos, mensal ou bimensal, em um ritual especial, num Ritual de Lua cheia, num dia de uma configuração astrológica especial, com todo o respeito, com reverência, talvez sim, para acessar níveis espirituais superiores, mas não como vemos, um uso inadequado dessa "planta sagrada", uma utilização cotidiana, diária, a qualquer momento, de qualquer maneira, sem nenhum respeito que exigiria, então, a "sacralidade" dessa planta.

Se essa planta é sagrada, deveria ser tratada como tal pelos seus usuários, mas não é. O que se vê é um uso vulgar, e a abertura espiritual, referida por muitos usuários nos primeiros tempos da utilização dessa planta, degenera numa experiência meramente teórica, numa espiritualidade egocêntrica e egoísta, numa busca de viagens internas de descobertas fantásticas, num exercício infantil de busca de prazer e de curtição, de ampliação da capacidade de sentir os sons e as cores, visando apenas viajar, viajar e viajar. A "espiritualização" virou uma teoria, a prática transformou-se em ideias espirituais, tudo vai virando um desejo de interiorizar-se mais e mais, ser calmo, pacífico, e isso me lembra uma história budista:

"Uma vez um aprendiz se ofereceu como discípulo de um monge num templo nas montanhas. O monge perguntou o que ele sabia fazer. O aprendiz se sentou e entrou em estado meditativo. Passava o tempo e o candidato a aprendiz, ali, sentado, meditando, interiorizado... Os dias passando e ele ali, sorrindo, feliz, meditando... O monge, num certo momento, resolveu interromper aquele exercício egoísta e perguntou se ele queria ajudar no templo, varrer o chão, limpar a cozinha, o banheiro... O candidato respondeu que queria iluminar-se, preferia ficar ali, meditando... O monge pegou a vassoura que estava lhe oferecendo para trabalhar e o expulsou a vassouradas dizendo que já tinha suficientes budas de pedra para enfeitar o templo!"

A busca de transcendência, a paz do começo de seu uso, a alegria da libertação que o uso dessa planta traz no início, começam, aos poucos, a transformarem-se num desleixo consigo mesmo, numa afetividade insensível ou exagerada com as outras pessoas, e a espiritualidade prática, a que realmente conta, a que dá um resultado evolutivo, baseada no trabalho de ajuda aos necessitados, aos pobres, aos doentes, que exige uma disciplina do nosso ego, que exige uma maturidade psicológica e espiritual, vai dando lugar a uma mera curtição, como se a vida fosse uma sucessão de momentos de relaxamento e de felicidade, principalmente se o usuário conta com outras pessoas que trabalham por ele, que se esforçam pelo seu sustento, que enfrentam as chatices do dia a dia, que cumprem as suas obrigações sociais, que fazem o que ele não gosta de fazer, como ter compromissos, pontualidade no trabalho, enfrentar o trânsito, pagar contas etc., ou seja, uma ou mais pessoas arcam com o ônus do trabalho duro para que o usuário dessa planta possa ser feliz e curtir a sua "onda espiritual".

E a liberdade pessoal, a libertação que essa planta traz em sua mensagem, alardeada pelos seus usuários, vai-se transformando em uma dependência financeira, gerada pela desativação dos chakras básicos (responsáveis pelo nosso aterramento, pelo nosso direcionamento, pelo nosso poder pessoal), e pela abertura externa dos chakras superiores, os chakras espirituais, não de uma maneira consciente, com trabalho, disciplina, constância, respeito e educação em relação às coisas espirituais, e sim da maneira como talvez a maioria dos usuários da Cannabis a utilizam: fumando um baseado, curtindo um barato, numa atividade grupal, entre conversas nem sempre de tom elevado, de caráter espiritual, ou de manhã para acordar, a qualquer hora do dia para espantar o tédio, no intervalo das aulas, camuflados numa pracinha ou numa esquina, à noite para realizar atos raramente elevados, enfim, numa atitude totalmente oposta ao caráter apregoado, o caráter sagrado dessa planta.

O uso de uma "planta de poder", como ela é considerada, exigiria um mínimo de respeito a ela, o que não se observa na maioria dos seus usuários, que fazem uso dela desregradamente, cotidianamente, diariamente, não para evoluir espiritualmente, evoluir como ser humano, mas para ficar feliz, ficar leve, ficar bem...

E por que a pessoa usuária vai ficando com dificuldade de concentração, de realização, tornando-se um especialista em postergação? É que o uso cotidiano dessa planta aumenta o número de receptores de THC no córtex cerebral, no hipocampo, no cerebelo e nos gânglios basais do cérebro delas, o que provoca os intensos malefícios associados ao seu mau uso e ao seu abuso: as alterações na capacidade de pensamento, a dificuldade de raciocínio, as deficiências da memória e as alterações de coordenação e de aprendizagem. E como consequência, o que poderia, quem sabe, ser um exercício de espiritualização, de ampliação do poder pessoal, de elevação do grau espiritual, transforma-se numa queda vertiginosa do rendimento escolar, do rendimento no trabalho, dos potenciais criativos, do rendimento da própria vida, e a pessoa vai se tornando uma caricatura de si mesmo, sem o perceber.

Todos enxergam a diminuição gradativa de sua persistência, de direcionamento, escutam seus devaneios teóricos e lastimam que esteja botando fora os seus potenciais, todos o aconselham, preocupam-se com ele, mas, dominado pela "paz" que vem dessa planta, dominado pelas influências dos amigos, e dominado pelos espíritos obsessores, não vê isso, e segue fumando, e segue viajando, produzindo cada vez menos ou muito menos do que poderia, evoluindo cada vez menos ou muito menos do que deveria, e nunca fica adulto de verdade, vai perpetuando a adolescência, mas a idade vai chegando, o tempo vai passando, as oportunidades vão se escoando, até que, um dia, com 30 ou 40 anos, desperta e vê a bobagem que fez, o tempo que perdeu, ficou buscando paz e alegria, apenas paz e alegria, sem perceber que isso é egoísmo e que espiritualidade é trabalho de doação ao próximo, que espiritualidade não é teoria, é prática, é amor distribuído, é a mão estendida, é a atitude de viver pelo bem comum, é libertar-se de si, é curar seus sentimentos e não os mascarar.

As pessoas que trabalham o dia todo e fumam à noite em casa para relaxar acham isso muito bom, afinal de contas, depois de um dia inteiro de trabalho, por que não pode fumar um e relaxar? Pode, sim, por que não, mas por que precisa fumar um para relaxar? É a mesma coisa que necessitar tomar Valium, Dienpax, Frontal, também acalmam, também viciam. E quando elas fumam um baseado estão fazendo alguma coisa boa para o mundo? Estão ajudando alguma ONG, alguma Associação de pessoas que querem melhorar alguma situação injusta? Não, estão curtindo... ouvindo um som maravilhoso... tendo ideias fantásticas... Isso é o egoísmo do tempo mal aproveitado.

Muitos usuários da Cannabis são fãs de Osho e sua mensagem libertária. Transcrevo, a seguir, uma orientação que Osho deu a um usuário dessa planta:

Um jovem fala com o Mestre e lhe diz: "Eu fumo maconha e quando fumo sei quem eu sou. Sinto Deus dentro de mim, eu O vejo em todas as coisas. Falo com a grama, falo com as flores, e elas respondem. Sinto-me feliz, sinto-me completamente contente. Mas depois me dá uma pressão na cabeça que me preocupa, então não sei se eu deveria fumar ou não, mas ela me dá uma grande esperança para o futuro. Fumando maconha eu tenho visões de onde eu gostaria de estar. O que o senhor acha disso?".

Osho respondeu: "Essa esperança é apenas ilusória, não é uma esperança real. A coisa toda é apenas uma ilusão química e a mudança química pode estar lhe dando pressão na cabeça porque a coisa inteira acontece no seu sistema nervoso. Essa pressão é uma indicação para parar com isso. Com o tempo, poderá ser perigoso, pois pode destruir alguns nervos necessários no cérebro. É destrutivo, é um sonho muito caro. É bonito, mas mesmo que um sonho seja bonito ele é um sonho, e pela manhã você está de volta novamente à realidade, e isso custa caro. Se continuar consumindo maconha por muito tempo, ela fará a sua inteligência se deteriorar. As pessoas que fumam maconha ou coisas assim por muito tempo tornam-se idiotas. A sua inteligência perde acuidade porque a pressão química diária sobre os nervos é prejudicial. Você não está ganhando nada, só uma ilusão. Quando você fuma maconha e acha que sabe quem você é, isso não tem importância alguma. Você tem que saber disso quando você está alerta, atento, completamente natural, sem nenhuma pressão de substância química a criar coisas em você. Aí é que você tem que saber quem é você. Temos de ser iluminados de um modo comum, só então é iluminação verdadeira. Podemos achar atalhos, mas todos os atalhos são falsos. Não há nenhum atalho para a autorrealização. Os atalhos só criam pequenos circuitos dentro de você e liberam sonhos, liberam imaginação. Isso não é bom para você, não é bom para ninguém. É melhor parar o quanto antes. Criar uma experiência que não é seu estado natural é inútil. Ela destrói a sua vida e destrói as suas oportunidades de tornar-se alerta, ciente da realidade como ela é. Não é preciso buscar Deus nas árvores. Se você apenas puder ver as árvores como elas são, tudo é percebido. Por que impor Deus? Você não precisa ver Deus em ninguém e em nada. Se puder ver apenas a pessoa real que estiver aí, isso já é o bastante! Deus simplesmente significa a realidade, Ele é a realidade comum que o cerca. Quando eu digo que Deus está nas árvores, não quero dizer que você terá que ver Deus nas árvores, que uma cabeça começará a florescer na árvore, então alguém o olhará e você terá um encontro e um diálogo e esse alguém dirá "Oi!". Quando digo "Veja Deus nas árvores", simplesmente quero dizer ver a árvore como ela é sem qualquer ideia de sua parte. Veja a verdade da árvore. Isso é o Deus da árvore, o verdor dela, a flor, a alegria, o enraizamento dela, a força e a fragilidade. Como você pode ver Deus na árvore? Uma árvore é uma árvore! Você não deve se enganar, mas quando fuma maconha você se torna um bobo, e então é muito fácil se enganar. Para ver a realidade, a gente tem que ser completamente comum e não usar nada, nenhum jejum, nem posturas, a pessoa tem que simplesmente ser como ela é. Portanto, não tenha pressa e não corra. Sim, as drogas dão velocidade, mas não acelere e não se apresse artificialmente. Seja paciente e permita que as coisas cresçam lentamente. Todas as coisas reais crescem lentamente, elas têm o seu próprio ritmo. O que você me contou, significa que algo tem que amadurecer em você. Fique satisfeito e contente-se com qualquer coisa disponível neste exato momento, não peça mais. Eu sei que usando qualquer droga, isso fica muito difícil porque a droga atrai. Sem qualquer esforço de sua parte, algo começa a acontecer, então por que se importar com qualquer outra coisa? Por que meditar e por que ficar alerta quando a droga pode desencadear o processo imediatamente? Ela vem sendo usada há séculos, não é nada de novo. No Ocidente é uma coisa nova, mas no Oriente é uma das práticas mais antigas. Mas as pessoas que tomam drogas nunca chegam a lugar nenhum. Se você realmente quer ver o que há dentro de você, tem que parar com todos os tipos de projeção. Parecerá bobagem no princípio. Não será tão encantador, não terá tanta atração, tanta fascinação, mas não é preciso fascinação, encantamento, isso não é preciso. A gente deve se satisfazer com a realidade comum. Se você puder fazer isso durante seis meses sem a droga, vivendo apenas com o comum, sem desejar o extraordinário, começará a ver a verdade das coisas comuns. E no próprio comum o extraordinário está escondido. O ordinário é a porta para o extraordinário. Minha sugestão é que você largue dela, pare completamente!"

 O início do uso dessa planta é uma lua de mel, mas depois dessa lua de mel, com o passar do tempo, começa a surgir o desconforto quando está sem ela, começa a aumentar a necessidade do seu efeito, tem de fumar senão fica mal, vem o tédio, a irritação, a ansiedade, começa o que se chama de tolerância, que é a necessidade de mais Cannabis para o mesmo efeito de sentir paz, de ficar bem, e começa a dependência, que é a dificuldade de controlar o consumo. Todos dizem que poderiam parar, que não são viciados, mas não param... Estão viciados em ficar bem artificialmente, em sentir paz de fora para dentro. E como libertar-se disso? Em geral, os usuários da Cannabis desprezam toda a informação científica que alerta sobre os perigos do uso, achando que isso é uma caretice, desconsideram o que dizem os adultos, os seus pais, os médicos, os cientistas, acreditando que eles são "caretas", "não sabem nada...", quando na verdade estão preocupados com eles, muitas vezes tentando evitar que façam o que eles mesmos fizeram de errado em sua juventude.

O que leva um jovem a fazer uso de substâncias é geralmente a busca do prazer, da alegria e da emoção, mas isso acaba por afetar o senso de realidade da vida e o faz ir navegando num mar de apenas sonhos e fantasias, sem concretização, sem um resultado positivo, sem a prática. Muitas vezes o início do seu uso foi uma tentativa de amenizar sentimentos de solidão, de inadequação, de baixa autoestima ou de falta de confiança. Muitas vezes o seu uso é uma forma de afirmar-se como igual dentro de seu grupo, pois existem regras no grupo que são aceitas e valorizadas por seus membros, tais como o uso de certas roupas, o corte de cabelo, a linguagem, a frequência a certos locais e a utilização de drogas. Então tem de ser igual, não pode ser diferente, não pode ser careta... É no grupo que o jovem busca a sua identidade, porém o jovem tem o livre-arbítrio na escolha de seu grupo de companheiros. Na verdade, o tipo de grupo com o qual ele se identifica tem a ver com sua personalidade e suas tendências.

Uma motivação forte para um jovem buscar substâncias é a transgressão, e transgredir é contestar, é ser contra a família, contra a sociedade e seus valores. Uma certa dose de transgressão na adolescência é até normal e benéfica, mas, quando ela excede um limite normal, representa uma desilusão e um desencanto, e o perigo passa a ser a generalização e a banalização da vida, tipo "Ninguém presta...", "É tudo um bando de fdp", "Fulano não estudou e se deu bem na vida...", "Quem estuda é careta..." etc.

Os jovens muitas vezes utilizam determinada substância para apontar a incoerência do mundo adulto que usa e abusa das drogas legais como álcool, cigarro e medicamentos. A onipotência juvenil é uma característica da adolescência que faz com que o jovem acredite que nada vai acontecer. Pode transar sem camisinha e não vai engravidar, nunca vai pegar AIDS ou outra DST, pode usar drogas e não vai se tornar dependente. E é ainda maior o risco de dependência no jovem quando esse possui dificuldades de lidar com figuras de autoridade, pois aí desafia e transgride compulsivamente, e pode se autodestruir para provar que está certo...

Os adolescentes sofrem influências de modismos e de subculturas, são contestadores, sofrem conflitos entre a dependência e a independência, querem ser independentes sem serem independentes financeiramente, têm uma forte consciência grupal e sentem, com razão, um desprazer com a vida urbana rotinizada e muitas vezes acabam tomando caminhos equivocados para sair dessa rotina. Na década de 60, muitas pessoas começaram a questionar a realidade social e a procurar uma cura psíquica na natureza, já que o mundo urbano parecia não oferecer alternativas. Aprenderam a usar certas plantas para modificar a percepção consciente, era a época dos hippies. Hoje, depois de 30 anos, a maioria reconheceu o seu equívoco, pois viram que esta falsa sensação divina acabou anestesiando a sua realidade individual de não se sentir "bem o bastante", e perceberam que ser "careta" traz mais paz, mais direcionamento, menos egoísmo de viajar para dentro de si, esquecendo da caridade, da ajuda aos demais, do cuidado com os pobres, com os doentes, com os mais necessitados. Viram que optaram pela "espiritualidade teórica", que não leva a nada além disso, pois é um atestado do egoísmo, do querer "ficar bem", em vez de optar pela espiritualidade prática, que é trabalhar pelo bem comum, ajudar quem necessita, estar presente e ativo no mundo.

A sociedade atual, dominada pelos canais de televisão e pela internet, tem muito pouco a oferecer para a rebeldia sadia de um jovem, e faz com que a sua vida pareça ser sem significado. O jovem quer lutar por algo, e o que o mundo lhe oferece? Os jovens sentem necessidade de se descobrir e de responder a questão: "Quem sou eu?". Mas como a mídia os massifica e os submete às suas ordens e aos seus desejos, os jovens querem saber quem realmente são e optam por fazer isso por meio da Cannabis, onde viajam na fantasia de ser o que não são, e sim o que gostariam de ser, o que a mídia vende como valores importantes, mas que geralmente são bobagens imediatistas, conquistas falsas de vitórias passageiras.

A juventude não encontra um canal para escoar a sua inquietude, e, como a sua agitação interna é grande, muitos jovens utilizam vários tipos de substâncias para livrar-se do desconforto que sentem no corpo, nas emoções e na mente. As substâncias, e entre elas a Cannabis, aliviam o desconforto, funcionam como uma cortina de fumaça para disfarçar uma sensação intensa de vazio. Muitas pessoas começam a utilizar substâncias como uma tentativa de alcançar o seu Eu divino, mas pagam um preço muito alto por isso: o de encontrar um Eu ilusório e teórico. A Cannabis traz uma percepção de realidade passiva e pode até ser um caminho para a expansão da percepção, porém é um caminho passivo, de fora para dentro, e causa então uma dependência, pois não é uma conquista real, interna, ela é externa, temporária.

E, frequentemente, quem está ao lado do usuário, invisível? Vejam o relato de uma pessoa quando foi a um bar projetado em espírito (projeção é estarmos acordados ou dormindo e saímos do corpo):

"Anos atrás, quando eu era mais jovem, costumava ir a um bar noturno para ouvir o pessoal tocar blues e rock. Fiz amizade com os músicos e comecei a aprender a tocar gaita e a cantar blues. Foi uma forma de diversão e de expressão artística que vivenciei por poucos meses, mas com bastante intensidade durante essa época da minha vida. Quase todas as noites, de tanto tentar cantar e tocar blues, ao fechar os olhos, deitado em minha cama, começava a escutar melodias maravilhosas. Foi uma época legal, de muita criatividade, mas também de alguns desequilíbrios. Infelizmente, naquele ambiente, o excesso de emanações alcoólicas, de fumaça de cigarro, além da presença, nos bastidores, de certas drogas, demonstrava que a atmosfera psicoespiritual era bastante perturbadora. Isso não significa que o rock, o blues ou o barzinho, tão frequentado por jovens, sejam sinônimos de desequilíbrio. Mas naquele caso, era. Certa noite, dormindo em minha casa, me vi projetado fora do corpo, estava na porta daquele bar e percebi o que estava ocorrendo. Próximo à entrada havia um grupo de espíritos, alguns desencarnados e outros temporariamente projetados fora do corpo, como eu. Fui me aproximando e, então, vi um espírito, com a aparência de uns vinte e cinco anos, que me chamou a atenção. Ele tinha barba e óculos. Talvez inspirado por algum dos meus amparadores espirituais, cheguei perto dele. Quando ele me viu, fui logo reclamando: – Você é um espírito obsessor! Está me perturbando! Ele continuou na dele, sem dizer nada, apenas me encarando. Então continuei: – Por que você faz isso? Por que está fazendo a turma beber até "encher a cara"? Para meu espanto, ele me respondeu com a maior naturalidade: – Pare de ser hipócrita! Não sou eu que faço o pessoal beber e fumar! Eles bebem e fumam porque querem, eu apenas "curto" junto... dou uma forcinha! Foi aí que "caiu a ficha" e percebi o quanto eu estava sendo infantil. É claro que todos somos responsáveis pelos nossos atos, não podemos responsabilizar os outros por isso. Temos que parar com esse "papo" de espírito obsessor. Então perguntei: – E como você faz isso? – É simples! Quando alguém fuma, por exemplo, chego bem pertinho da pessoa, quase abraçando-a, e aspiro a fumaça junto com ele. Enquanto explicava, foi demonstrando. A impressão que tive, quando ele aspirou a fumaça, é que o perispírito dele se justapôs ao de um jovem que tragava um cigarro naquele momento, quase que "colando" nele. Após esta curta conversa, voltei ao corpo físico e despertei. Fiquei pensando naquilo que vivenciei para não esquecer mais e, após uma prece de agradecimento pela lição recebida, adormeci. Essa lição que aprendi me marcou profundamente. Aquele espírito era um coparticipante dos desequilíbrios alheios, e muito inteligente e culto, um artista e um intelectual, só que desencarnado."

O uso continuado da maconha faz mal, pois é um vício, e, por melhor que seja o prazer causado pela inalação de um cigarro feito de maconha, com certeza não trará bons resultados no futuro. Os estudantes que fumam maconha têm dificuldades em estudar e em aprender. Os atletas não conseguem o mesmo desempenho, porque a droga afeta seus reflexos e sua coordenação. A maconha contém alguns dos mesmos elementos que causam câncer e que se encontram nos cigarros, às vezes mais concentrados. Os estudos mostram que uma pessoa que fuma cinco cigarros de maconha na semana consome a mesma quantidade de químicos carcinogênicos que uma pessoa que fuma um maço de cigarro por dia. A fumaça da maconha e do tabaco mudam os tecidos que cobrem o sistema respiratório. Também é possível que em algumas pessoas a fumaça da maconha contribua para o desenvolvimento precoce do câncer da cabeça e do pescoço. As pessoas que fumam maconha frequentemente desenvolvem os mesmos problemas respiratórios daquelas que fumam cigarros, têm sintomas como a característica tosse crônica (bronquite crônica) e mais resfriados. O uso contínuo da maconha pode resultar em função anormal dos pulmões e das vias respiratórias. Existem evidências de que a fumaça da maconha pode destruir ou danificar o tecido pulmonar. Infecções por fungos presentes na maconha podem ocorrer em usuários frequentes.

Os fumantes frequentes e prolongados da maconha mostram indícios de falta de motivação (síndrome amotivacional): não se interessar no que acontece na sua vida, não ter desejo de trabalhar regularmente, sentir fadiga e falta de interesse em sua aparência pessoal. Como resultado, a maioria deles tem baixo ou baixíssimo desempenho escolar e no trabalho, e parecem não se importar com isso... As pessoas que começaram a fumar maconha buscavam apenas tranquilidade, para sentirem-se mais calmas e tranquilas, e frequentemente sofriam de desajustes em sua casa, a ausência do seu pai ou da sua mãe, sentiam uma tristeza, uma mágoa, um desconforto, e não queriam sentir isso, queriam ser felizes, queriam ser alegres, sentir-se bem, e essa planta, ao início, muitas vezes traz isso, por isso o seu uso é tão difundido e atraente.

Mas, paralelamente a isso, ela vai provocando o "efeito colateral" de ir aumentando a dificuldade de lidar-se com a realidade, pois então – beleza! – não é mais necessário enfrentar a tristeza, a dor, a ansiedade, é só fumar um baseado que tudo passa! Para que sofrer se algumas tragadas dessa fumaça me deixam bem, se fico feliz, tranquilo, e posso então relaxar, curtir um som, ser feliz? É o egoísmo do tempo mal aproveitado.

E como, pelo seu uso, as coisas vão piorando, pois, além do que já havia de problemas, começam a surgir outros, como começar a ir mal no colégio ou na faculdade, o pai ou a mãe começarem a encher o saco, e tem de ficar dando explicação, e querem que vá se tratar, ir a um psicólogo, e lá vêm os discursos, e a encheção de saco vai aumentando, e nada melhor para recuperar o bom humor do que fumar um baseado, e aí fica bem, e aí fica calmo, mas nada melhora, a encheção de saco continua, os discursos continuam e começam as ameaças – "Internação? – nem pensar!", "Que merda, não sou viciado", "Eu paro quando eu quiser!", "É uma planta de poder!", "Os artistas usam", "Em vários países o seu uso é liberado, só nesta merda de país subdesenvolvido que não!". E por aí vai. E mais baseados e mais brigas e mais encheção de saco e mais baseados e mais brigas e mais encheção de saco e mais e mais e mais... E ao lado, os obsessores sorrindo, quanto mais baseados melhor, quanto mais briga melhor... Acabou a paz, acabou a tranquilidade, as notas despencando cada vez mais, o cabelo desgrenhado, a calça arrastando no chão, o tênis sujo, o colírio sempre no bolso, o cheiro que todo mundo conhece, os pais desesperados, tristes, abatidos, sem saber bem o que fazer, onde está aquela guria linda, perfumada, onde está aquele garoto forte, que era bom em esportes, como é que isso foi acontecer conosco?

A respeito dos espíritos obsessores, o Espiritismo ensina que há muitas espécies de desencarnados que, de alguma forma, consciente ou inconscientemente, nos prejudicam. Há espíritos viciados, dependentes do fumo, do álcool, das drogas, da gula, do sexo etc. que, quando encarnados, adquiriram algum vício, a ponto de ficarem dependentes, e ao desencarnarem levam consigo a mesma dependência, pois quem tem os desejos não é a matéria e sim o Espírito. Por isso, existem muitos espíritos desencarnados viciados e dependentes que ficam desesperados por não mais poderem satisfazer os seus vícios diretamente, e este tipo de obsessão é um dos mais difíceis, pois a cura só ocorre quando o obsediado decide, definitivamente, deixar por completo o vício. Se a pessoa não toma esta decisão, o que acontece é que, pelo trabalho de desobsessão, os obsessores são esclarecidos, orientados e afastados para tratamento. Mas como a pessoa continua a alimentar os mesmos vícios, outros obsessores entram em sintonia e dão continuidade à obsessão.

Outra categoria de obsessores é constituída por Espíritos indecisos e indiferentes, que em nada acreditam, que ainda perambulam sobre a superfície da Terra, às vezes até sem se aperceberem que já morreram e vivem sem um rumo determinado e, quando se aproximam de nós, nos transmitem coisas ruins, dúvidas e incertezas, podendo nos induzir à depressão. São aqueles que ficam perambulando na Terra sem objetivo determinado. Quando aqui viviam, dedicavam-se exclusivamente à matéria e, em geral, em nada acreditavam. Muitas vezes não sabem que já morreram, pois se sentem vivos e realmente estão vivos, só que sem o corpo material. Estes espíritos devem ser esclarecidos devidamente, para que possam compreender as diferenças básicas entre os Planos Material e Espiritual e ser encaminhados para estagiar nas Escolas Espirituais, no sentido de aprenderem a finalidade das reencarnações e se prepararem convenientemente para a continuidade da evolução espiritual.

Existem também espíritos obsessores brincalhões que querem se divertir às nossas custas. São espíritos atrasados, que não estão ainda capacitados a distinguir o bem do mal e não têm noção das Leis de Justiça Divina, de causa e efeito. Precisam ser orientados sobre as responsabilidades do livre-arbítrio, a pensarem na própria vida, na sua necessidade de progresso, e irem se preparando para novas reencarnações, deixando, assim, de perder um tempo precioso. Eram assim quando encarnados e continuam assim depois de desencarnados, aproximando-se de pessoas similares, brincalhonas, levianas.

Jesus, nosso Mestre Supremo, fornece-nos nos Evangelhos uma receita simples e eficiente para não cairmos nas teias da obsessão: Orar e vigiar, e ocupar o nosso tempo disponível em trabalhos meritórios e edificantes, e não apenas em busca de prazer, de lazer.

O que se observa é que uma pessoa que utiliza essa planta em seu dia a dia, para espiritualizar-se (teoricamente), para meditar (egocentricamente), para curtir um som (egoisticamente), para sair com a galera (para perder tempo com bobagens), para relaxar (em vez de ir ajudar os demais), para voltar para si mesmo (em vez de dirigir-se altruisticamente para o bem dos outros), para esquecer as chatices de sua vida (em vez de adultamente enfrentá-las), nunca reconhece que está viciado e sempre afirma que pode parar quando quiser.

Diz que a maconha não lhe faz mal, que ela não lhe prejudica, mas quando a voz de sua Consciência ou o apelo do seu Mentor Espiritual lhe recomenda a suspensão desse hábito, ao tentar, essa intenção não perdura mais do que um ou dois dias, revelando a realidade: está viciado, sim, e não consegue parar. E por que não consegue? Por muitas razões, entre elas, porque adquiriu o hábito diário de fumar um baseado, isso passou a fazer parte da sua rotina, pra curtir um som, pra comunicar-se pela Internet, afinal, todos os seus amigos fumam, porque viciou-se na facilidade de sentir-se bem artificialmente, não aceita mais estar incomodado com algo, não admite mais se sentir contrariado. Por que ficar triste ou irritado se um baseado o acalma? Mas também porque, ao seu lado, invisivelmente, muitas presenças espirituais utilizam a substância com ele, e não têm nenhum interesse de que ele pare, é uma subjugação, e a grande capacidade desses seres é entrar no nosso pensamento e dominá-lo, e então o uso de uma chamada "planta de poder" transforma-se numa deficiência de poder pessoal, numa falta de poder de autonomia, e uma sujeição ao poder de entidades trevosas e maléficas.

A partir daí não basta mais a realização de uma terapia ou uma busca de solução em sua própria Consciência, é obrigatória uma consulta em um Centro Espírita e um tratamento espiritual para a doutrinação dessas entidades, visando o seu convencimento de que, melhor do que ficar aqui na Terra ainda atados ao seu vício, encostados a usuários cegos e surdos, é subir de volta para Casa, no Plano Astral, onde depois de um tratamento em um hospital irão ter a oportunidade de refletir sobre o que fizeram de sua vida, o que fizeram de seus sonhos e ideais, de como perderam o seu poder pessoal, de como se viciaram no desejo de ficar sempre bem, sempre em paz...

Numa época de transição como está passando o nosso planeta, em instantes tão preocupantes da caminhada evolutiva do ser humano, o Espiritismo vem difundir as informações antidrogas que chegam do Plano Espiritual, divulgando os seus informes e os seus relatos, alertando para o uso irresponsável e infantil de substâncias, no seu aspecto preventivo e no de assistência aos já dominados pelas Trevas. Pois uma das maneiras das Trevas atrasarem o plano de Deus para os seres humanos é atraí-los, pela brecha do egoísmo infantil, do "aproveitar a adolescência", do "aproveitar a vida", tão incentivado pela mídia capitalista e materialista, e levá-los para o mundo da ilusão.

Nas obras Missionários da Luz e Evolução em Dois Mundos, de André Luiz, esse autor espiritual nos ensina que os neurônios guardam relação íntima com o perispírito, e a agressão das drogas às células neuroniais reflete-se nas regiões correlatas do corpo perispiritual, em forma de lesões e de deformações consideráveis que, em alguns casos, podem chegar até a comprometer a própria aparência humana do perispírito. Tal comprometimento concorre para o surgimento de um acentuado desequilíbrio do Espírito, uma vez que o perispírito funciona, em relação a este, como uma espécie de filtro na dosagem e na adaptação das energias espirituais junto ao corpo físico e vice-versa. E muitas vezes o consumo excessivo das drogas faz com que as energias oriundas do perispírito para o corpo físico sejam bloqueadas no seu curso e retornem aos centros de força, provocando fraqueza, desalento, tristeza, queda do rendimento em relação a tudo, o que faz com que o usuário opte por usar ainda mais o que está provocando isso, num círculo vicioso que só pode terminar se, um dia, olhar-se num espelho e reconhecer que se enganou, que se perdeu, que se tornou um arremedo de si mesmo, e procurar ajuda dos adultos "caretas" e de um

Centro Espírita, além de aprender a rezar e a pedir ajuda a Deus, a Jesus, a Nossa Senhora, aos seus Mentores Espirituais.

A observação dos usuários constantes mostra que a concentração, a memória e o raciocínio ficam prejudicados de forma permanente. Tudo começa a ser postergado, vai sendo deixado para depois, o usuário vai tendo a impressão de que tudo está bem, quando seu mundo está desabando... A maconha dá essa sensação ilusória de que as coisas estão bem, tudo se resolve, nada exige pressa, se for mal no colégio ou na faculdade, isso não é tão importante assim, depois se resolve... Se vai mal no trabalho, se começa a faltar, os atestados resolverão, afinal de contas, o seu chefe é um cara legal, tudo está certo, tudo se resolve... Dali uns anos, quando vê que ficou para trás, só vê uma solução: fumar mais maconha para se consolar do que fez consigo e com sua vida. Ou, melhor, do que não fez...

Planta de poder? Pode ser, mas fumar dois a três baseados por dia, acordar mal, a cabeça pesada, o quarto uma imundice... A Cannabis pode ser realmente uma planta de poder, mas por que a imensa maioria das pessoas que a utilizam tornam-se pessoas sem poder?

Planta sagrada? Todas as plantas são sagradas. Mas tudo jogado, a tosse, os ataques à geladeira, não consegue se concentrar, vai mal nas notas, mal no trabalho, vai ficando cada vez mais egoísta, mais teórico, cheio de ideias que não consegue realizar... Isso é sagrado? A Cannabis sativa, como todas as plantas, é sagrada, seus usuários também são sagrados, como todos os seres humanos o são, mas ficar preguiçoso, desleixado, egoísta, isso é sagrado?

Uma pessoa trabalhadora na Umbanda nos diz assim:

"Os nossos orientadores espirituais têm nos avisado do perigo que o planeta corre. No submundo espiritual são traçados planos sórdidos para a destruição da juventude através das drogas. Os nossos Guardiões estão trabalhando muito para derrotar esta horda de espíritos malfeitores, é uma guerra que está sendo traçada na espiritualidade. São dois exércitos: a Luz contra as trevas, o Bem contra o mal. O outro lado também possui o seu exército, e é muito numeroso, são milhões e a cada dia aumenta o seu número devido à irresponsabilidade e à vulnerabilidade do ser humano que se deixa influenciar por esses espíritos. Infelizmente, os encarnados tornam a missão de nossos Espíritos Guardiões árdua e difícil, devido às suas atitudes, pois facilitam o trabalho de espíritos obsessores. A cada derrota, os nossos Guardiões choram e se preocupam com o futuro do planeta, enquanto o exército inimigo comemora de uma maneira nojenta. Eles aprisionam os espíritos dos desencarnados que foram viciados, praticando com eles os tipos mais vis de torturas, numa cena lamentável. Uma noite, nossos Guardiões perderam uma batalha, perderam quatro jovens para o alcoolismo. Eles voltavam de uma balada e morreram em um acidente. Um grupo de espíritos negros os acorrentou e os levou como escravos, abriu-se um buraco no asfalto e eles entraram por ele, rindo, gargalhando e aterrorizando os jovens. Muitas dessas cenas se passam no astral sem que a humanidade tome conhecimento, é uma batalha diária que poderia ser diminuída se nós tivéssemos espiritualidade, fé e consciência. Pensem nisso, reflitam antes de se deixarem levar pelo vício e por atitudes ilícitas."

Na obra Memórias de um Toxicômano, o espírito Tiago mostra para o leitor como diversos personagens envolveram-se com a droga. Descreve a zona de sofrimento para onde são levados. Descreve, também, a situação espiritual de inúmeros viciados e o trabalho desenvolvido pelas forças do bem para resgatá-los, quando estiverem em condições. Descreve ainda muitas atividades que desencarnados ligados ao vício realizam para manter os dependentes, do mundo físico e do mundo espiritual, atrelados às drogas. Na obra Educação e Vivências, Camilo afirma que: "Nenhum processo de toxicomania está dissociado dos processos das almas enfermas. Espíritos sadios não se deixam embriagar pelas drogas".

Muitos usuários da Cannabis gostam do Budismo. O que diz Buda a respeito?

"Um dos princípios do Budismo é "Não usar drogas". O princípio é não alterar o estado natural da mente. Por que o Buda condenava os estados alterados de consciência? Porque a consciência é o foco de toda a filosofia budista. Todo o Budismo gira em torno de estar presente, atento, alerta, consciente, vivo, fluindo junto com as mudanças, em vez de fugindo. A mente natural é o único refúgio seguro, duradouro e real. Do alto da mente limpa você pode ver o mundo e a vida com maior abrangência, sem obstruir um aspecto da mente em detrimento da ampliação de outros. O Buda prega vivenciar o presente na sua plenitude. Com as substâncias você nunca está realmente presente, nem atento, nem alerta, nem realmente consciente, por mais que ela lhe dê essa sensação. Com a Meditação, você está usando técnicas para diminuir a frequência de pensamentos e de emoções, você presta atenção a coisas que normalmente passariam em branco: sutilezas da respiração, sensações na pele, nos músculos, e naquele momento você está ampliando um aspecto da mente em detrimento de outros, exatamente como acontece na experiência com drogas. Mas existem diferenças enormes. As drogas te distanciam ainda mais do seu mundo interno. Numa viagem com drogas, mesmo que você feche os olhos e tente entrar em contato com seu "Eu Superior", o máximo que vai conseguir é uma sessão de diálogos intermináveis, ou um mergulho num oceano de imagens espontâneas, surfando em sensações deliciosas. Talvez consiga até um encontro memorável com o Amor Universal. Já meditar é o contato com uma coisa muito crua, simples, muito palpável, que pode ser vista como "natural". É simplesmente você, lá, sentadinho, respirando. Não tem a menor graça, mas é a maior Graça. É infinitamente simples, e simplesmente infinito."

Vamos ver os efeitos prejudiciais do ponto de vista físico. Um dos efeitos do uso contínuo da Cannabis é uma bronquite crônica, que se revela naquela tossezinha chata e constante, provocada pela fumaça quente do uso cotidiano dessa planta. E apesar de haver entre os usuários uma ideia disseminada de que fumar maconha é menos prejudicial aos pulmões do que fumar tabaco, isso não é realidade. Em matéria de material particulado, fumar de três a quatro baseados por dia equivale a fumar mais que 20 cigarros de tabaco, porque ela é fumada com um volume de tragada dois terços maior, um volume de inalação um terço maior e com um tempo de retenção da fumaça quatro vezes maior do que os valores considerados para o tabaco. Com o uso contínuo, os brônquios e o pulmão passam a ser afetados. Devido à contínua exposição com a fumaça tóxica da droga, o sistema respiratório do usuário começa a apresentar problemas como a bronquite e a perda da capacidade respiratória. Além disso, por absorver uma quantidade considerável de alcatrão presente na fumaça de maconha, os usuários da droga estão mais sujeitos a desenvolver o câncer de pulmão.

O consumo da maconha também diminui a produção de testosterona. A testosterona é um hormônio masculino responsável, entre outras coisas, pela produção de espermatozoides. Portanto, com a diminuição da quantidade de testosterona, o homem que consome continuamente maconha irá, com o tempo, apresentar uma capacidade reprodutiva menor. O uso continuado dessa planta também diminui o tamanho e o peso da próstata e dos testículos, e com isso diminui o nível dos hormônios sexuais. Pode surgir impotência, física e também a provocada pela chapação, e incapacitação para gerar filhos. E também pela diminuição dos hormônios masculinos, pode provocar ginecomastia (aumento do seio) em jovens do sexo masculino.

A maconha atinge os linfócitos (células sanguíneas responsáveis pela defesa do nosso organismo), diminuindo a resistência a infecções.

Um outro efeito prejudicial do uso desregrado da Cannabis é uma redução da pressão intraocular, que pode provocar sérios problemas nos olhos, dependendo do uso maior ou menor da planta, mas como ela provoca dependência, principalmente psicológica e espiritual, o seu uso acaba por provocar danos oculares, também devido ao uso de colírios utilizados para disfarçar a vermelhidão provocada pela vasodilatação dos capilares da conjuntiva ocular. Os colírios branqueiam a vermelhidão dos olhos por conter substâncias vasoconstritoras que, com o tempo, vão provocando o ressecamento dos olhos, causando conjuntivites e outras doenças oculares. Os colírios contêm sulfato de zinco e ácido bórico, dois compostos que provocam uma vasoconstricção alérgica da conjuntiva ou vasoconstrictores anfetamínicos, como a nafazolina, que, a longo prazo, podem causar catarata, glaucoma e cegueira. Geralmente, o usuário diário dessa planta utiliza colírio algumas vezes por dia, antes de ir ou retornar para a aula, antes de ir falar com seu chefe ou alguém importante, antes de algum compromisso em que não possam saber que é um usuário, antes de chegar em casa, e essa necessidade de disfarçar vai afetando seus olhos, como um simbolismo de que necessitaria começar a enxergar corretamente o que está fazendo consigo, com a sua vida, com os seus antigos planos, com seus talentos.

Existe atualmente uma maconha alterada – transgênica – chamada de Skunk, cultivada com hidroponia, que tem aumentado em muito o potencial do D9-THC e o percentual de canabinoides. A maconha de anos atrás tinha 0,5% de THC e a atual supermaconha, artificial, química, produzida em laboratório, para viciar mesmo, tem até 30% de THC! E, então, o seu potencial viciante é enorme, que é o que os traficantes querem. Aliás, como o uso da Cannabis parece com um procedimento espiritual, pois os viciados acreditam que estão se espiritualizando, os traficantes que fingem ser amigos, irmãos dos usuários, são chamados de "brothers"... Com "brothers" assim, melhor um inimigo.

O dano neurológico dessa supermaconha é vasto: confusão mental, incapacidade de aprendizado e de concentração, irritação e agressividade contra parentes e contra a família quando existe um período de abstenção, problemas na gengiva, consumo elevado de açúcares e de carboidratos, olhos vermelhos, indisposição para tudo, perda progressiva de memória, riso frouxo e sem motivo para qualquer coisa, mesmo as coisas tristes e deprimentes, depressão constante e insensibilidade quando o efeito da droga passa, incapacidade de transmitir ideias e recados, frases incompletas e desconexas, troca de palavras e perda da capacidade cognitiva, falsas interpretações, confusão e troca de valores simples, incapacidade para efetuar alguma coisa mais complexa, uma espécie de criancice e incapacidade tola, perda da razão simples, dificuldade de articulação mental, porque o setor de armazenamento de informações no cérebro está comprometido, constante ansiedade, perda da acuidade visual, do campo visual, perda dos reflexos rápidos, confusão e irritação no trânsito, dificuldade da capacidade de dirigir, dificuldade de aprender qualquer coisa nova, alteração da criatividade, porque ela provoca perda de memória e é difícil ser criativo esquecendo aquilo que pensou...

Para finalizar, eu convido a todas as pessoas que fumam maconha há alguns anos a fazer um teste: quando fumar um baseado, dali uns minutos, pergunte-se: "Eu estou melhor ou pior do que estava antes de fumar?". Jogo todas as minhas fichas que vai dizer para si mesmo: "Estou pior, mais parado, mais aéreo, menos concentrado, meus pensamentos estão desconexos, me fechei em mim mesmo, minha cabeça parece que está enuviada...". E pergunte-se se a maconha está ajudando a realizar, a concretizar os seus sonhos, a desenvolver os seus potenciais, se o ajuda a manter o foco ou o distrai dele, se o ajuda a ter persistência, a ter disciplina, ou o afasta disso? E, então, o que sugiro é que pare imediatamente de fumar maconha e retome a sua vida de antes de começar, e passe da condição de usuário para a condição de curador, de conselheiro, para quem ainda fuma.

A vida encarnada é uma escola e uma grande parcela dos usuários são espíritos que estão experimentando essa viagem para, um dia, sair dela e ir cuidar de quem ainda acha que é uma viagem com um rumo e que estão apenas rodeando.

A COCAÍNA

Por que alguém começa a cheirar cocaína. A imagem materialista do poder pessoal. O que é uma pessoa realmente vitoriosa.

A cocaína, ou éster do ácido benzoico, é um alcaloide usado como droga, de efeito estimulante, derivada do arbusto Erythroxylum coca Lamarck, cujo uso continuado pode causar efeitos indesejados como a dependência, inúmeros problemas físicos e psicológicos e, com o tempo, distúrbios psiquiátricos.

A produção da droga é realizada através de extração, em que as folhas são prensadas em ácido sulfúrico, querosene ou gasolina, resultando em uma pasta denominada sulfato de cocaína. Na segunda fase utiliza-se o ácido clorídrico, formando um pó branco. Ela é utilizada aspirada, ou dissolvida em água e depois injetada diretamente em uma veia do corpo, geralmente na dobra do cotovelo ou nas pernas.

A folha de coca é usada há mais de 1.200 anos pelos povos nativos da América do Sul. Eles a mastigavam para ajudar a suportar a fome, a sede e o cansaço, sendo, ainda hoje, consumida legalmente em alguns países (Peru, Bolívia) sob a forma de chá (a absorção do princípio ativo por esta via é muito baixa). Os Incas e outros povos dos Andes usavam-na, permitindo-lhes trabalhar a altas altitudes, onde a rarefação do ar e o frio tornam o trabalho árduo especialmente difícil e a sua ação anorexiante (supressora da fome) lhes permitia transportar apenas um mínimo de comida durante alguns dias. A coca foi levada para a Europa em 1580 e o seu uso espalhou-se gradualmente. Após visitas de cientistas italianos à America do Sul quando levaram amostras da planta para o seu país, o químico Ângelo Mariani desenvolveu, em 1863, o vinho Mariani, uma infusão alcoólica de folhas de coca (mais poderosa devido ao poder extrativo do etanol do que as infusões de água ou chás usadas antes). A Coca-Cola seria inventada como tentativa de competição dos comerciantes norte-americanos com o vinho Mariani importado da Itália e continuaria até 1903 a incluir cocaína nos seus ingredientes, e os seus efeitos estimulantes foram, sem dúvida, determinantes do poder atrativo inicial da bebida.

A cocaína foi popularizada como tratamento para a toxicodependência de morfina. Em Viena, Sigmund Freud, o médico criador da psicanálise, experimentou-a em pacientes, fascinado pelos seus efeitos psicotrópicos. Publicou um livro – Uber Coca – sobre as suas experiências, mas acabou por se desiludir com a dependência e com a decadência que foram reduzidos vários dos seus amigos.

Mas a popularidade da cocaína foi ganhando terreno e continua até hoje, pois é muito grande o número de pessoas que esqueceram que somos Espíritos reencarnados, em busca de evolução espiritual em um mundo material, e embrenham-se no materialismo frio e vazio de uma sociedade humana quase que totalmente desumanizada e buscam encontrar paz, alegria, felicidade, coragem, força, ânimo para viver, através do uso de substâncias entorpecedoras, como o álcool e a Cannabis, e criadoras de uma ilusão de poder, como a cocaína e o crack.

Em 1885, a companhia norte-americana Parke Davis vendia livremente cocaína em cigarros, em pó ou em líquido injetável sob o lema: "Substituir a comida, tornar os covardes corajosos, os silenciosos eloquentes e os sofredores insensíveis à dor". Vejam como a publicidade vem há muito tempo iludindo a todos nós com suas mensagens chamativas e atrativas, prejudiciais e malignas ao nosso corpo, ao nosso psique e ao nosso Espírito, a serviço de poderosas indústrias de drogas, lícitas como a bebida alcoólica e o cigarro, e ilícitas como a Cannabis, a cocaína e o crack, todas elas servindo ao aprisionamento do ser humano ao seu ciclo reencarnatório, atrapalhando seus projetos pré-reencarnatórios de libertação do seu Ego, de endereçamento do seu tempo e da sua energia para os mais necessitados, para os pobres, para os doentes, para os deficientes. O uso de drogas é o egoísmo do tempo mal aproveitado, e uma certa parcela das agências de publicidade sabem lidar com isso de maneira magistral, embora demoníaca.

A ação estimulante da cocaína ocorre poderosamente porque ela é um potente inibidor da enzima MAO (monoaminooxidase), que inibe a recaptação da noradrenalina e da dopamina, com isso liberando e aumentando a sua presença no sangue. Os efeitos da cocaína pelo aumento desses neurotransmissores são similares aos das anfetaminas, mas ainda mais intensos. A noradrenalina e a adrenalina são substâncias produzidas pelo organismo humano em situações de estresse agudo em que a pessoa necessita naquele momento de força e de energia. Elas têm a capacidade de aumentar a contração e a frequência cardíaca, a tensão arterial, a velocidade e a clareza do pensamento, a destreza dos músculos e a inibição da dor.

O indivíduo sob a ação da cocaína sente-se extremamente consciente e desperto, eufórico, excitado, com a mente clara (ideias em profusão) e uma grande (e ilusória) sensação de poder. A dopamina é o neurotransmissor principal das vias mesolímbicas e mesoestriadas, que têm, entre outras, a função de produzir prazer em resposta a acontecimentos positivos na vida do indivíduo, recompensando a aquisição de novos conhecimentos ou capacidades (aprendizagem), progresso nas relações sociais, relações emocionais e outros eventos. Mas o aumento artificial da dopamina pela cocaína ativa anormalmente essas vias, e o usuário sente-se extremamente autoconfiante, poderoso, irresistível e capaz de vencer qualquer desafio, de uma forma que não corresponde à sua real situação ou habilidade. A dopamina é a substância que se encontra muito aumentada nos casos de esquizofrenia e é o que aumenta pelo uso da cocaína. O que pode resultar disso é facilmente imaginável...

A atração pela cocaína é, então, porque ela causa alegria, euforia, bem-estar, sociabilidade, durante o tempo de sua ação, mas depois vem a depressão consequente, e como poucas pessoas conseguem ter normalmente tais agradáveis e intensas sensações, quem a utiliza tenderá a querer usá-la novamente, e mais uma vez, e mais outra vez, e assim sucessivamente, e facilmente se vicia em querer sentir esse "bem-estar", essa "alegria", esse "poder".

O tímido fala, o retraído manifesta-se, o inibido solta-se, o bloqueado sexualmente expande-se, o triste fica alegre, o medroso fica valente, quem não gosta disso? Mas tudo isso ocorre apenas pelo aumento da noradrenalina e da dopamina, e a pessoa fica a mil, acelerada, superativa, até que o efeito vai passando, vai passando, e passa, e o que fica? Aí vem o revés, a realidade volta, a timidez continua, a inibição, o bloqueio, a tristeza, o medo, tudo volta a aparecer, era apenas passageiro... Como eu queria ser assim! Mas não é... O que fazer? Cheirar mais, ou injetar. Na televisão mostram que os artistas, os jogadores de futebol, os corredores de Fórmula 1, os modelos, são vencedores porque bebem cerveja, vou ao supermercado buscar uma caixa, hoje eu vou me soltar, quero ser feliz, tem um vizinho meu que fuma baseado, me disse que não faz mal, que deixa alegre, fica leve, pra curtir um som, eu estou cheio de problemas, vou bater lá... Crack, nem pensar, mas ouvi dizer que o efeito é rápido, quem sabe uma vez só? Não deve ser assim como dizem...

E quem está, ao seu lado, invisível? Aquilo que muitos psiquiatras não acreditam: os Espíritos obsessores. São seres que possuem uma única e enorme capacidade: a de interferir em nossos pensamentos, colocar ideias em nossa mente, e, entrando pelas brechas que deixamos, eles vão se infiltrando, penetrando, baixando a nossa guarda, principalmente nos momentos de tristeza, de depressão, de desespero, e o quadro vai se formando, nós e nossos problemas, nossos conflitos, nossos traumas, eles querendo que nós bebamos, fumemos, cheiremos, ou porque querem usar através de nós ou porque querem nos destruir, por seus motivos, geralmente de outras encarnações.

Um tratamento, para ser realmente efetivo, não basta ser apenas médico e psicológico, necessita também ser espiritual, em um Centro Espírita, gratuito, endereçado a esses irmãos desencarnados, tão coitados e iludidos como os encarnados dominados por eles.

Do ponto de vista da Psicoterapia Reencarnacionista, nós não reencarnamos para fugir, para esmorecer, para nos deixar dominar, seja por sentimentos internos, seja por Espíritos obsessores. Nós reencarnamos para vencer, a nós mesmos, as nossas imperfeições, as nossas inferioridades, e para ajudar o mundo a melhorar. Nós não precisamos mais ser adolescentes espirituais, podemos amadurecer, nos tornarmos adultos, erguermos nossa coluna, abrirmos o nosso peito, soltarmos a nossa voz, nos aliarmos a Deus e seus representantes, os Seres de Luz, que estão aqui, ao nosso lado, prontos para nos ajudar, que nos aconselham que paremos de nos destruir, que encetemos uma guerra realmente santa contra nossos instintos primitivos, auto e heterodestruidores, que escutemos a voz da Razão, a voz da nossa Consciência, que prestemos atenção ao que estamos fazendo com a nossa vida, a vida que Deus nos deu, como estamos indo nessa encarnação, para onde estamos nos dirigindo, onde queremos chegar, qual o nosso objetivo existencial?

Todos nós esperamos tanto tempo lá no Mundo Espiritual o momento de reencarnar, escolhemos um útero, um pai e uma mãe, de acordo com o nosso merecimento, de acordo com as Leis Divinas da Necessidade, da Finalidade e do Retorno, e então aqui estamos, apenas com uma finalidade, que é a de aproveitar essa passagem no sentido da evolução espiritual, rumo à Purificação, sermos úteis para o mundo, sermos pessoas importantes do ponto de vista do amor, do coração, da caridade, mas uma grande parcela de nós esquece completamente disso tudo e envereda pelo caminho da bebida, do cigarro, da maconha, da cocaína, do crack e de outras coisas, tão agradáveis em seu início, tão prazerosas, tão amortecedoras, tão estimulantes mas tão ilusórias, tão destruidoras, tão caóticas! E em vez de irmos, durante a encarnação, nos tornando cada vez melhores, vamos decaindo, ficando piores, mais doentes, mais viciados, mais coitadinhos, num caminho semelhante ao da loucura, em que não se sabe o que se está fazendo, ou literalmente entrando nela.

Os efeitos físicos maléficos da cocaína, com o tempo, são: depressão neuronal, alucinações, convulsões, paranoia (sensação de perseguição), taquicardia, mãos e pés adormecidos por afetação da circulação sanguínea, depressão do centro cerebral respiratório, depressão vasomotora e pode ocorrer o coma e até a morte por overdose. A cocaína provoca danos cerebrais extensos em um curtíssimo período de tempo de consumo. As overdoses de cocaína são frequentemente fatais, e caracterizam-se por arritmias cardíacas, convulsões epilépticas generalizadas e depressão respiratória com asfixia.

E onde ficou aquela sensação boa de alegria, de poder, de entusiasmo, de expansão das ideias, a facilidade em falar, em chegar em alguém que está interessado, em esquecer seus dramas e seus problemas, de sentir-se forte e capaz, de que nada pode lhe afetar, de ser um super-alguma-coisa, onde ficou isso? Foi tudo correnteza abaixo, nada era real, era o que poderia ser se tivesse sido trabalhado corretamente, através de um tratamento psicológico competente, um enfrentamento maduro e adulto, e para quem é reencarnacionista, um tratamento com a Psicoterapia Reencarnacionista, que o ajudaria a rever e a reler a sua infância, a entender melhor o que é estarmos aqui encarnados, como encontrarmos a nossa proposta de Reforma Íntima, o que são os gatilhos, o que são as armadilhas da vida terrena, o que é e como alcançarmos a meta principal de nossa trajetória: a busca de mais evolução espiritual.

A cocaína apresenta o fenômeno de tolerância de estabelecimento rapidamente, ou seja, para obter os mesmos efeitos, o usuário terá de usar doses cada vez maiores. Isso ocorre porque os efeitos dela, com o tempo, começam a ser mais curtos e de menor intensidade, e então o usuário deseja consumir cada vez mais a droga para se satisfazer na mesma intensidade que antes. O hábito em seu consumo começa a gerar ou a agravar uma depressão, porque os seus efeitos "benéficos" e "agradáveis" não correspondem à realidade, e, quando passa o efeito, uma das duas: ou a pessoa vai usar mais cocaína, ou beber, ou fumar um baseado, para continuar na ilusão, ou terá de deparar-se com a verdade e ela não é agradável, não é boa de se sentir, não é favorável, e então vai se instalando uma ansiedade e um mal-estar mais ou menos permanente, associado a uma deterioração das funções motoras, a uma perda da capacidade de aprendizagem e de comportamentos aprendidos, porque, com o uso, começam a ocorrer múltiplas pequenas hemorragias cerebrais com morte de neurônios e uma perda progressiva das funções intelectuais, e, pior, aliada a isso tudo, a presença dos Espíritos obsessores, e então são frequentes as síndromes psiquiátricas como a esquizofrenia e a depressão profunda, com o desejo de morrer. Se o obsessor quer apenas cheirar através do seu comandado, tenderá a mantê-lo vivo para continuar lhe fornecendo a droga. Mas, se for seu inimigo, as ideias suicidas aumentarão, até possivelmente isso se concretizar e, quando o infeliz suicida estiver fora do corpo, será um alvo muito fácil para ele, e aí então o inferno aumentará, principalmente se for arrastado para o Umbral, de onde sairá apenas depois de muito, muito tempo...

Como toda droga, no início tudo são flores, uma maravilha, mas com o tempo vai mudando, tudo piorando, vem a perda da capacidade de concentração, a perda da capacidade analítica, a perda de memória, ansiedade e falta de ar quase que permanentes, problemas nasais, pulmonares e cardíacos, perda de peso até chegar a níveis de desnutrição, dores de cabeça terríveis, fraqueza, desmaios, distúrbios dos nervos periféricos ("sensação do corpo ser percorrido por insetos"), silicose (pois é comum o traficante, o "irmão", adicionar talco industrial para aumentar seus lucros, um fato bastante verificado em necropsia), arritmias cardíacas com complicação muitas vezes fatal, trombose coronária com enfarte do miocárdio (25% dos enfartes totais em jovens de 18-45 anos), trombose cerebral com acidente vascular-cerebral, necrose cerebral (morte celular), insuficiência renal, insuficiência cardíaca etc.

Valeu a pena? Onde está aquele Espírito que reencarnou para evoluir espiritualmente? Onde ficaram as suas metas pré-reencarnatórias? Sente uma profunda mágoa de sua mãe, mas é a mãe que escolheu antes de reencarnar... Sente raiva do seu pai, mas é o pai que pediu antes de descer para a Terra... A culpa é de sua infância pobre e miserável, mas é a situação social que necessitou por erros no passado quando foi rico, egoísta, insensível... Ou a culpa é de sua infância rica, materialista, mas por que pediu uma família dessa classe social?

"Não tem mais solução! É o fim! Não vale mais a pena! Vou cheirar até morrer, azar, vou beber, vou fumar, não tem saída, não tem jeito mesmo...". Não tem? Tem, sim, mas ela exige um certo grau de humildade, para reconhecer que enlouqueceu e não viu, e que essa loucura chama-se Egoísmo. O egoísmo de olhar demais para si e pouco para os outros, de priorizar-se, de sofrer mais por si do que pelos outros, de achar que seus problemas são maiores do que os dos outros, de querer alegria para si, curtir a vida, divertir-se, e/ou fugir dos "seus" problemas, das "suas" dores, dos "seus" complexos, das "suas" frustrações, tudo girando em torno do "Eu", do "Meu" e do "Minha", mostrando onde está a sua doença: em si mesmo.

A cura é possível, mas ela tem de passar pela libertação do seu egoísmo, do seu umbigo, da sua eterna adolescência espiritual e resolver transformar-se em alguém importante para o mundo, alguém que os outros possam admirar, alguém que faça a diferença, que dê o exemplo, pois, como diz um velho ditado: "Quem não vive para servir não serve para viver".

A Psicoterapia Reencarnacionista, sendo uma terapia que quer ajudar a todos nós a aproveitar a encarnação, pode ajudar quem está viciado em cocaína, como em qualquer coisa, a libertar-se disso, mas exige que a pessoa resolva mudar seus conceitos, mudar seus pensamentos, entender que é um Espírito reencarnado, que aqui está para crescer, para amadurecer, que a vida é apenas uma passagem, que dura algumas dezenas de anos, e que depois subirá de volta para Casa para prestar conta para sua própria Consciência de como se saiu, se aproveitou, se venceu, ou se fracassou, se foi derrotado.

A estatística do Mundo Espiritual quanto aos nossos sucessos/fracassos não são nada favoráveis a nós, pelo contrário, o fracasso encarrega-se de mais de 90% dos retornos, ou seja, poucos retornam dessa viagem pela Terra vencedores, e dentre esses a maioria conseguiu apenas em parte o que tinha almejado, prometido a si mesmo antes de descer. Raros são os vencedores de verdade, e aumentar essa taxa é uma das metas dessa nova Psicoterapia, baseada na reencarnação, aliada das Religiões reencarnacionistas, que veio para a Terra há pouco tempo, mas já vem ocupando um lugar que é seu de direito, pois é a mesma terapia aplicada no período intervidas, agora aqui embaixo, para ajudar a nos libertarmos das ilusões, das fantasias, da superficialidade criada e estimulada pela nossa sociedade ainda tão materialista, tão hipócrita, tão falsa.

O CRACK

É barato e dá um barato... Estou viciado. E agora?

O crack é uma droga feita a partir da mistura de cocaína com bicarbonato de sódio, geralmente fumada. O nome deriva do verbo to crack, que, em inglês, significa quebrar, devido aos pequenos estalidos produzidos pelos cristais (as pedras) ao serem queimados, como se quebrassem. A fumaça produzida pela queima da pedra de crack chega ao sistema nervoso central em dez segundos, e seu efeito dura de três a dez minutos. Ela tem um efeito de euforia mais forte do que o da cocaína, mas após gera muita depressão, o que leva o usuário a querer usar novamente para compensar o mal-estar, começando a provocar com isso uma intensa dependência. O crack tem um poder infinitamente maior de gerar dependência, pois a fumaça chega ao cérebro com velocidade e potência extremas e ao prazer intenso e efêmero segue-se a urgência da repetição. Em relação ao seu preço, é uma droga mais barata que a cocaína. A forma de uso do crack favorece a sua disseminação, basta um cachimbo, ou algo parecido, improvisado, como uma lata de alumínio furada, por exemplo.

A história do crack está diretamente relacionada com a da cocaína, mas essa é uma droga cara, apelidada de "a droga dos ricos", e esse foi o principal motivo para a criação de uma "cocaína" mais acessível. A partir da década de 70, começaram a misturar a cocaína com outros produtos, e foi assim que surgiu o crack, obtido por meio do aquecimento de uma mistura de cocaína, água e bicarbonato de sódio. Na década de 80, o crack se tornou grandemente popular, principalmente entre as camadas mais pobres dos Estados Unidos.

O uso constante do crack pode causar destruição de neurônios (células cerebrais) e provocar a degeneração dos músculos do corpo (rabdomiólise), o que dá aquela aparência característica (esquelética) ao indivíduo: ossos da face salientes, braços e pernas finos e costelas aparentes. O crack inibe a fome, de maneira que os usuários só se alimentam quando não estão sob seu efeito narcótico. De forma similar à cocaína, o crack bloqueia a recaptação do neurotransmissor dopamina, mantendo a substância química por mais tempo nos espaços sinápticos, aumentando o seu nível no sangue, e com isso as atividades motoras e sensoriais são superestimuladas. Logo em seguida vem a depressão. Outro efeito da droga é o excesso de horas sem dormir, e tudo isso pode deixar o dependente facilmente doente. Um fator muito preocupante em relação ao crack é que em pouco tempo, rapidamente, o usuário se torna viciado, para fugir do desconforto da síndrome de abstinência (depressão, ansiedade e agressividade), comum a outras drogas estimulantes. Após o uso do crack, quando passa o efeito, o que é rápido, a pessoa apresenta quadros de violência e agressividade, frequentemente contra a própria família, contra a sociedade em geral. O consumo de crack fumado através de latas de alumínio como cachimbo, uma vez que a ingestão de alumínio está associada a dano neurológico, tem levado a estudos em busca de evidências do aumento do alumínio sérico em usuários de crack. Ocorre uma intoxicação por esse metal, pois o usuário aquece a lata para inalar o crack, e, além do vapor da droga, ele aspira o alumínio, que se desprende com facilidade da lata aquecida. O metal se espalha pela corrente sanguínea e provoca danos ao cérebro, aos pulmões, aos rins e aos ossos.

O uso do crack e sua potente dependência psíquica frequentemente leva o usuário que não tem capacidade monetária para manter o custo do vício à prática de delitos, para obter a droga. Os pequenos furtos de dinheiro e de objetos, sobretudo eletrodomésticos, muitas vezes começam em casa e muitos dependentes acabam vendendo tudo o que têm e encontram em casa, em alguns casos, podem se prostituir, para sustentar o vício. O dependente dificilmente consegue manter uma rotina de trabalho ou de estudos e passa a viver basicamente em busca da droga, não medindo esforços para consegui-la. O organismo passa a funcionar em função da droga. O dependente quase não come ou dorme. Ocorre um processo rápido de emagrecimento. Os casos de desnutrição são comuns. A dependência também se reflete em ausência de hábitos básicos de higiene e cuidados com a aparência.

Embora seja uma droga mais barata que a cocaína, o uso do crack acaba sendo mais dispendioso, pois o efeito da pedra de crack, embora mais intenso, é muito mais rápido, o que leva ao uso compulsivo de várias pedras por dia.

As chances de recuperação dessa doença são das mais baixas dentre todas as drogas, pois exige a submissão voluntária ao tratamento por parte do dependente, o que é difícil, haja vista que a "fissura", isto é, a vontade de voltar a usar a droga, é muito grande. E, além disso, a maioria das famílias de usuários não tem condições de custear tratamentos em clínicas particulares ou de conseguir vagas em clínicas terapêuticas assistenciais, as quais nem sempre são idôneas e competentes. E também é muito comum o dependente iniciar mas abandonar o tratamento. A imprensa tem mostrado as dificuldades sofridas por parentes de viciados em crack para tratá-los. Casos extremos, de famílias que não conseguem ajuda no sistema público de saúde, são cada vez mais comuns. A melhor forma de tratamento desses pacientes ainda parece ser objeto de discussão entre especialistas, mas muitos psiquiatras e autoridades posicionam-se a favor da internação compulsória em casos graves e urgentes, o que exigiria uma previsão na Lei de Drogas e aumento de vagas em clínicas públicas que oferecem esse tipo de internação. A recuperação não é impossível, mas depende de muitos fatores, como o apoio familiar, da comunidade e a persistência da pessoa (vontade de mudar). E, além disso, a ajuda deve ser procurada o mais breve possível, para aumentar a chance do sucesso no tratamento. Sendo mais potente que a cocaína, o crack tem uma ação devastadora sobre o organismo do usuário, provocando lesões cerebrais, com o risco de um derrame cerebral e, por alterar a circulação sanguínea devido ao seu efeito estimulante, o de um infarto do miocárdio.

As primeiras sensações são de euforia, de brilho e de bem-estar, descritas como o estalo, um relâmpago, o "tuim" na linguagem dos usuários. Há um sentimento de empolgação e de euforia no usuário. O coração acelera. Há risco de hemorragia cerebral, alucinações, delírios, convulsão, infarto agudo e morte. O pulmão é afetado rapidamente e ocorrem problemas respiratórios como congestão nasal, tosse insistente e expectoração de mucos negros indicando os danos sofridos. Dores de cabeça, tonturas e desmaios, tremores, magreza, transpiração, palidez e nervosismo passam a atormentar o usuário. Vai ocorrendo desinibição excessiva, agitação psicomotora, taquicardia, dilatação das pupilas, aumento de pressão arterial e transpiração intensa. São comuns queimaduras nos lábios, na língua e no rosto pela proximidade da chama do isqueiro no cachimbo, no qual a pedra é fumada.

Mas não são as complicações de saúde pelo uso crônico da droga que constituem a primeira causa de morte entre os usuários, mas sim os homicídios, resultantes de brigas em geral, ações policiais e punições por parte dos traficantes pelo não pagamento de dívidas contraídas nesse comércio. Outro fator importante são as doenças sexualmente transmissíveis, como o HIV por exemplo, por conta do comportamento promíscuo que a droga gera, muitos adoecendo gravemente e outros morrendo por causa disso. Por isso, o uso do crack leva a um fim trágico, de violência, de assaltos, de assassinato, de overdose ou de AIDS. Muitos relacionam a entrada do crack como droga circulante ao aumento da criminalidade e da prostituição entre os jovens, com o fim de financiar o vício. No Brasil, as pedras começaram a ser usadas na década de 90 na periferia de São Paulo e, segundo se diz, de início as próprias quadrilhas de traficantes do Rio de Janeiro não permitiam a sua entrada, pois os bandidos temiam que o crack destruísse rapidamente sua fonte de renda: os consumidores. Entretanto, em menos de dois anos a droga alastrou-se por todo o Brasil. Recentes reportagens demonstram que o entorpecente tornou-se o mais comercializado nas favelas cariocas, multiplicando os lucros dos traficantes. Atualmente, pode-se dizer que há uma verdadeira "epidemia" de consumo do crack no país, atingindo cidades grandes, médias e pequenas.

Atualmente, os traficantes misturam pequenas porções de crack na maconha, no que é chamado de "desirée", "craconha" ou "criptonita", e vendem aos usuários, sem que estes saibam. É uma tática cruel para obter novos viciados. Embora gere menos renda para o traficante por peso de cocaína produzida, o crack, sendo mais viciante, garante um mercado cativo de consumo. O baixo preço – com R$ 0,50 é possível comprar uma pedra – aliado à rapidez das sensações que provoca ajudam a explicar a procura pela substância.

Alguns traficantes matam outros traficantes porque vendem crack e o crack mata os "clientes", e se os "clientes" morrerem é ruim para os negócios... É uma loucura tudo isso.

COMENTÁRIOS FINAIS

Ao final do livro, quero deixar aqui uma mensagem de amor, de carinho e de compreensão a todas as pessoas que bebem alcoólicos ou fumam cigarro, participando e aceitando um sistema de vida que encara envenenar, adoecer e matar pessoas como algo "normal" ou usando outras drogas porque esqueceram de sua natureza espiritual, perderam-se nesse mundo material, ilusório, que parece que nos hipnotiza e nos faz esquecer a nossa essência divina, quem realmente somos. Quero dizer que eu também cometi erros, e ainda cometo, que em vidas passadas fui pior do que sou e sofri muito por isso, que me perdi, me desviei do caminho, me esqueci de Deus, me apeguei a coisas terrenas, a pensamentos negativos, a sentimentos inferiores, e a tantas atitudes e posturas de vida incompatíveis com o que realmente, lá no fundo, todos nós sabemos que devemos ter.

Quando uma pessoa escreve um livro a respeito de espiritualidade, de boa conduta, de libertação dos vícios e de busca da purificação, pode passar a impressão aos leitores de que ali está uma pessoa pura, alguém que já se santificou, transcendeu, elevou-se do plano terreno, está acima dos outros, não possui mais defeitos, já cumpriu sua missão terrena.

Isso realmente acontece quando essa pessoa já é um ser que se realiza por si só, que atingiu a maestria na arte de viver, que dominou completamente seus aspectos inferiores, que vive permanentemente sintonizado em seu Deus interior, em estado de paz, de serenidade, de compreensão e de amor, sem mais sentir nada do que existe de negativo em si.

Mas, no meu caso, e posso falar por mim não pelos outros escritores e palestrantes de assuntos espirituais, estou longe disso. Não sou puro, não transcendi, não estou liberto dos pensamentos negativos, ainda me digladio com os sentimentos inferiores, sou ainda, e por muito tempo ainda o serei, um prisioneiro da Terra. Possuo inúmeros defeitos, ainda me magoo, ainda me irrito, ainda critico, ainda me impaciento, ainda sou egoísta, ainda sou egocêntrico, ainda oscilo entre altos e baixos na minha maneira de viver, ainda não consegui entregar completamente o comando da minha vida para meu Eu Superior.

Contudo, posso afirmar que, para alguém que, na encarnação anterior, foi um escritor russo rebelde e alcoolista, praticante da indignação crítica e irritada, foi um mendigo em vida anterior a essa, e que até a metade dessa atual encarnação não enxergava nenhuma luz no fim desse túnel chamado vida, acreditava que era impossível conciliar o que sentia de lindo e de verdadeiro dentro de si com as cascas e mais cascas, as máscaras e mais máscaras, construídas em tantos séculos de existência, de defesas, de disfarces, de mecanismos incruados de tentativas de adaptação, e que há apenas 15 anos resolveu que procuraria encontrar um jeito de colocar em prática o que sentia no seu interior, tentaria sinceramente externar o que jazia adormecido no fundo do seu coração, buscaria acessar um caminho firme e seguro que levasse até Deus, que pudesse promover uma limpeza lenta e gradual de todas as sujeiras e impurezas acumuladas em tantas encarnações, e que hoje possui coragem suficiente para arvorar-se a aconselhar pessoas, a prestar auxílio a doentes do corpo, da mente e do Espírito, que não fuma, que não bebe, que não come carne, que procura levar uma vida o mais dignamente possível, o mais honestamente possível, o mais reto possível, isso é uma vitória!

Vejo atualmente que vitória não é chegar ao fim do caminho, é estar indo em direção a ele, ser um vencedor não é chegar em 1º lugar, é apenas chegar, triunfar não é ser melhor do que os outros, é procurar, a cada dia, ser melhor em relação a si mesmo, é vencer os seus instintos, os aspectos ainda animalescos e primitivos que todos temos, as tendências negativas e tentadoras que nos acossam em vários momentos.

Uma noite, durante meu sono, me vi entrando em uma sala onde havia pessoas sentadas em volta de uma mesa. Elas levantaram e me receberam com muito carinho, a emoção era muito grande, de minha parte e da parte deles. Eu sentia que pertencia àquele grupo e eles demonstravam isso. Em um certo momento, perguntei se eu já podia voltar, e um deles, me abraçando e chorando, olhou profundamente em meus olhos e me disse, triste e decidido: "Ainda não". Eu entendi que, apesar de todas as vitórias que estava alcançando, ainda precisava evoluir mais, crescer mais, me libertar mais, encontrar ainda mais, dentro de mim, o meu Deus Interior, a Luz Divina, a Verdade Permanente, a Harmonia Celestial.

Entendi que todos os meus erros e os meus sofrimentos de tantas e tantas encarnações, e nessa atual, eram lições e aprendizados que deveria utilizar, agora que estava despertando, para acelerar a minha volta ao Infinito e para ajudar os irmãos e as irmãs que ainda dormiam o mesmo sono que dormi por tanto tempo. Quando despertei, logo após a despedida daquele lugar, prometi a mim mesmo e a eles que eu dedicaria a minha atual existência a resgatar de dentro de mim o que havia de mais puro, de mais digno, de mais honesto, de mais perfeito e até o último dia de permanência nesse plano, a minha meta seria encontrar Deus em meu interior.

Estou com 63 anos e meio e posso afirmar, sem receio de errar, que o renascimento em uma encarnação é perfeitamente possível quando nós tomamos a decisão de sermos coerentes com as mensagens que emergem do nosso íntimo, com os pensamentos superiores que surgem em nossa mente, com os sentimentos elevados que brotam de dentro de nós. Uma das táticas que utilizo para facilitar a minha ascensão é procurar imitar as pessoas que admiro, nunca invejar, e sim admirá-las e procurar ser o mais parecido possível com elas.

Não precisamos ser puros, basta querermos ser. Não precisamos ser perfeitos, basta procurarmos ser. Não precisamos cruzar a linha de chegada, basta enxergá-la ao longe, traçar uma reta e seguir em direção a ela. Em outras épocas eu não queria ser puro, ser perfeito, cruzar a linha de chegada, como, então, alcançaria isso? Hoje eu quero, não é fácil, é trabalhoso, exige vigilância, exige renúncia, exige vontade, exige determinação, exige paciência e exige, principalmente, disciplina, perseverança e obstinação – todos esses instrumentos a serviço do principal ingrediente nessa sopa de letrinhas: o Amor.

Boa sorte a todos nós, e que todos possamos ver Deus em nosso interior, ver Deus nos outros, ver Deus em tudo. Imploro aos meus irmãos e às minhas irmãs que ainda bebem alcoólicos, que fumam cigarro, que usam drogas, que parem completamente com esse hábito terreno, que libertem-se dessa prática cruel e maligna, que procurem afastar-se dessa manada que corre cegamente em direção a um abismo, procurem um local calmo e tranquilo, ergam seus olhos para o céu, recordem da nossa Casa verdadeira, peçam ajuda aos seus Mentores Espirituais, respirem, relaxem, inebriem-se da radiante calma divina que vem pela redescoberta de si mesmo, percebam o que estão fazendo consigo mesmos, com as pessoas que lhes cercam, com a sua família, o exemplo que estão dando, o caminho equivocado que estão seguindo e tomem a decisão mais sábia de sua vida: Parar!

Digam para si mesmos: "Estou errado! Meu Pai e minha Mãe Divina, me perdoem, acolham em Seu Colo esse filho que estava perdido, mas que agora está se encontrando consigo novamente, me ajudem a utilizar a minha experiência do erro para ajudar meus irmãos e minhas irmãs que ainda estão dormindo o sonho terreno. Eu lhes peço, meu Pai, minha Mãe e meus Amigos Espirituais, me deem força, me deem integridade, me deem retidão, me deem amor em meu coração para que eu possa retornar para o caminho correto, para o perfume das flores, para a saúde no meu corpo, nos meus pensamentos, nos meus sentimentos e no meu Espírito.

Que a partir de hoje, eu possa dedicar a minha vida a transmitir aos que estão errando no que eu já corrigi como é possível estar aqui na Terra e viver no Reino dos Céus, mostrar a eles como se entra nesse atalho e como se sai dele, revelar a esses Espíritos perdidos e iludidos a claridade do caminho que leva à reta de chegada, à beleza de querer ser puro, à maravilha de querer ser perfeito. Peço que me deem firmeza para resistir aos impulsos negativos e inferiores que vêm de dentro de mim e de fora, de todos os lugares, me deem discernimento para perceber com clareza as mensagens externas que podem elevar meu nível consciencial, amoroso e altruísta, das mensagens que visam exatamente o contrário, rebaixar-me ainda mais, tornar-me cada vez mais duro, resistente e egoísta."

Desejo a todos nós que, ao voltarmos para Casa, possamos afirmar que sofremos, mas vencemos, lutamos, mas alcançamos, caímos, mas levantamos, nos perdemos, mas nos reencontramos. Mas também posso dizer, por mim mesmo, que os que não conseguirem não serão abandonados pelo Pai-Mãe, pelos seus Mentores Espirituais, pelos Espíritos socorristas, pelo contrário, serão os mais amados, os mais considerados, os mais acarinhados, os mais ansiosamente aguardados em Casa. Receberão amor e carinho incondicionais, juntamente com palavras de consolo e de incentivo para que, quando de sua próxima descida a esse mundo terreno, procurem libertar-se de si mesmos, de seus Egos cegos e infantis, do seu egocentrismo vivencial, e procurem no Alto o caminho reto, o caminho limpo e perfumado, do qual nos falaram e falam todos os Mestres que Deus enviou e envia regularmente para cá, a fim de guiar as ovelhas que revelarem humildade suficiente para reconhecer que somos totalmente incapazes de guiar o nosso destino sozinhos, que necessitamos ter a força interna do desprendimento para pedir ajuda e orientação para quem está acima de nós, para quem é mais lúcido do que nós.

Um dia, todos chegaremos à linha de chegada, e desejo a mim e a todos meus companheiros de jornada, que o nosso caminho seja o menos sofrido, o menos pedregoso, o menos íngreme possível.

Casa Beneficente de Terapia e Caridade (CBTC)

A CBTC é uma entidade sem fins de lucro, ligada à Associação Brasileira de Psicoterapia Reencarnacionista (ABPR) e será instituída inicialmente em Porto Alegre e, a seguir, nos outros estados onde estamos representados. O seu objetivo é prestar à comunidade um importante e inovador serviço de saúde mental, emocional e espiritual totalmente gratuito às pessoas carentes financeiramente, com base na aplicação da Psicoterapia Reencarnacionista e da Regressão Terapêutica, para o atendimento a usuários de substâncias tóxicas (lícitas e ilícitas) e para o tratamento de distúrbios relacionados às fobias, aos transtornos do pânico e à depressão.

SEJA AMIGO DA CBTC! NADA PARA SI. DAR E DAR-SE.
Conheça a CBTC. Acesse: www.portalabpr.org

OUTRAS OBRAS DO AUTOR

Como Aproveitar a sua Encarnação

20 Casos de Regressão

Doutor, Eu Ouço Vozes! Doença Mental ou Mediunidade?

Psicoterapia Reencarnacionista - A Terapia da Reforma Íntima

Tratando Depressão com Terapia de Regressão a Vidas Passadas

Tratando Pânico com Terapia de Regressão a Vidas Passadas

Terapia de Regressão - Perguntas e Respostas - Ampliado e Atualizado